〔阿拉伯〕伊本·胡尔达兹比赫 著　宋 岘 译注

道里邦国志

華文出版社
SINO-CULTURE PRESS

المسالك والممالك

لِأَبي القَاسِم عُبَيْدِالله بن عَبْدالله المَعرُوف بِابنَ خُرداذَبهُ

المتوفى في حُدُود سَنَة ٣٠٠ هـ

ويليه

نبذ من كتاب الخراج وصنعة الكتابة

لأبي الفرج قدامة بن جعفر الكاتب البغدادي المتوفى سنة ٣٢٠

前　言

张广达[1]

摆在读者面前的，是阿拉伯古典地理学中的两部代表作。两书现经宋岘同志直接从阿拉伯文原著译出。我国新开拓的学术领域——阿拉伯学因而增添了极为重要的典籍，可喜可贺。

两部著作：一是伊本·胡尔达兹比赫的《道里邦国志》，一是古达玛的《税册》。两书的命名与古典阿拉伯地理学的发展有关；研究阿拉伯地理学的学者们又往往把两书列为阿拉伯古典地理学中的伊拉克学派著作。为了说明两书的命名来历，特别是为了说明两书在阿拉伯地理文献中的地位，让我首先简单介绍一下从公元9到11世纪阿拉伯古典地理学的情况。

一、阿拉伯地理学的发展和两书的命名

阿拉伯地理学是在公元8世纪中叶开始产生，8、9世纪之交受到希腊、伊朗、印度的影响而蓬勃发展起来的。在此之前，阿拉伯人只是从

---

① 张广达（1931—　），中国著名历史学家。毕业于北京大学历史系，任北京大学历史系教授，后常住法国，先后在法国、瑞士、美国等国学术机构和大学兼职。主要论著有《大唐西域记校注》《海舶来天文，丝路通大食中国与阿拉伯世界历史联系的回顾》《天涯若比邻——中外文化交流史略》等。——编者

王朝历史发展的角度出发，把学术分为"旧学"和"新学"。"旧学"包括语言学、教义学、法学、史学，他们认为这些学科肇始于伍麦叶王朝时期（661—750年）；"新学"包括天文学、数学、医学和哲学，他们认为这些属于精确学科，其发展始自阿拔斯王朝（750—1258年）。地理学在阿拉伯人的学科分类中被视为精确学科，因为它接近于天文学。就地理学本身而言，真正的地理知识是在阿拔斯王朝建立（750年）之后积累起来的。具体地说，是在艾布·贾法尔·曼苏尔哈里发在位时期（754—775年）、特别是在他奠都巴格达（762年）之后得到发展的。阿拉伯人征服伊朗、埃及、印度，使他们有机会接触和获得古代文明古国的科学文化知识。曼苏尔在治国过程中极其关心把外来的科学著作译为阿拉伯文。他大力提倡的翻译事业被后人继续了二百年之久。许多翻译家本身就是著名的学者，这些译者兼学者把希腊、埃及、伊朗、印度的地理学、天文学、哲学知识引进了阿拉伯世界，从而大大丰富了阿拉伯自身发展起来的文化的内容。

在各种外来的文化中，对阿拉伯地理学影响最大的可能要数希腊人克劳丢斯·托勒密（约90—168年）和其他天文地理学家、哲学家的著作。希腊人的著作是通过中世纪叙利亚文（Syriac）的中介译本而对阿拉伯人产生影响的。许多学者认为，"地理学"（jughrāfiyā或jighrāfiyā或 jaghrāfiyā）这个名词本来就是提尔城（Tyre，黎巴嫩南部地中海岸城市，古代的推罗城）的马里诺斯（Marinos，约70—130年）和托勒密著作的标题，阿拉伯人把它译作"大地的形象"（ṣūrat al-arḍ），有些阿拉伯地理学家便以此作为自己著作的标题。麦斯欧迪（Mas'ūdī，?—956年）把这个名词解释为"大地的区划"（qaṭ' al-arḍ），并在《雅致的信札》（Rasā'il Ikhwān al-Ṣafā'）中第一次从"世界与各地图绘"的意义上使用了jughrāfiyā这个名词。我们这里介绍的伊本·胡尔达兹比赫也说过，他参考过托勒密的著作，只是人们现在不清楚他使用的是希腊文本还是中世纪叙利亚文本。希腊地理学对阿拉伯学者影响之广泛，由此可见一斑。

伊朗传统对阿拉伯古代地理学和地图学的影响也很明显。研究穆斯林地理学的著名学者克拉默斯（J. H. Kramers）指出，在9世纪，希腊地理学的影响占绝对优势。但从9世纪末起，伊朗的影响日益增强。例如，到10世纪，尽管科学知识已经有了长足进展，但来自伊朗的某些传说仍在阿拉伯地理观念和制图学中占据着显著位置。具体说来，大地的形状被比作一只巨鸟，中国是它的头，印度是它的右翅，曷萨是它的左翅，麦加、汉志、叙利亚、伊拉克和埃及是它的胸腹，北非是它的尾巴[①]这种传说甚至构成了公元9—11世纪阿拉伯古典地理学文献中的巴里黑学派（详见下文）的基础。有些学者认为，这种观念有可能源于阿拉伯人看到的某种古代伊朗地图（参看《伊斯兰百科全书》新版，艾哈迈德写的“地理学”条，该书卷二，莱顿，1965年，第575页）。

印度的天文学比地理学在更大程度上影响了阿拉伯地理学的发展。阿拉伯学者从印度人那里学到了天转实际是由于地转（天转地不动只是由于地球依地轴自转而使人产生天转地不动的表面印象），大地水陆各占一半，大地有如龟背、四周被水包绕，大地犹如穹窿、斯里兰卡为其顶端，大地的标准子午线始自 Ujjayn 等观念。

与上述受到希腊、伊朗、印度影响的自然地理学发展的同时，阿拉伯古典地理学还有另一条发展的脉络，这就是阿拉伯自己的描述地理学的发展，其来源可以追溯到比自然地理学形成更早的阿拉伯旅行者们的行记。描述地理学在它产生的初期，曾同教律学、语言学等有联系，其后又与美文学的发展有关，此外，描述地理学又和自然地理学相互影响，从而产生了一系列混合型的作品。但是，不管怎样，对于阿拉伯古典地理文献来说，由行记发展起来的描述地理学这条脉络似乎更有典型意义，更富特色。正是这条发展线索赋予阿拉伯古典地理学以特殊的风格，人们很难在其他语言文献中找到如此大量的同类撰述。阿拉伯的描述地理学作品以它们的内容之丰富、材料之驳杂而令人赞叹不已，每一个研究者

① 见伊本·法齐赫书，德·胡耶刊《阿拉伯语舆地丛刊》。

都可以从这些内容和材料中寻找各自所需要的资料。

此外，阿拉伯地理学的发展还有特殊的宗教原因：

1. 伊斯兰教重视每日五次礼拜、每年莱麦丹月斋戒，这对于促进天文—地理学的发展是有作用的。每昼夜五次礼拜的时间，斋期的开始与结束都是有严格规定的，这就要求有一定的天文学和数学知识才可以判断时辰。礼拜依据的平太阳时，取决于礼拜者对所在地点的经度有精确的认识。例如，日晷的影长每天都需要进行计算，当日晷刻度上的下午影子比中午长的时候，所谓“晡礼”的时间便到了。这时候，礼拜者的跪拜要朝向麦加的克尔白（ka'bah），这个方向叫“朝向”（qiblah）；一切礼拜寺的殿堂的方位和布置也要考虑“朝向”，以便使所有礼拜者叩拜时朝着麦加的方向，这样一来，遍布世界各地的清真寺虽然各依其所在地点而取向不同，但都以麦加的克而白为“朝向”中心，从而在地球上的布局好像构成了一圈一圈的同心圆。这一定向工作要求人们了解每个特定地点相对于麦加的位置。

2. 伊斯兰教的“五功”之一是朝觐，这就是有一定收入的穆斯林一生中至少必须到麦加朝觐一次。阿拔斯王朝时期无论是内陆驼队贸易，还是海上交通都非常发达，这不仅沟通了王朝治下的腹里与边远地区的往来，而且使王朝的影响远及疆界之外，到达中非、东北欧、印度、中亚、东南亚和中国，从而也扩大了朝觐所涉及的世界。

3. 某些宗教信念也有助于地理活动的开展。据说，先知穆罕默德有一则圣训（Ḥadīth）称：“学问，即便远在中国，亦当求得之。”这条圣训也许出于后世，但它曾经促使某些信徒东来中国寻求学问。阿拔斯王朝哈里发瓦西格（842—847年）为了探究《古兰经》中有关东方的几则传闻，先后派遣通事撒拉姆（Sallām）、著名学者穆罕默德·花剌子密（Muhammad Khwārismi，?—850年）陆续东来。有些阿拉伯作家、地理学家的著作引证了他们留下的报道，这些富有浪漫色彩、夹杂了过多的荒诞故事的记述，和海上辛伯达的神奇事情一样，往往令人难以全然置信。但是，它们有助于阿拉伯地理学的发展。12世纪，甚至远在安达卢西亚（西班牙）的一位教法学家赛尔德·海尔·安萨里·安达卢西（Sa'd Khayr Ansārī al-Andalus，?—1146年），得到"中国"的附名，原因据说就是因为他曾到中国游历。

由此可见，即便抛开个人志趣和学术旨趣不谈，上述社会历史背景也必然促成内容驳杂的地理学文献的产生。如上所述，阿拔斯王朝时期的阿拉伯人只是把地理学当作是最接近天文学的一门精密学问，并没有把它看作现代意义上的定义明确、范围确定、有专门内涵和特定对象的学科。因此，阿拉伯人在地理学的名称上也从来没有一个统一的字样，来自希腊语的地理学 jughrāfiyā 一词有时指自然地理学，有时被当作"经纬度学"或"诸城定点学"。[①] 一般描述地理学通常被称为"道里邦国志"，这就是我们这里介绍的伊本·胡尔达兹比赫的地理著作所使用的书名。

不过，阿拉伯古典地理学文献毕竟有某些共性。因此，各种主题和内容的地理学著作最后大多数以《诸国志》（Kitāb al-Buldān）、《大地之形象（Ṣūrat al-Arḍ）、《道里邦国志》（Kitāb al-Masālik wa'l-Mamālik）、《道路纪闻》（'Ilm al-Ṭuruq）等命名，名称虽异，实际不出描述地理学的范围。

促成阿拉伯地理学发展的诸多因素有如上述，强调这些因素绝不等于轻视地理学与政治的关系。阿拔斯王朝在施政过程中，在8、9世纪设置了一系列国家公务部门，特别是财政税收管理部门。为了控制和管理全国各地，为了敛取税收，以巴格达为中心的中央集权政府需要维持良好的交通路线网，需要搜集各种路线里程资料，了解驿站。转运条件和物资状况。在伊朗，阿拉伯人利用了萨珊王朝库思老·阿努什尔旺（531—579年）的籍账；在埃及，利用了拜占庭官僚制度的复杂的行政程序。然后，变化了的条件要求反复核查有关省份和城镇、村落的位置、人口、农业手工业生产、课征税额等的确切资料。于是，专门的《税册》（Kitāb

① 这是比鲁尼的说法，参看《伊斯兰百科全书》新版，艾哈迈德写的"地理学"条，该书卷二，第575页

al-Kharāj）便应运而生。它最初是官员胥吏使用的手册，可是后来也为更广泛的人们利用起来。

不仅如此，阿拔斯王朝是当时的世界大国，它的国际地位使它不能只限于了解自身疆域内的情况，它也需要具备对其他地区、首先是毗邻地区的某些准确知识。因此，在《道里邦国志》《税册》等地理著作中也采纳了阿拔斯王朝以外国度的有关地理情况。为了获得这些情报，和平时期的使节和战时的俘虏都是阿拉伯地理学家了解情况的对象。

二、阿拉伯古典地理学中的伊拉克派和巴里黑派

以《诸国志》《道里邦国志》为著作标题的阿拉伯地理学家往往以修订、增补前辈的同类编纂物作为自己的著作。这一批编纂家递相变前贤的著述为自己的著述，有时连书名也沿用不变。这样的做法在当时并不认为是剽窃攘夺。因此，9 世纪以来的许多地理编纂物也被概括称为“道里志”派著作。

如上所述，9 至 10 世纪是阿拉伯（穆斯林）地理文献发展史上最具特色的时期。在西部，10 世纪虽然是哈里发帝国政治瓦解的时期，但文化极为繁荣；在东部，哈里发帝国在 9、10 世纪开始瓦解，导致几个地方王朝的出现，而地理学就其创造性而言，正是在萨曼王朝（874—999 年）得到了最充分的发展。因此，学术界把 9 至 10 世纪称为阿拉伯地理学的古典时期，并根据这一时期的地理学文献的特征区分之为两个派别：

一派作品论述的对象是整个世界，但仍以较多的篇幅论述了“伊斯兰帝国”（Mamlakat al-Islām）。他们力求为一般伊斯兰教文献中看不到的世俗知识争取一席之地，因此也被称作“当代世俗地理文献”。这派学者主要描述地形和“伊斯兰帝国”即阿拔斯王朝的道路系统，同时涉及数学、天文学、物理学、人文及经济地理学。代表人物有伊本·胡尔达兹比赫、叶尔孤比、伊本·法齐赫、古达玛和麦斯欧迪。由于伊拉克是阿拔斯王朝立国的中心，许多地理学家云集于巴格达等地，故学界称此派为“伊拉

克派”。不过，这个学派的学者还可以分成两类：一类依四方（东、西、南、北）来编排材料并力求把巴格达看作是世界的中心；另一类则按各种不同的“地带”来编排材料，而且极力表彰麦加的中心地位。

另一派的叙述一般局限于伊斯兰世界，把每一个省区都描写成一个单独的“地带”，而且除边缘地带之外很少涉及非伊斯兰地区。伊斯塔赫里、伊本·豪卡勒和穆卡达西属于这一派。因为他们都追随地理学大家艾布·栽德·巴里希之后，学界把他们又称作“巴里黑派”。下面我们对两派地理学著述的特点做一点详细的介绍。

(1) 伊拉克派

本派代表人物伊本·胡尔达兹比赫、叶尔孤比和麦斯欧迪的著作有两大特点，这使他们有别于本派其他地理学家的撰著：第一，他们的叙述遵循伊朗人的“地区”（kishwar）体系；第二，他们以伊拉克与伊朗诸郡相提并论，但以伊拉克为阿拉伯世界中心来开始区域地理学描述。据比鲁尼——伊朗人的七个“地区”是七个相等的圆圈，中心“地区”是伊朗，它包括呼罗珊、法尔斯、杰贝勒和伊拉克。比鲁尼认为这种划分是武断的。应当看到，在巴格达被立为阿拔斯王朝的首都之后，伊拉克自然而然成为伊斯兰世界的中心，在政治上占据了首要地位。伊本·胡尔达兹比赫将伊拉克同伊朗诸郡和塞瓦杜地区[1]相提并论，而且占据了其他地理学体系的中心位置。

与上述几位地理家相反，古达玛、伊本·鲁斯塔和伊本·法齐赫则表现出对伊拉克和伊朗沙赫尔并无热情。在他们的体系中，麦加和阿拉伯半岛被置于优先地位。在古达玛的书中，麦加被赋予绝对优先的地位，通向麦加的所有道路都被放置在巴格达辐射出来那些道路之前。固然，他也重视伊拉克，不过只是把它看作阿拔斯帝国的一个主要省份，也就是说，只是出于政治和行政的考虑。

由此可见，古达玛的地理学体系显示了一点细微的变化，这就是重心

① 这里在古代被称作“伊朗沙赫尔的心脏”（dil-i Īrānshahr）。

从伊朗观念转向了“对伊斯兰的探讨”。在伊本·鲁斯塔的书(4 到 10 世纪初)中也能看到类似的倾向，他彻底摆脱了伊朗传统，在编排地理学资料时把麦加和麦地那断然列在首位。伊本·鲁斯塔甚至在对七种“地带”的描述中也宁可依照希腊的形式而不遵循波斯的“地区”体系。伊本·法齐赫的地理学著作也是如此，有关麦加的描述居于优先地位，不过该书的相当多的篇幅是讲法尔斯、呼罗珊等地的，因此，他对“地带”的阐述在一定程度上又回到波斯的“地区”系统。

虽然如此，伊本·胡尔达兹比赫、叶尔孤比也好，古达玛的书也好，他们的共同点是编排和叙述材料所遵循的原则是依东、西、北、南把世界划分成四片地区，即所谓“四方原则”。这种描述方法应当在某些伊朗地理学传统中找到其根源，这些阿拉伯地理学家必定有某些可以模仿的先驱模式。据麦斯欧迪说，波斯人和纳巴泰人(Nabatœan，巴勒斯坦)把世界上的居住区分为四部分，即呼罗珊(东)、巴赫塔尔(Bakhtar，北)、忽尔巴朗(Khurbarān，西)和尼姆鲁兹(Nimruz，南)。然而，古达玛看出了这种划分的主观随意性。因此，对他来说，东、西、北、南这几个词只有相对的意义。

(2) 巴里黑派

这一派因艾布·栽德·艾哈迈德·本·萨赫勒·巴里希(约 235/849—50—322/934 年)[①] 而得名。巴里希生于巴里黑，主要活动在中亚地区。他年轻时在伊拉克住过八年左右，曾就学于肯迪(?—260/873—74 年)门下。回故乡之前广泛游历各地，学习了多种学科，后以天文学家和哲学家知名。回乡后一直住在巴里黑，受到萨曼王朝宰相扎伊哈尼的礼遇。巴里希的后半生可能持有正统观点，他的一些论文得到正统派的很高评价。他的地理学著作名为《诸域图绘》(Ṣuwar al-Aqālīm)，这是一部附有简志的地图汇编。然而，巴里希这部著作迄今仍然找不到单独成帙的确证，一度被归到巴里希名下的一份写本，现已证明实际出于伊斯塔赫

① 前为伊斯兰历纪年，后为公元纪年。下同。——编者

里的手笔。看来，现在人们还只能维持德·胡耶的原来意见，即伊斯塔赫里的《诸国道里》囊括了巴里希原著的全部内容并进行了许多增补，编成于巴里希在世的318/930和321/933年间。总之，巴里希书已经失传，但世人多靠伊斯塔赫里、伊本·豪卡勒、穆卡达西等人递相增修的多份传世抄本仍可得窥原作概貌。

巴里黑派赋予阿拉伯古典地理学以正派的伊斯兰色彩。这一派作者把自己的叙述范围限制在“伊斯兰诸国度”(Bilādal-Islām)之内，对于非伊斯兰国家只是在他们的著述中略加叙述。这一派作者以《古兰经》中的说法，或者以圣训为依据。例如，他们把大地比作一只巨鸟(参看上文)，这与阿卜杜拉·本·阿慕尔·阿斯的传说是一致的；他们又说，大地呈圆形，并被“环形之海”所包围，犹如动物脖颈上的环纹，这个“环形之海”有两道“深渊”，即地中海和印度洋两者，中间因隔有障碍物(barzakh)而互不相通，隔离它们的障碍物就是古勒祖姆(al-Kulzum，今苏伊士)，显而易见，这是来自《古兰经》的观念。

与伊拉克派的某些地理学家不同，巴里黑派的这几位地理学家都把世界的中心置于阿拉伯半岛，这就是克尔白所在的麦加。巴里黑派的兴起稍晚于伊拉克派，主要是在10世纪。他们的本意只在描述“伊斯兰诸国度”(Bilād al-Islām)。

他们把这些国度分成二十个“地带”，他们的“省区”划分既不是根据伊朗的“地区”系统，也不是依照希腊的风土系统，而是地域性的、纯自然的。对于先前的主观区划而言，这是一个可喜的进步，或许还可以认为这是一种“现代化”的尝试，例如，伊本·豪卡勒说过：他没有遵循“七个地带”的模式，也许这种模式曾经是恰当的，但现在则充满了混乱，有好些“省区”界线交叠重合了。因此，他为自己的每一章都画了一幅地图以描述每一个“省区”的形势，注记边界及其地理现状。由此说来，这一派地理学家的重要贡献就是他们有了自己的系统，从而扩展了地理学的范围，使其中包括新的、更实用的、更有益的内容。

本派诸家著述抄本大多有图有志，舆图共21幅，这种图志体的地理著作的图幅数、形状、次序趋于固定，因此人们通常称之为《伊斯兰方舆图》。舆图的总图是一幅圆形世界地图，上面表现了“伊斯兰诸国度”的各个不同地区以及世界上的其他非伊斯兰“国度”。该图力求运用一定的透视原理显示这些国度，表现每一个地区的相对位置和大小。但是，由于全图并没有表现各个“地带”的真正比例和形状（圆的、方的或长方形的），因而他们实际上放大了每个“地带”的面积。他们这种画法在阿拉伯制图中可能是第一次尝试，但这套最后定型的舆图毕竟是这一派的又一贡献。正确地对待这些地图并对它们的内容进行仔细的考定勘同，肯定有助于解决巴里黑派地图的起源问题。

伊斯塔赫里、伊本·豪卡勒和穆卡达西还第一次把国家概念作为地理学术语提了出来，他们划定了世界上几个主要王国的边界。

大部分阿拉伯古典地理学著作在19世纪即经荷兰学者德·胡耶校勘付印，结集为《阿拉伯舆地丛刊》（Bibliotheca Geographorum Arabicorum，简称BGA）。书凡八卷，1879—1939年刊于莱顿。今天，人们使用《阿拉伯舆地丛书》，应取据1879—1939年版影像重印版（1967年，莱顿），在1967年版中伊本·豪卡勒书的德·胡耶校勘本已为克拉默斯（J. H. Kramers）校勘的另一更完整的抄本所取代，这是十分必要的，因为近几十年来发现的好抄本毕竟多于德·胡耶时代。

在这里，还可以提醒注意，伊本·法齐赫的书有了1923年在马什哈德发现的“杂卷本”；伊斯塔赫里的书有了希尼（al-Ḥīni）新刊本（开罗，1961年）。在我们还没有条件直接利用世界各地珍藏的原文抄本之前，这些刊本就是我们应备的资料。在这里，读者还可以注意，阿拉伯古典地理学著作绝大部分都有欧洲语言的译本。伊本·胡尔达兹比赫和古达玛二者的书在19世纪就有巴比耶·德·梅纳尔（C. Barbier de Meynard）和德·胡耶的法译本，伊本·豪卡勒书有克拉默斯和威特（G. Wiet）的法译本（贝鲁特与巴黎，1964年）；穆卡达西书有米盖勒（A. Miquel）的法文节译本（大马士革，1963年）；伊本·法齐赫书有马塞（H. Massé）的法译本（大马士革，1937年）；雅占比的书有威特的法译本（开罗，1937年），等等。

三、对伊本·胡尔达兹比赫和古达玛之评价

伊本·胡尔达兹比赫可以说是古典阿拉伯地理学的鼻祖，他奠定了用阿拉伯语撰写地理学文献、特别是伊拉克学派的地理著作的风格和模式。如上所述，9 世纪产生了许多标有《道里邦国志》这一共同名称的作品，而伊本·胡尔达兹比赫很可能是第一位使用这样名称的作者。他的著作被阿拉伯古典地理学家们视为规范，受到了几乎所有利用它的地理学家的称颂。然而，正像克拉默斯所指出的，伊本·胡尔达兹比赫却未必是这种体例和写作风格的首创者，在他之前，必定还有一本著作构成他遵循的模式。他身任邮驿部长官，极有可能接触了古代伊朗的钵罗婆语的地理著作的阿拉伯语译本。他的这部地理著作可能还是他写作活动中的一个偶然成果。据他自己说，这部书是应哈里发的要求而写作的，也就是说，这并不是他个人兴趣之所在。伊本·胡尔达兹比赫虽然不是流传至今的描述地理学作品的第一位作者，但他的书毕竟是迄今为止单独成帙的最早的地理学著作，尽管是后来的简写本，仍然使人有可能对它进行全面的评价。

艾布·卡西姆·欧拜杜拉·本·阿卜杜拉（或作“阿赫玛”）·伊本·胡尔达兹比赫约生于 205/810（或 211/825）年。卒年为 300/912 年。他的祖父的伊朗名字可以转写为 Kh·r·da·dh·b·h，意思既可以解释为“太阳的无上赏赐”，也可以解释为“无上太阳所创造”。这种神名形式表明他是一个波斯血统的拜火教徒（祆教徒）。伊本·胡尔达兹比赫的父亲在 9 世纪初是哈里发马蒙派驻里海南岸泰伯里斯坦的总督，建立了征服代义赖姆（Daylam）的某些独立地区的功勋。伊本·胡尔达兹比赫原来也是一位拜火教徒，后归信伊斯兰教，曾在巴格达受到良好的教育。他仰赖父亲的势力，得以就学于著名的歌手和音乐家摩苏尔人伊斯哈格门下。出身决定了他的隆运：成年以后担任伊朗西部杰贝勒省邮政和驿传长官，后又升为巴格达及萨马拉的邮传部长官，这些职务使他

有可能接近哈里发穆尔台米德（256—279/870—893 年），成为最有影响的陪膳者（nadīm）之一。从伊本·奈迪姆的著名的《百科津逮》（或译《百科索引》，Kitābal-Fihrist，10 世纪末成书，第 149 页，第 1—5 行）片段引文可知，伊本 · 胡尔达兹比赫的著作至少有九部之多，但几乎全是涉及美文学（Adab）或描述闲情逸致的作品，其中有些作品表现出明显的亲伊朗倾向，如《波斯人谱系汇编》；另一些则纯系为上流社会人士排遣百无聊赖的生活而作，如《谈饮料》《粗茶淡饭说》。今天，只有一份《忘情与消遣》的写本在一份私人文集中被找到了。他还写过一部《历史》，据麦斯欧迪说，内容是伊斯兰以前诸民族的沿革。

伊本 · 胡尔达兹比赫着手写他的《道里邦国志》大概是在他担任杰贝勒省邮驿长官的时候。开始并没有完备的资料，他边写边搜集，这显然花费了他很长的时间。据德 · 胡耶推断，初稿完成于 232/846 年左右，二稿的定型不早于 272/885 年。但是这个问题并没有最后定论，尽管多数学者支持德 · 胡耶的观点，但仍有少数人认为此书只有最后一稿。据德 · 胡耶的意见，两个原本都没有流传下来，坊间通行的是较晚的简本。

该书的优点是叙事简明，只要粗略翻阅一下全书，其结构便可了然。该书按照传统，从颂圣、讲述自然地理学知识（例如托勒密对大地形状的描述）开篇。我们应当注意，伊本 · 胡尔达兹比赫所提到的著作有些尚存异说。在记述不同国家朝拜方向（qiblah）的短章之后，就是对塞瓦杜（Sawād，两河流域南部）的十二郡（astān）六十县（tasuj）的罗列和叙述。作者在这里详细列举的税收资料（本书其他部分对此也有涉及）使人们有可能借此复原这一时期阿拔斯王朝的预算情况。这一节以罗列古代诸王名号为结束，诸多王号是根据波斯史料汇集起来的，上面开列了波斯、罗马、斯拉夫、突厥、中国统治者的称号。

本书的主要部分是由详略不等的对道路的记述构成的，这里第一次记载了巴格达北到中亚、南至印度的道路，作者给我们提供了有关大呼罗珊路的确切而翔实的知识。

大呼罗珊路在阿梅越过乌浒水可至法腊勃，再经拜坎德过长城门至布哈拉，而后沿泽拉夫珊河左岸至撒马耳干（“王家大道”）。大呼罗珊路在呾密越过乌浒水可至石汗那、久越得健、珂咄罗等地区，另一歧路经铁门、碣石至撒马耳干。大呼罗珊路从撒马耳干以北去苏对沙那的扎敏路分两叉，左叉可至石城（今塔什干）及锡尔河下游，右叉越过锡尔河上游可至大宛（费尔干纳）。扎敏石城一路东通顿建城，一路北通白水城（今奇姆肯特），自白水城又分二叉，西通讹答剌，北进怛逻斯。从怛逻斯到中国边界热海南岸的拔塞干城的道里和沿线诸城绝大部分可以和贾耽记载的路程一一对勘。

伊本·胡尔达兹比赫在记述道里之同时提及行政区划和税收，有时还引用一些有关地名的诗句。他对通往印度和中国的海路描写得比较生动，但是没有受“辛伯达航海”一类故事的影响，其中对海外和岛屿的物产倍加注意，详细叙述了取得樟脑的情节，描写了大象和犀牛，记述了爪哇国王之佞佛以及印度的种姓。作者对往西的道路写到西班牙，有关拜占庭的部分特别详细；往北的道路写到了阿塞拜疆和高加索；往东南方记载了从巴格达去麦加、麦地那和阿拉伯半岛南部的道路，并列出从巴士拉、巴格达和开罗去麦加所经过的驿站名称。这一部分最后提到了两条很重要的路线：一条是欧洲商人经苏伊士海峡和红海，或沿幼发拉底河经安提奥克前往印度和中国的路线，另一条是俄罗斯商人沿顿河和伏尔加河经里海往南的路线。不过，这一段看起来像是后来增补的。

伊本·胡尔达兹比赫的书并未以行程路线为结束，书的末尾还有一些看来是后来零星补充的内容，如大地分野、世界奇迹和著名建筑、伊本·图伦时发现的金字塔。但是，写本到此在没有形成结尾的地方突然中断，不知是何原因。

不难看出，伊本·胡尔达兹比赫的著作由两种性质迥然的内容构成：一方面由枯燥无味但是非常重要的官方资料汇编，另一方面又是各种地理趣闻的汇集。全书没有一个完整的系统，作者安排材料的特点是有闻必录，多多益善。无疑，正如作者引用史料时所说，他能够接触国家档案；

同时，他又从行记一类记述中引用了很多有益的资料，尤其是一些属于早期（8 世纪末、9 世纪初）的旅行路线的资料。内容的驳杂导致阿拉伯地理学家对他的评价不一，但他对后来的地理学文献毕竟产生了相当大的影响，他的这部地理著作备受古典时期的地理学家的重视：叶尔孤比、伊本·法齐赫、伊本·鲁斯塔、伊本·豪卡勒、穆卡达西、扎伊哈尼、麦斯欧迪吸收了他的第三个最好的写本的内容。他的知名度后来也没有减弱：伊德里斯和伊本·赫勒敦（1332—1406 年）熟悉他的著作；波斯的地理学家们从早期的《世界境域志》的佚名作者，到晚期的哈姆达拉·可疾维尼、米尔洪德与洪德米尔也都时时加以引用。

伊本·胡尔达兹比赫本人并未建立任何学派，学界从分析研究的角度出发，认为他的《道里邦国志》是开伊拉克派之先河的著作。无论如何，他收集的材料构成了后来许多人著述的基础。

在欧洲，早在 19 世纪初人们就注意到了伊本·胡尔达兹比赫的著作，俄国人注意的重点主要是与俄国商人有关的记载。本书虽然根据当时的政治形势将伊拉克置于穆斯林世界中心位置，但作为当时哈里发王朝重要的省份，呼罗珊、法尔斯、杰贝勒和中亚仍占了很大的篇幅。近年来，我国治西北史地的学者已经注意到并且开始利用本书。这实际只是一个开端，人们还可以更深入地发掘其史料的使用价值。

《税册》的作者艾布·法尔吉·古达玛·本·贾法尔是阿拉米人，出生于巴士拉一个基督徒官吏家庭。由于接近宫廷，他本人听从当时的哈里发穆克泰菲（289—295/902—908 年在位）的要求归信伊斯兰教，这为他铺平了担任高级职务的道路。古达玛的生年不明，可能的生年早在 260/873—874 年，当伊本·弗拉特任宰相时，他于 297/909—910 年主持了监察部门。他的卒年有三种说法，即穆尔台迪德在位（892—902）期间，或 328/939、940，或 337/948 年，通常认为他死于 300 年之后不久或 310 年的说法是不确实的。

德·胡耶把古达玛的《税册》的摘要作为伊本·胡尔达兹比赫书的附录加以刊布的做法是有道理的，因为两人的经历和两书的性质确实多有相似之处。古达玛的创作活动和风格都令人想起伊本·胡尔达兹比赫。据学者们研究，《税册》写成于316/928年左右，共分八篇，但只有四篇即第二卷流传下来了。现行刊本只刊出了该书有关税收的内容，其结构是：驿道和省区的描写、各地的赋税制度、各地的赋额、纳税的精确数字。有时，本书也记载山川河流等自然地理情况、七种地带等等，甚而引述某些历史学家有关阿拉伯人征服活动的片段资料，但是，这一切也都着眼于提供“道里知识”，目的在于为国家机构的领导者提供治国经邦或迅速调遣军队等的参考资料。总的看来，人们最好是把《税册》的这些内容看作是对伊本·胡尔达兹比赫书的重要补充。古达玛和伊本·胡尔达兹比赫两人大概都利用了同样一些有关9世纪初、个别地方有关8世纪末的官方档案，在这些地方，两书可以彼此对勘；由于古达玛成书在后，因而有许多细节补充了伊本·胡尔达兹比赫书之不足。但是，现在的古达玛写本也存在某些问题，其中有些词句本来是后人写在页边上对内容难点的注释，却被抄手录入了正文（参看米诺尔斯基译注本《世界境域志》，第291页注3）。

四、阿拉伯地理文献的史料价值

阿拉伯古典地理文献具有很高的史料价值，学界已有定论。原因在于，阿拉伯人的视野包括除北极之外的整个欧洲，除西伯利亚之外的亚洲，南到撒哈拉沙漠以南的非洲。与希腊人相比，阿拉伯人的世界大大超过了希腊人所知道的世界范围。即以非洲为例，撒哈拉沙漠以南的非洲在阿拉伯地理著作中首次得到了详细的记述，以至于直到19世纪著名的欧洲旅行者探察非洲之前，世人对该地区的了解仍未超过阿拉伯人的记载。阿拉伯人也掌握了距离他们遥远的许多地区，如北方斯堪的纳维亚半岛、东方马来群岛的资料，这些资料已为现代科学证明是十分重要的。

阿拉伯古典地理文献对于我国学者说来一个重要的用途是，其中许多记载可以用来比勘、验证汉文典籍的记载。唐德宗贞元（公元785—

805年）宰相贾耽记载的通西域道路，至少从碎叶到怛逻斯的路段可以与伊本·胡尔达兹比赫、古达玛、嘎尔迪吉等人的相应记载相比勘、对证。例如，伊本·胡尔达兹比赫书中提到了科帕勒（Kopal）这一城镇的名字，古达玛进一步指出这个科帕勒分科帕勒与萨兀尔科帕勒两城，10世纪下半叶成书的波斯文《世界境域志》记述说此地有三镇，11世纪上半叶成书的嘎尔迪吉的《记述的装饰》十分明确地标出三镇的名称，其中一镇就是碎叶。由此可见，阿拉伯地理文献不仅给我们提供了中外文对比的史料，而且告诉我们某些西域城镇的变化或沿革。又如，唐初玄奘《大唐西域记》卷一、卷十二中涉及大量粟特地区、吐火罗地区的地名，学界历来主要是依靠阿拉伯、波斯古典地理学文献进行考证。我们还可以指出，阿拉伯古典地理文献记载的从美索不达米亚两河河口经法尔斯海(Fars)、拉尔海(Larwi)、哈尔肯德（Harkand）海、撒拉赫特海(Salahit或Salaht)、昆都兰海(Kundurang或Kardang)、桑夫海(Sanf)、桑吉海(Sangi)等七海到达中国广州的海路及其沿途许多地名，也可以与贾耽记载的广州入南海道对勘，其中撒拉赫特海在唐代称“质海”“硖”，即今马六甲海峡；昆都兰海当时称军突弄海，相当于今天的苏门答腊、爪哇、加里曼丹之间的三角海域，即今爪哇海北部和暹罗湾南部；桑夫海当时称占不牢海；桑吉海则是涨海的译音，即中国的南海。

然而，人们在利用阿拉伯地理文献进行历史考证的时候，必须十分留意阿拉伯地理学家在处理资料年代上的缺陷。阿拉伯地理学家的长处是重视从实际生活中积累资料，可是，他们却经常不注意指明不同时期的文献史料的年份。此外，阿拉伯人进行著述活动时，对文献的使用方式又近乎今天人们所说的剽窃，他们连缀、乃至照抄前人的记载，并不声明前人记载的年代。在古典地理学的盛世第十世纪，扎伊哈尼的地理著作吞纳了伊本·胡尔达兹比赫和伊本·法齐赫的原作，而伊本·法齐赫的著作又很难同贾希兹（?—255/869年）的作品区别开来，如此等等。在这种情况下，倘若作者指出自己的史料来源，这种缺点倒成了优点，那些没有直接流传下来的作品常常因此得以或多或少保留其片段。

这里值得一提的是伊本·法德兰的行记，直到马什哈德杂卷写本发现之前，所有研究这份行记的人都依据比伊本·法德兰晚三个世纪才撰成的雅古特《地名辞典》中引用的片段。很可惜，这样的符合科学研究方式的引用史料法在阿拉伯地理文献中是比较罕见的。因此，我们必须随时留意，阿拉伯地理文献的许多记载并不一定与作者同时代，我们必须随时随地仔细区分抄袭来的内容的时代和作者自己增补的内容的年代。有的学者举过例子。雅古特书著录了“塞斯坦”条，其中从前人著作抄录了有关哈瓦利吉派活动的材料，就好像这个在7世纪末盛行的政治宗教派别直到雅古特生活的第十三世纪依然十分活跃于塞斯坦地区一样。我们今天利用阿拉伯地理资料，当然应当力求避免蹈袭同样的时代谬误。

总的说来，阿拉伯古典地理文献侧重于人文地理资料的汇集，这类著作除了对边远地区的情况限于当时的知识水平或出于猎奇心理而采摘了不少奇异传闻（mirabilia）因而流于荒诞之外，大部分事实记载是翔实可靠的，阿拉伯古典地理学家都是一些有识之士，他们放在任何时代都属于善于观察事物和搜集资料的人物之列。他们行文也有特点，叙事简练、文字浅显。近代学者研究西亚、中亚史地，除了依据白拉祖里（al-Balādhurī，卒于公元892年）、泰伯里（al-Tabarī，卒于公元923年）、伊本·艾西尔（Ibn Athīr，卒于公元1233年）等大家的史学著作之外，无不强调利用穆斯林地理著作，其原因大概正在于此。

四十多年前，我国研究中外交通史和西域史的著名学者冯承钧先生写过一篇文章，题为《大食人米撒儿行记中之西域部落》，作者在文章的开头指出：“大食、波斯、突厥的著作，国人研究的很少，其实这也是一种最重要的史料，大食、波斯、突厥文的撰述涉及东方的，可考者不下五六十种。”近年，美国哈佛大学伊朗史教授理查德·弗莱（R. Frye）也发表过类似见解，他刊布过纳尔沙希的《布哈拉城史》译注，指出穆斯林地理资料“未得应有的利用”；他在20世纪70年代末发表的一篇论文题为《论供研究伊斯兰时代以前中亚史的穆斯林史料》，其中也说：“穆斯林地理学家们的著作是有关伊斯兰时代以前中亚的资料宝藏，迄今没有做到应有的利用。”诚然，阿拉伯、波斯、突厥的地理文献既包括地理资料本身，又包括许多历史史料，正如许多穆斯林史学著作中也包括大量地理资料一样。从 19 世纪以来，德 · 胡耶 (M. J. de Goeje)、托玛舍克 (W.Tomaschek)、马迦特 (J.Marquart)、巴托尔德 (V.Barthold)、米诺尔斯基 (V. Minorsky)、波义耳 (A. Boyle)、普里察克 (Pritsak)、博斯沃斯 (C. E. Bosworth) 等人利用阿拉伯地理文献做了很多有价值的研究工作。今天，这些文献仍然大有利用之余地。现在，出版伊本 · 胡尔达兹比赫和古达玛的汉译本，委实是我国开始利用穆斯林文献的重要成果，希望译者宋岘同志再接再厉，向我国学术界贡献更多的阿拉伯地理文献的译本。

1986 年 7 月

译者序

《道里邦国志》的作者伊本·胡尔达兹比赫，本名艾布·卡西姆，阿拔斯王朝（750—1258 年，我国史称黑衣大食）人，生于 205/820 年，或 211/825 年，卒于 300/912 年。据伊本·奈迪姆（Ibn Nadīm，卒于 385/995 年）的《百科索引》（Fihrist al-'Ulūm）所言，其祖父胡尔达兹比赫原是一位拜火教徒，在拜尔麦克人专权时期（765—803 年）归信了伊斯兰教。又据巴尔比耶·德·梅纳尔（Barbier de Meynard）考证，"胡尔达兹比赫"在中世纪波斯语中意思是"太阳的赠予"或"太阳的创造"，从而表明作者是波斯人后裔。《百科索引》提及，作者曾担任过阿拔斯王朝杰贝勒省的邮政、情报长官，是哈里发（大食王）穆尔台米德（Mu'tamid,870—893 年在位）的挚友，得其尊宠，作者博学多才，著述宏富，《百科索引》列出了他撰写的九部书的书名。被誉为阿拉伯的希罗多德——麦斯欧迪（Mas 'ūdi，卒于 956 年）在其《黄金草原》（Murūj al-Dhahab wa-Ma'ādin al-Jawhar）一书中，称颂《道里邦国志》为"一部珍贵的书，它是取之不尽的宝藏，始终都可以从中得到教益和知识"（卷一，第 13 页）。

9 世纪中、后期，阿拔斯王朝在政治上已由鼎盛趋向衰落，哈里发因耽于享乐、倦于亲政而实权旁落。由于社会经济有一定的发展，帝国尚处在相对稳定中，国内的诸省税收以及国际贸易，使巨额财富高度地集中在中央政府与哈里发手中，帝国的统治者们从中得到大量的物质享受。哈里发出于统治和娱乐的需要，十分关心帝国的税收及与国际贸易有关的知识，愿意详细地了解世界诸民族的风俗习惯、各地的山川道里、异景奇观、经济物产等情况。《道里邦国志》就是为满足这些需要而产生的。这与隋炀帝时的裴矩撰写《西域图记》以求开西域商道的做法和目的是相似的。

《道里邦国志》不仅记有各地之间的路程、各地的商货及其质量与价格、商路上的食宿条件、海港与海上航程等情形，而且为读者描绘出一个存在于 9 世纪的国际贸易路线图，其范围之大，几乎将整个文明世界都包括了进去，东面记有倭国（日本 al-Wāqwāq）、新罗（朝鲜 Shīlā）、麻逸（今菲律宾的民都洛岛 Māyt）、香料群岛（今印度尼西亚的马鲁古群岛）及中国；西面记有法兰克、安达卢西亚（西班牙）、比勒陀尼亚（不列颠群岛）。它详细地介绍了犹太商人、罗斯（古俄罗斯）商人及伊斯兰帝国的穆斯林商人在国际贸易中的积极作用。《道里邦国志》尤其是对中国的诸港口、河流、物产以及海上航程等情况有着较为具体的记述，这些为我们进一步探讨唐代中外贸易史提供了重要的背景资料。

《道里邦国志》对研究横贯中亚的丝绸之路同样具有重要的参考价值。唐贾耽在其《边州通四夷道》中记述了丝绸之路（北道）的东半段路程，但是，对石国（今塔什干一带）以西的西半段路程则无任何记载。《道里邦国志》恰好详细地写出了丝绸之路西中段的情况，若是将这两部书合在一处研究，则可相互补充、参证，有珠联璧合之妙。

《道里邦国志》翔实地记载了阿拔斯王朝的土地税的征收，行政区的划分，民族的迁徙与分布，农田水利的兴废等情形；也记载了很多已覆灭了两个多世纪的波斯萨珊王朝（226—650 年）及罗马帝国的情形。这为我们了解唐代西域的波斯、大食、拂菻诸国情形提供了重要资料。

据德·胡耶（De Goeje）教授 1889 年介绍，《道里邦国志》首次写成于 232/846 年左右，后又做了增补，因此，在 272/885 年出现了第二种写本。

如今，有三种不同的阿拉伯文写本传世，一是牛津大学图书馆的写本（抄于伊历630年），巴尔比耶·德·梅纳尔将此写本于1865年刊布在巴黎的《亚洲学报》（Journal Asiatique）上，并附有法译文，此写本在19世纪末和20世纪初于学术界曾有很大的影响。

另一个写本是卡尔罗（Carlo）博士于1885年在东方发现、购得的，在1886年维也纳举行的东方学者代表大会上，他将此写本赠予法国皇家文库，德·胡耶于1889年将此写本校订，刊布在他编辑的《阿拉伯舆地丛书》（BGA）第六卷（出版于荷兰莱顿）上，并附有法译文。第三种写本现藏于波德利（Bodleian）图书馆，因质量差，一直没有刊布。德·胡耶将莱顿本定为A种写本，将巴黎本定为B种写本，并指出A种本优于B种本。20世纪以来，这一观点已为学术界普遍接受。A种本不仅内容丰富，而且抄写准确，因此，本书是译自A种写本（莱顿版）。

另附《税册及其编写》（以下简称为《税册》），其内容与《道里邦国志》大体相同，两位作者似乎使用的是同一种素材。《税册》的作者古达玛（Qudāmah，其卒年有三种说法，即穆尔台迪德在位的892—902年，或328/939—940年，或337/948年，通常以为他死于932年的说法是不确切的）原是基督教徒，在哈里发穆克泰菲·比拉（Muktawfī bi al-lāh，902—908年在位）时归信了伊斯兰教，是阿拉伯文学家，著述甚丰，以“巴格达的作家”驰名，曾担任过税务官。

由于《税册》（节本）与《道里邦国志》被德·胡耶收入《阿拉伯舆地丛书》的同一卷中，因此，现将两书一并译出。本书同〔美〕希提著、马坚译的《阿拉伯通史》采用的是同一套拉丁字对音法。书中地名以音译为主，如有反映地貌特点的地名，则加注说明，同时，也注意使用一些人尽皆知的译法。翻译时，主要依靠的是阿拉伯文、波斯文的参考书、工具书。这样做，使用语言工具的面比较窄，一些问题尚乏透辟的解决。比如，中亚的地名、民族名，若具有突厥语知识，就会翻译、注释得更好些。这样做的优点是，所利用的当今出版的诸种阿拉伯文、波斯文工具书，多是在吸收了世界各国学术研究成果的基础上产生的，所利用的古文献也多是阿拉伯文原始资料，这对某些词义的查核与判断就比一个世纪前准确、便利得多。

另外,《道里邦国志》成书于一千余年前，其中的一些词的内涵有了很大的变化，有的词在今天的工具书中已找不到了，尤其是《道里邦国志》的作者伊本·胡尔达兹比赫是波斯人后裔，他恰又是在波斯人左右黑衣大食朝政时期写作的，因而，该书大量地追述了波斯帝国的业绩和古老的波斯传说，字里行间充满了他对灿烂的波斯历史文化的热爱和民族自豪感。同时，在语法和词汇的运用上也多受古波斯语文的影响，也就是说，他虽然是在用阿拉伯文写作，但是，他的阿拉伯文并不是很地道，这也给翻译工作增加了难度。由于译者水平所限，难免有译错之处，敬请读者和专家们斧正。

这两部书的全部注释均为本人所作。为保持其历史感，便于读者参阅，我尽量援用唐代的中、阿文史料作注。对与中外关系史、中亚史研究有较多关系的地名、民族名加注稍详。在此书的翻译过程中，我得到了中国社会科学院历史研究所及其中外关系史研究室的领导和同事们的有力支持；得到了陆峻岭、张广达、谢方诸位先生的具体指导，他们的学术成就对本书的译注工作起到过重要作用。我还得到了我的法文老师耿昇先生的诸多帮助；特别是中国社会科学院外国文学研究所的郅溥浩先生，他在繁忙之中抽时间为此书的整部译稿做了精详的校订工作，提出了许多宝贵意见。在此一并致谢。

成书之际，我十分感激北京大学历史系教授张广达先生为此书作序。

宋　岘

1986 年 3 月于北京

作者序

奉至仁至慈的安拉之名！

啊！诸位高尚的领袖、公正的教长的孩子[1]、宗教的灯塔、人类的精英！愿至高无上的安拉赐给您永恒的幸福，保佑您在正义的道路上获得成功，使您成为他乐于帮助的人。我得知，您一直盼望着安拉能够使您极其幸福地欢度一生，在“两世”[2]生活中都吉祥如意，并且不断地扩大您的帝国的版图。这版图仍须像前人那样，明示着大地上的诸道路、国家及其特征；明示着各地之间的距离、人烟的疏密；明示着各地之间的穿越沙漠和偏远地带的路径，标明其路程和气候。我看到过托勒密（Ptolemies）的用外国文字书写的对地图的特征进行了描述的书，他为其特征划定了界限，提供了证据。我将托勒密的外国文翻译成最正确的语言[3]，以便人们能看懂这些图。为了使您的愿望，即随心所欲地看到遥远地区的风光，听到附近发生的新闻得以实现（这正是我的心愿），我特地为您绘制了地

① 诸位领袖、教长，专指当朝的大食王的历代先王。黑衣大食朝诸王（哈里发）既是该国的政治首领，也是宗教领袖。

② “两世”，伊斯兰教术语，指今世和后世。伊斯兰教认为每个人都要过两世生活，见于《古兰经》。

③ 正确的语言，专指阿拉伯语文。伊斯兰教认为，安拉是用阿拉伯语将《古兰经》陆续降示给先知穆罕默德的。

图。也因此，我写出了这部书。赞美安拉！它是强大至尊的、普施厚恩的，它创造其所愿意出现的。它为自己的崇拜者指明了真理之路。它拒纳多神教徒，它赐福祉于先知穆罕默德及其亲属[①]，并向他们致以最大的敬意。赞美安拉之际，我为这部书写出了如上的序言。

① “穆罕默德的亲属”是黑衣大食王族的专称。黑衣大食王的祖先阿拔斯，是伊斯兰的先知穆罕默德的伯父，同属一个部族——哈希姆（al-Hāshīmiyah）族，因此，大食王被视为穆罕默德的亲属。

目录

引　言 / 001

各地人民礼拜的方向 / 003

塞瓦杜 / 005

迪吉拉河与塔麦拉河流域的东侧地面 / 005

迪吉拉河与富拉特河流域 / 006

富拉特河流及迪吉拉河西侧的杜杰义勒 / 007

塞瓦杜（省）的估定收税额 / 009

塞瓦杜省的收税总额 / 013

古代地球上的诸国君主及其王国 / 015

各地诸王的称号 / 016

被阿尔代希尔封有“沙赫”徽号的诸王 / 017

东方的情形 / 019

从和平城到呼罗珊边陲的道路 / 020

伊斯白罕的诸镇 / 022

从哈马丹到加兹温的路程 / 023

通向石国、突厥的道路 / 025

从扎敏到拔汗那的道路 / 029
从木鹿·沙赫疆到吐火罗斯坦的路程 / 031
通向塞安尼扬之路 / 033
从白勒赫至上吐火罗斯坦的道路 / 033
为艾布·阿拔斯·阿卜杜拉·本·塔希尔规定的在伊历211与212两年内在呼罗珊及归并给他的省区的税收 / 034
呼罗珊及东方地区诸国君主的徽号 / 037
东方道路的诸邮传驿站 / 038
通向杰贝利亚瓦西特、阿瓦士、法尔斯诸地区的道路 / 039
阿瓦士的诸区 / 040
从苏古阿瓦士至法尔斯的道路 / 040
艾尔代希尔扈莱赫区 / 041
萨布尔区及其都市努班代疆 / 042
伊素苔赫尔区的诸镇 / 042
代拉白吉尔德（区）的诸镇 / 043
艾莱疆区的诸镇 / 043
法尔斯的库尔德人的诸祖穆 / 043
法尔斯的五个区 / 044
从设拉子经克尔曼到锡斯坦的道路 / 044
克尔曼的诸城市 / 044
锡斯坦的诸城市 / 045
从设拉子到奈义萨布尔的道路 / 046
从设拉子到代拉白吉尔德的道路 / 047
从伊素苔赫尔到西莱疆的道路 / 047
从凡赫莱吉至信德的道路 / 048
信德国 / 050
巴赫赖维因人的领地 / 050

从阿瓦士到伊斯白罕的路程 / 051
从法尔斯到伊斯白罕的路程 / 051
从伊斯白罕到赖伊的路程 / 051
从巴格达到巴士拉的路程 / 052
从苏莱曼莱阿到瓦西特的邮传之路 / 053
从巴士拉到海岸上的阿曼之路 / 053
到东方去的海上航程 / 055
从巴士拉出发，沿波斯海岸
航行到东方的道路 / 056
塞兰迪布 / 058
通向中国之路 / 061
印度的七种人 / 063
西方的情形 / 065
从和平城到西方的路程 / 065
富拉特省 / 067
哈布尔诸区内的诸城市 / 067
肯奈斯林诸区 / 068
霍姆斯诸区 / 068
从霍姆斯到大马士革的路程 / 069
大马士革地区及其诸区 / 069
从大马士革至太巴列的路程 / 070
约旦诸区 / 071
从太巴列到莱姆拉的路程 / 071
巴勒斯坦诸区 / 071
从莱姆拉到弗斯塔特的道路 / 073
米昔儿诸区 / 074
从弗斯塔特到摩邻的路程 / 076
从白尔盖到摩邻的路程 / 077
柏柏尔人的疆域 / 081

从巴格达途经毛绥勒地区到赖盖的道路 / 082
毛绥勒诸区 / 083
从毛绥勒到奈绥宾的道路 / 084
迪亚尔莱碧阿诸区 / 084
从奈绥宾往右去艾尔赞的道路 / 085
从阿米德到左面的赖盖的道路 / 086
从白赖德到左面的信伽尔，
再到垓尔基西亚的道路 / 086
从赖盖到“杰宰利亚”诸关隘的道路 / 086
从艾因·台木尔到布素拉的道路 / 087
从哲齐赖到海岸的道路 / 088
从赖盖途经鲁萨法，通往霍姆斯
与大马士革的道路 / 089
从霍姆斯途经白尔赖伯克
到大马士革的道路，它是邮传之路 / 089
从库法往大马士革的道路 / 089
从阿勒颇至“苫国”诸关隘的道路 / 090
“苫国”诸关隘的一些岔路口 / 091
代尔布·赛拉迈，即去
君士坦丁堡海湾的道路 / 091
罗马国的诸位执政官 / 098
罗马的一些著名岛屿 / 101
向左去的道路 / 101
从“赛拉麦”山路到阿姆利亚的道路 / 102
鲁密亚的特征及其中的奇闻逸事 / 102
阿卜杜拉·本·阿慕尔·本·阿斯
谈及的世界四大奇观 / 104
西方道路的诸邮传驿站 / 104

杰尔毕的情形 / 107
去阿塞拜疆、亚美尼亚的道路 / 108
阿塞拜疆的诸城镇 / 108
从迪奈窝尔到白尔赞德的道路 / 109
穆罕默德·本·侯迈义德所走过的道路 / 110
通往亚美尼亚之路 / 111
关于“艾布瓦布” / 112
久尔疆与可萨突厥的都城
海姆利杰之间的道路 / 113
台义曼的情形 / 115
从和平城通向麦加的道路 / 115
沙漠之路 / 115
通向麦地那的道路，
它是希贾兹和纳季德的城市 / 118
安拉的使者及其家属
在迁移时所经过的道路 / 120
从麦地那到麦加的大道 / 121
从“奈格拉”矿场到麦加的道路 / 121
禁寺的范围 / 122
麦加在纳季德的诸省区 / 123
麦加在帖哈麦的诸省区 / 123
从麦加到塔伊夫的道路 / 124
从麦加到也门的道路 / 124
也门诸省 / 126
诸邮传驿站 / 131
也门的诸建筑 / 131
从巴士拉到麦加的道路 / 133
从叶麻麦到麦加的道路 / 134
沿海岸，从阿曼到麦加的道路 / 134

从豪亮·锥·苏合义姆去麦加的道路 / 135
从米昔儿到麦加的道路 / 136
从大马士革到麦加的道路 / 136
从巴士拉到叶麻麦的道路 / 137
叶麻麦的四野 / 138
巴林的诸村镇 / 139
从叶麻麦到也门的道路 / 139
帝国的邮传驿站 / 140
拉赞尼亚犹太商人的商道 / 141
罗斯商人的经商道路 / 142
商人们的陆路行程 / 143
四大文明地区 / 144
大地上的奇迹 / 145
奇异的建筑 / 148
雅朱者—马朱者壁垒的特征 / 151
各地的奇迹 / 156
水流变化的奇事 / 158
山脉的奇事 / 158
库思老受到的限制 / 159
诸河的源流 / 159
传说中的离奇的故事 / 165

附：《税册》及其编写 / 169
第一章　关于通往东、西各方的邮政、邮传驿站、道路的记载 / 171
第二章　（第六篇）关于地球上文明地区的分布 / 207
第三章　关于文明大地所临诸海之位置 / 208
第四章　关于山脉 / 210

第五章　关于诸河、诸泉水及诸大干河 / 211
第六章　关于伊斯兰帝国，它的诸省区，
它的税收 / 213
第七章　关于伊斯兰帝国的诸边关
及其周围的诸民族、诸部落 / 231

引　言

信士的长官[①]的臣仆——艾布·卡西姆·欧拜杜拉·本·阿卜杜拉·伊本·胡尔达兹比赫撰写此书。书中，他描绘了地球的形象、特征，讲述了地球上存在的各族人民及其国家、道路等情形。

艾布·卡西姆说，大地像球一样是圆的。地球如蛋黄处在禽蛋的中心一样，位于天体的中心[②]。大气从各方面吸引着地球，使地球固着于天体内。大气也吸引着地球上的生物，但是，地球的吸引力更大些，它像磁石一样吸引着沉重的物体。横贯地球东、西的赤道将地球分成南、北两个半球。像黄道带是天球上最长的圆形线一样，赤道乃是地球上最长的一条圆形线。赤道是地球的长，地球的宽（线）始于南极，终至北极。南极上空有老人星座，北极上空有熊星座。赤道是地球的周长，将等分成 360 经度，每度等于 25 法尔萨赫（Farsakh）[③]。每法尔萨赫等于 12,000 腕尺(Dhirā')[④]。每腕尺等于 24 乌斯巴(Usba')[⑤]。每乌斯巴等于六

① "信士的长官"（Amīr al-Mu'minīn），是大食王的专称。我国史称"噉密莫末腻"，详见《新唐书》《册府元龟》。

② 中世纪的大食人继承了古希腊天文学家的地心说，认为地球是宇宙的中央，天体也是一个球，此说同我国汉代出现的浑天说略同。《晋书》（卷十一，志第一，天文上）载，丹杨葛洪释之曰:《浑天仪注》云:"天如鸡子，地如鸡中黄，孤居于天内，天大而地小。天地各乘气而立，载水而行。"

③ 1 法尔萨赫约等于 6.24 千米。

④ 1 腕尺等于 22.75 英寸或 0.5883 米。

⑤ 1 乌斯巴等于 3.12 厘米，原意为手指头。

颗依次排列在一起的大麦粒（哈伯，Ḥabbāt al-Sha‘īri）[①]那么长。赤道全长为 9,000 法尔萨赫，赤道与地球南、北两极的每一极之间，被等分成 90 个星盘度，纬线是横向的圆。在赤道北 24 度以外的大地上才有人烟。其他地方均为汪洋所没，我们生活在大陆的靠北的四分之一的土地上。大陆靠南的四分之一[②]土地，由于天气酷热而人迹罕至。在我们下面的南半球，是人们无法居住的。这北四分之一同南四分之一加在一起，又分成七个地带。托勒密在其著作中曾记载了其时代各个地带的城市，共有 4200 座。

① 1 哈伯等于 5.2 毫米，原意为大麦粒。
② 这两个四分之一，约指北半球的整个陆地。

各地人民礼拜的方向

亚美尼亚(Armīniyah)、阿塞拜疆(Ādharbayjān)、巴格达(Baghdād)、瓦西特(Wāsiṭ)、库法(al-Kūfah)、麦达因(al-Madā'in)、巴士拉(Baṣrah)、侯勒旺(Ḥulwān)、迪奈窝尔(Dinawar)、纳哈万德(Nahāwand)、哈马丹(Hamadhān)、伊斯白罕(Isbahān)[①]、赖伊(al-Rayyi)、泰伯里斯坦(Ṭabaristān)[②],呼罗珊(Khurāsān)[③]的全部、海宰尔(al-Khazar)[④]、印度的克什米尔(Qashmīr)[⑤]等地的人民,礼拜时要面对着克尔白(al-Ka'bah)[⑥]的开有门的那堵墙[⑦]。从北极到克尔白的东墙画一道垂线,这条线恰恰经过这座门的左侧。吐蕃(al-Tubbat)、突厥地、中国(al-Ṣīn)、曼苏拉(al-Manṣūrah)[⑧]等地的人民必须在克尔白东墙外,而且与"玄石"[⑨]相距在8

---

① 即今伊朗的伊斯法罕市。

② 即《新唐书·波斯传》所言及的陀拔斯单,又称陀拔萨惮,位于里海南岸。

③ 见《新唐书·大食传》,今伊朗的呼罗珊一带。

④ 即《经行记》所言的可萨突厥,《酉阳杂俎》作"阿萨部",为突厥的一支。(为方便表达,以下均译作可萨突厥。)

⑤ 《西域记》作迦湿弥罗,《新唐书·西域传》作个失密,或迦湿弥逻。

⑥ 克尔白,即阿拉伯半岛麦加城中的方形石室(麦加天房),为全世界穆斯林朝觐的圣地。

⑦ 根据盖兹威尼《古迹和故事》(贝鲁特,萨迪尔书局、贝鲁特书局,1960年版),第115页上的克尔白地图判断,只有面向北方的墙才有门。因此,此处为北墙。

⑧ 城市名,位于今巴基斯坦境内的印度河的入海口附近,位于河洲上。为黑衣大食第二王曼苏尔(754—775年在位)时创建。

⑨ 即克尔白内的一块黑石,穆斯林朝觐时巡游天房以此石为起点,是环绕麦加天房一周的标志。

级台阶以外的地方，面对"玄石"礼拜。也门人要面朝克尔白的"也门角"[①]祈祷，祈祷时，也门人同亚美尼亚人正好对面。摩邻 (al-Maghrib)[②]、阿非利加(Ifrīqiyyah)、米昔儿(Miṣr)[③]、苫国(al-Shām)[④]、哲齐赖(al-Jazīrah)[⑤]的人民位于克尔白的正西方，他们在礼拜时要面对克尔白的"苫国角"。祈祷时，他们同曼苏拉的人民正好对面，这些就是各地人礼拜时的朝向。

① 即克尔白（天房）的东南角，参见盖兹威尼：《古迹和故事》，第 115 页的图示。

② 摩邻，见于《经行记》，也译作马格里布。

③ 米昔儿，见于《元史·顺帝本纪》。《诸蕃志》作密徐篱，即今天的埃及。

④ 苫国，见于《经行记》，也译成沙姆，今叙利亚一带。

⑤ 哲齐赖，原意为河洲。阿拉伯人将幼发拉底河与底格里斯河之间的广大地方称作"亚俱罗"河洲 (Jazīratu Aqūra)，见于雅古特《地名辞典》(Mu'jam al-Buldān) 卷二，第 134 页。后将"亚俱罗"河洲简称作"哲齐赖"。亚俱罗，亦作阿俱罗，载于《经行记》一书。为黑衣大食（即阿拔斯王朝）（750—1258 年）建都之所。有人将亚俱罗误认为是库法城，其见解应更正。

塞瓦杜

先从塞瓦杜（al-Sawād）谈起。过去，波斯（萨珊）王朝称之为“迪勒·伊朗舍赫尔（Dir Iranshahr）[①]。塞瓦杜是伊拉克的中央省，内辖12个区（Kurat）[②]，每个区又可以叫作库莱图—艾斯坦（Kuratu astām）。这些区又分成60个达素居（Ṭassūj）。其中，艾斯坦被翻译作地区（Iḥāzah），达素居被译作县（Naḥiyah）[③]。沙泽·卑路斯（Shādh Fayrūz）区，又称作侯勒旺（Ḥulwān）区，内有5个县，即卑路斯—古巴泽（Fayrūz Qubādh）、杰贝勒（al-Jabal）、塔麦拉（Tāmarrā）、伊尔比勒（Irbil）、哈尼金（Khāniqin）诸县。

迪吉拉（Dijrah）[④]河与塔麦拉河流域的东侧地面

沙泽·霍尔木兹（Shādh Hurmuz）区有7个县，即布祖尔杰萨布尔（Buzurjasābūr）、奈赫鲁布格（Nahru Būq）、开勒瓦扎—奈赫鲁宾（Kalwādh wa Nahru Bin）、佳兹莱（Jāzira）、古城（al-Madīnatu al-'Atīqah）、“上”拉赞（Rādhān al-A'la）、“下”拉赞（Rādhān al-Asfal）诸县。

---

① 意为“中央伊朗城”。

② Kurat，相当于州、府，其地方比县大，今译作区。

③ 此处指将波斯语中的县——达素居翻译成阿拉伯语的县。

④ 迪吉拉，是大食人对底格里斯河的称谓。

沙泽·古巴泽 (Shādh Qubādh) 区有 8 个县，即鲁斯突格巴泽 (Rūstuqbādh)、麦赫鲁泽 (Mahrūdh)、西勒西勒 (Silsil)、杰卢拉—杰卢勒塔 (Jalūlā wa Jalultā)、泽白音 (al-Dhībayn)、班代尼金 (Bandanījīn)、白拉兹鲁兹 (Barāz al-Rūz)、代斯凯拉—鲁斯塔垓音 (al-Daskarah wa al-Rustaqayn) 诸县。

巴金疆·胡思老 (Bāzījān Khusraw) 区有 5 个县，即"上"奈赫莱旺 (al-Nahrawān)、"中"奈赫莱旺、"下"奈赫莱旺、巴代拉雅 (Bādarāyā)、巴枯萨亚 (Bākusāyā) 诸县。"下"奈赫莱旺的杰尔杰拉雅 (Jarjarāyā) 及其附近，居住着朱奈德族的伊斯卡夫人 (Iskāf Banī Junayd) ①。

迪吉拉河与富拉特 (al-Furāt) ②河流域

沙泽·萨布尔 (Shādh Sābūr)，也叫作开斯开尔 (Kaskar)，有 4 个县，即赞代窝尔德 (al-Zandaward)、素尔苏尔 (al-Thurthūr)、艾斯坦 (al-Astān)、杰瓦吉尔 (Jawāzir) 诸县。

沙泽·白赫曼 (Shādh Bahmān) 区，也叫作迪吉拉区，有 4 个县，即白赫曼·艾尔代希尔 (Bahman Ardashīr)、麦桑 (Maysān)、代斯泰·麦桑 (Dasta Maysān)、艾白兹古巴泽 (Abazqubādh) 诸县。麦桑又叫米勒瓦 (Milwā)，代斯泰·麦桑又叫作伍布拉 (Ubullah)。诗人海义兰·本·塞赖麦图·塞格菲 (Ghaylān bn Salamatu al-Thaqafī) 将代斯泰·麦桑念成武布拉：

> 你在躲避雄鸡和它的叫声，
> 躲避那关闭着的伍布拉的城门发出的叽叽嘎嘎声。

① 阿语意为"朱奈德族的修鞋匠"。伊斯卡夫人是大食人中的一个望族。一些政府要员、著名诗人、学者均出于此家族。

② 富拉特，是大食人对幼发拉底河的称谓。

迪吉拉区的年收入为8,500,000迪尔汗。

富拉特河流域及迪吉拉河西侧的杜杰义勒(Dujayl)

阿里(al-Āli)区有4个县，即卑路斯·萨布尔(Fayrūz Sābūr)、麦斯基(Maskin)、盖图莱布勒(Qaṭrabbul)、巴都莱雅(Bādurayā)诸县。卑路斯·萨布尔也称作“安巴尔”(Anbār)。

关于麦斯基，有诗人伊本·鲁盖雅特提及：

如今的麦斯基，乃是灾难、祸患及痛苦的渊薮。

艾尔代西尔·巴白坎(Ardashīr Bābakān)区有5个县，即白胡莱西尔(Bahurasīr)、鲁麦甘(Rūmaqān)、苦撒(Kūthā)、“都尔基特”(Durqīt)河、“焦白尔”(Jawbar)河等县。

比赫·泽尤玛苏凡(Bih Dhayūmasufān)区，又叫宰瓦比(Zawābi)区[①]，有3个县，即“上”扎布(al-Zāb)、“中”扎布和“下”扎布。

“上”比赫古巴泽(Bihqubādh al-A'lā)区有6个县,即巴比伦(Bābil)、胡台尔尼亚(Khuṭarniyah)、“上”凡卢佳(al-Fallūjah)、“下”凡卢佳、奈赫莱因(al-Nahrayn)[②]、艾因·台木尔('Ayn al-Tamr)[③]诸县。

“中”比赫古巴泽区有4个县，即久巴—布达(al-Jubbah wa al-Budāh)、苏拉—白尔必塞玛(Sūrā wa Barbīsama)、巴鲁塞玛(Bārūsamā)、奈赫鲁麦利克(Nahr al-Malik)[④]诸县。据传，后两个县原是一个县，第四个县原本是西白音—伍固夫(al-Sībayn al-Wuqūf)，后来被辟为农田。

① 宰瓦比，乃“扎布”一词的复数式。扎布，河流名，此河在今伊拉克共和国境内。
② 意为“两条河”，“双河”。
③ 原意“椰枣泉”。“艾因”乃泉、泉水之意。
④ 原意为“王”河，“麦利克”河。

“下”比赫古巴泽区有 5 个县，即富拉特 · 巴代格拉 (Furūt Badaqlā)、塞义赖欣 (Saylahīn)、尼斯台尔 (Nistar)、鲁泽密斯坦 (Rūdhmistān)、霍尔木兹杰尔德 (Hurmuzjard) 诸县。据说，鲁泽密斯坦和霍尔木兹杰尔德两县原先只是其他各县的农田。

塞瓦杜（省）的估定收税额

富拉特河西侧与杜杰义勒诸地有：

安巴尔县有 5 个集镇 (Rustāq)，250 个谷仓 (Baydar)[①]。年收入：小麦 2,300 库鲁(Kurr)[②]，大麦 1,400 库鲁，银币 150,000 个迪尔汗(Dirham)。

盖图莱布勒县有 10 个集镇，220 个谷仓，年收入：小麦 2,000 库鲁，大麦 1,000 库鲁，银币 300,000 迪尔汗。

麦斯基县有 6 个集镇，150 个谷仓，年收入：小麦 3,000 库鲁，大麦 2,000 库鲁，银币 150,000 迪尔汗。

巴都莱雅县有 14 个集镇，420 个谷仓，年收入：小麦 3,500 库鲁，大麦 2,000 库鲁，银币 2,000,000 迪尔汗。

白胡莱西尔县有 10 个集镇，240 个谷仓，年收入：小麦 1,900 库鲁，大麦 1,700 库鲁，银币 150,000 迪尔汗。

鲁麦甘县有 10 个集镇，240 个谷仓，年收入：小麦 3,300 库鲁，大麦 3,050 库鲁，银币 250,000 迪尔汗。

苦撒县有 9 个集镇，210 个谷仓，年收入：小麦 3,000 库鲁，大麦

① 根据现代阿拉伯文字典，Baydar 只能译成打谷场，没有谷仓之意。译者参照法文译本，译成谷仓（或粮仓）。法文为：Nombredes Grangns。

② 库鲁，也有译作库尔的，是美索不达米亚自古沿用的量度单位。最早见于古巴比伦王朝第六代王汉谟拉比的法典，当时，每库鲁约分 121 公升，另一说认为每库鲁约合 252.6 公升。参见《世界通史资料选辑》林志纯主编的《上古部分》分册第 67、97 页（商务印书馆出版）。

2,000 库鲁，银币 150,000 迪尔汗。

“都尔基特”河县有 8 个集镇，125 个谷仓，年收入：小麦 2,000 库鲁，大麦 2,000 库鲁，银币 200,000 迪尔汗。

“焦白尔”河县有 10 个集镇，227 个谷仓，年收入：小麦 1,700 库鲁，大麦 6,000 库鲁，银币 150,000 迪尔汗。

宰瓦比区共有 3 个县，共有 12 个集镇，244 个谷仓，年收入：小麦 1,400 库鲁，大麦 7,200 库鲁，银币 250,000 迪尔汗。

巴比伦县和胡台尔尼亚县共有 16 个集镇，378 个谷仓，年收入：小麦 3,000 库鲁，大麦 5,000 库鲁，银币 350,000 迪尔汗。

“上”凡卢佳县有 15 个集镇，240 个谷仓，年收入：小麦 500 库鲁，大麦 500 库鲁，银币 70,000 迪尔汗。

“下”凡卢佳县有 6 个集镇，72 个谷仓，年收入：小麦 2,000 库鲁，大麦 3,000 库鲁，银币 280,000 迪尔尔汗。

奈赫莱因县有 3 个集镇，181 个谷仓，年收入：小麦 300 库鲁，大麦 400 库鲁，银币 45,000 迪尔汗。

艾因台木尔县有 3 个集镇，14 个谷仓，年收入：小麦 300 库鲁，大麦 500 库鲁，银币 45,000 迪尔汗。

久巴—布达县有 8 个集镇，71 个谷仓，年收入：小麦 1,200 库鲁，大麦 1,600 库鲁，银币 150,000 迪尔汗。

苏拉—白尔必塞玛县有 10 个集镇，265 个谷仓，年收入：小麦 700 库鲁，大麦和稻米共有 2,400 库鲁，银币 100,000 迪尔汗。

巴鲁塞玛县和奈赫鲁麦利克县共有 10 个集镇，664 个谷仓，年收入：小麦 1,500 库鲁，大麦 4,500 库鲁，银币 250,000 迪尔汗。

西白音—伍固夫是几个县凑出来的一块农田，遂成为一个比两个县的面积还大的田庄，从西白音—伍固夫田庄收得的什一税里，有小麦 500 库鲁，大麦 5,500 库鲁，银币 150,000 迪尔汗。

富拉特·巴代格拉县有 16 个集镇，271 个谷仓，年收入：小麦 2,000 库鲁，大麦和稻米共计 2,500 库鲁，银币 900,000 迪尔汗。

塞义赖欣县拥有海窝尔奈格（al-Khawarnaq）和泰义宰纳巴泽（Tayzanābādh）两镇，另有 34 个谷仓，年收入：小麦 1,000 库鲁，大麦 1,700 库鲁，银币 140,000 迪尔汗。

鲁泽密斯坦县和霍尔木兹杰尔德县年收入：共有小麦 500 库鲁，大麦 500 库鲁，银币 10,000 迪尔汗。

尼斯台尔县有 7 个集镇，173 个谷仓，年收入：小麦 1,250 库鲁，大麦和稻米共计 2,000 库鲁，银币 300,000 迪尔汗。

伊罕鲁叶格推（īghāru Yaqtīn）是从几个县划分出来的，它年收入银币 204,840 迪尔汗。迪吉拉河流域和富拉特河（的诸区、县如下[1]）

开斯开尔（Kaskar）区有"碎拉"河（Nahr al-Silah），白尔盖（Barqah），莱扬（al-Rayyān）诸集镇。开斯开尔区的土地税及其他项收入曾高达 70,000,000 迪尔汗。估计该区年收入为：小麦 3,000 库鲁，大麦和稻米共计 20,000 库鲁，银币 200,000 迪尔汗。

此区东侧的诸县如下：

布祖尔杰萨布尔（Buzurjasābūr）县有 9 个集镇，263 个谷仓，年收入：小麦 2,500 库鲁，大麦 2,200 库鲁，银币 30,000 迪尔汗。

拉赞奈因（al-Rādhānayn）县有 16 个集镇，362 个谷仓，年收入：小麦 4,800 库鲁，大麦 4,800 库鲁，银币 120,000 迪尔汗。

"布格"河（Nahr Būq）县的年收入：小麦 200 库鲁，大麦 1,000 库鲁，银币 100,00 迪尔汗。

开勒瓦扎（Kalwādhā）—奈赫鲁宾县有 3 个集镇，34 个谷仓，年收入：小麦 1,600 库鲁，大麦 1,500 库鲁，银币 330,000 迪尔汗。

佳兹莱（Jāzira）县和古城县共有 7 个集镇，116 个谷仓，年收入：小麦 1,000 库鲁，大麦 1,500 库鲁，银币 140，000 迪尔汗。

鲁斯突格巴泽县的年收入：小麦 1,000 库鲁，大麦和谷子共计 1,400 库鲁，银币 170,000 迪尔汗。

① 括号内文字为译者加。

麦赫鲁泽县和西勒西勒县的年收入共计：小麦 2,000 库鲁，大麦 2,500 库鲁，银币 250,000 迪尔汗。

杰卢拉县和杰卢勒塔县共有 5 个集镇，76 个谷仓，年收入：小麦 1,000 库鲁，大麦 1,000 库鲁，银币 100,000 迪尔汗。

泽白音县有 4 个集镇，230 个谷仓，年收入：小麦 700 库鲁，大麦 1,300 库鲁，银币 40,000 迪尔汗。

代斯凯拉—鲁斯塔垓音县有 7 个集镇，44 个谷仓，年收入：小麦 2,000 库鲁，大麦 2,000 库鲁，银币 70,000 迪尔汗。

白拉兹鲁兹县有 7 个集镇，86 个谷仓，年收入：小麦 3,000 库鲁，大麦 5,500 库鲁，银币 120,000 迪尔汗。

班代尼金县有 5 个集镇，54 个谷仓，年收入：小麦 600 库鲁，大麦 500 库鲁，银币 100,000 迪尔汗。

诸“奈赫莱旺”(al-Nahrawānāt)① 县共有 21 个集镇,380 个谷仓。“上”奈赫莱旺县年收入：小麦 2,700 库鲁，大麦 1,800 库鲁，银币 350,000 迪尔汗。“中”奈赫莱旺县年收入：小麦 1,000 库鲁，大麦 500 库鲁，银币 100,000 迪尔汗。“下”奈赫莱旺县年收入：小麦 1,000 库鲁，大麦 1,200 库鲁，银币 150,000 迪尔汗。

巴代拉雅—巴枯萨亚县有 7 个集镇，207 个谷仓，年收入：小麦 4,700 库鲁，大麦 5,000 库鲁，银币 330,000 迪尔汗。

沙泽 · 卑路斯区即侯勒旺 (Ḥulwān) 区，侯勒旺的税收加上贾巴里伽 (al-Jābāriqah) 人和艾克拉德 (al-Akrād) ② 人的饷银，共计 1,800,000 迪尔汗。

① 即上、中、下三个奈赫莱旺。

② 贾巴里伽、艾克拉德为两个民族、艾克拉德即库尔德（Kurd）人的复数形式。

塞瓦杜省的收税总额

从前，塞瓦杜的税款是为（波斯萨珊帝国的）国王—古巴兹·本·卑路斯①征收的，其数额达150,000,000迪尔汗。欧麦尔·本·哈塔布（'Umaru bn al-Khaṭṭābi）②曾下令丈量过塞瓦杜的土地面积。从哈勒素（al-'Alth）、哈尔巴（Ḥarbā）两地至阿巴丹（'Abbādān）为塞瓦杜的长，为125法尔萨赫。从侯勒旺的亚喀巴（'Aqabah）至欧宰布（'Udhayb）为塞瓦杜的宽，为80法尔萨赫。塞瓦杜的年收成为36,000,000杰里卜（Jarīīb）③，每杰里卜的小麦值银币4迪尔汗，每杰里卜的大麦值银币2迪尔汗，每杰里卜的椰枣值银币8迪尔汗，每杰里卜的葡萄值银币6迪尔汗。塞瓦杜各个阶层须纳人丁税的人共为500,000口。欧麦尔·本·哈塔布在塞瓦杜的收税额为128,000,000迪尔汗。欧麦尔·本·阿卜杜勒·阿齐兹④（'Umar bn'abdu al-'Aziz）在塞瓦杜的收税额为124,000,000迪尔汗。哈贾吉·本·优素福（al-Ḥajāj bn Yūsuf）⑤在塞瓦杜的收税额仅为18,000,000迪尔汗，减少了

① 古巴兹是波斯萨朝第十八位君主，是库思老一世——阿努什尔旺的前一任，于公元531年去位。

② 欧麦尔是大食国第二位正统哈里发。

③ 杰里卜，波斯语名词（jareeb），土地面积单位，合十五市亩，即一公顷。见《波斯语汉语词典》（商务印书馆，1981年版）。此处的杰里卜表示一定的收获量。

④ 为白衣大食（于661—749年立国）第八任哈里发，717—720年在位。号称欧麦尔二世。

⑤ 白衣大食人，公元694年12月被该朝第五任哈里发——阿卜杜勒·麦利克委任为伊拉克总督，卒于714年。

1 亿多迪尔汗。其实，哈贾吉的收税额仅达到 16,000,000 迪尔汗，所缺的 2,000,000 迪尔汗，权作他无息借贷给塞瓦杜的人民。造成这种局面的原因，是由于哈贾吉的暴虐、愚蠢和不义之举所致。他曾经为增加塞瓦杜的耕种面积而禁止那里的百姓们屠宰黄牛，有诗为证：

我们因塞瓦杜的荒芜而向他诉苦，
他就无知地禁食黄牛肉。

库思老·艾白尔维兹 (Kasrā Abarwīz) [1] 在位的 18 年间，向其帝国征税的总额为 420,000,000 迪尔汗，此数额仅仅是其帝国后来的税收总额 600,000,000 迪尔汗的七成。

① 波斯萨珊王朝君主，是库思老二世（590—628 年）。

古代地球上的诸国君主及其王国

伊夫里宗（Ifrīdhūn）曾经将大地分赐给他的三个儿子。一块给了塞赖姆，塞赖姆(Salam)就是统治西方的舍莱姆(Sharam)，他是罗马(al-Rūm)诸王和粟特（al-Sughd）诸王的祖先；另一块地给了突什（Tūsh），突什就是统治东方的突吉（Ṭūj），他是突厥（al-Turk）诸王和中国诸王的祖先；第三块地给了伊朗（Īrān），伊朗就是伊朗舍赫尔（Īrānshahr）的统治者伊莱吉（Īraj）。伊朗舍赫尔就是伊拉克（Irāq）。伊朗就是伊拉克诸王——库思老（Kasrā）的祖先。有诗为证：

我活着的时候，就已经将自己的国权如俎上肉分成几份。
我慷慨地将从沙姆(al-Shām)[1]罗马及至日落处的土地给了塞赖姆；
我将突厥（Turk）给了突吉，
使中国归突吉的堂兄所有；
我毅然地使伊朗得到法尔斯（Fāris）的统治权。
我因施予了这些恩惠而得到幸福。

① 即《经行记》所言之苫国。

各地诸王的称号

伊拉克王[①]的通行称号是库思老，也就是沙罕沙赫（Shāhānshāh）[②]。罗马的国王，通称作恺撒（Qayṣar），也就是巴西勒（Bāsīl）。突厥、吐蕃、可萨突厥诸国的君主皆被叫作罕甘（Khāqān）[③]，葛逻禄（al-Kharlukh）王不在此列，这些罕甘被称为杰卜虎耶赫（Jabghūyah）[④]。中国的君主叫白鹤布尔(Baghbūr)[⑤]。以上诸王都是艾夫里宗(Afrīdhūn)[⑥]的子嗣。大印度的国王叫白勒海拉（Balharā），即众王之王。印度诸王有伽巴（Jābah）[⑦]国国王，塔芬（al-Tāfn）国国王，高姆隆（Qāmarūn）国国王。三佛齐（al-Zābij）国国王叫凡替杰卜（al-Fatijab），努巴（al-Nūbah）[⑧]国国王叫卡比勒，老勃萨（al-Ḥabshah）[⑨]国国王叫奈佳希（al-Najāshī），东海[⑩]诸岛的君主叫作麦赫拉贾（al-Mahrāj），斯拉夫（al-Ṣaqālib）国国王叫垓纳兹（Qanāz）。

① 伊拉克王，特指定都于伊拉克的波斯萨珊王朝（公元226—650年）的历代君主。
② 波斯语名词，意为“王中之王”。
③ 即可汗（音寒）。
④ 即叶护。
⑤ 波斯语名词，原意为“天子”。
⑥ 波斯语人名。源自伊朗第一个统治阶级——菲什达德（Fīshdād）的某位君主的名字——夫里宗（Frīdhūn）。传说他即《圣经》中的挪亚，也有传说他是双角王——希腊的马其顿王菲利浦·亚历山大。
⑦ 即爪哇国。
⑧ 即努比亚，非洲东部的古王国。
⑨ 即埃塞俄比亚古国，见《新唐书·波斯传》。
⑩ 东印度洋。

被阿尔代希尔（Ardashīr）[①]封有“沙赫”徽号的诸王

他们是：布祖尔克·库尚（Buzurk Kūshān）[②]沙赫、钦亮（Kīlān）沙赫、布泽·艾尔迪希朗（Budh Ardishīrān）沙赫、布泽·艾尔迪希朗即毛绥勒（al-Mawṣil）[③]。接下去是麦义桑（Maysān）沙赫、布祖尔克·艾尔米尼扬（Buzurk Arminiyān）[④]沙赫、阿塞尔巴泽坎（Ādharbādhkān）沙赫、锡斯坦（Sijistān）沙赫、木鹿（Marw）沙赫、克尔曼（Karmān）沙赫、白代什瓦尔开尔（Badashwārkar）沙赫、叶曼[⑤]（Yamān）沙赫、塔兹扬（Tāzyān）[⑥]沙赫、喀泽什（Kādhsh）沙赫、布尔疆（Burjān）沙赫、艾木坎（Amūkān）沙赫、萨比扬（Sābiyān）沙赫、麦什开兹丹（Mashkazdān）沙赫（在呼罗珊）、艾亮（al-Lān）沙赫（属穆甘Mūqān）、白拉什坎（Barāshkān）沙赫（在阿塞拜疆）、固夫素（Qufṣ）沙赫（在克尔曼）、穆克兰（Mukrān）沙赫（属信德 al-Sind）、土兰（Tūrān）[⑦]沙赫（在突厥）、印度旺（Hindwān）沙赫、喀布兰（Kābulān）[⑧]沙赫、希莱扬（Shīrayān）沙赫（在阿塞拜疆）、莱义哈（Rayḥān）沙赫（属印度）、给冈（Qīqān）沙赫（在信德）、比拉什

---

① 波斯萨珊王朝第一代君主。

② 这段文字应是中古波斯文——巴列维文。伊本·胡尔达兹比赫向大食王介绍阿尔代希尔为诸地的首领封赠沙赫这一徽号的史实。因此，每个词组均是波斯文词组，词组是按波斯语语法组成的。布祖尔克·库尚等词均是中古波斯地名，其中，布祖尔克（bozorg）的波斯语意思是“大的”。

③ 即摩苏尔，在伊拉克。

④ 或译成锡吉斯坦。

⑤ 叶曼，即也门，位于阿拉伯半岛南端，因与沙赫连诵，故词尾发音有变化，词尾加 ān 字音由 Yaman 变成 Yamān。

⑥ 塔兹扬，即大食（Tāzi），是萨珊王朝波斯人对阿拉伯的称谓。此处因 Tāzi 同沙赫连诵，故其词尾加 ān 字音，变成 TāzYān。就目前而言，在阿拉伯文历史地理著作中，只有此书保留着关于大食一词的记载。

⑦ 中古时期，波斯人习称阿姆河以东的突厥人为土兰人、突兰人。故突厥人的居住地被称作土兰。

⑧ 即喀布尔，喀布兰沙赫，意为“喀布尔王”，沙赫为国王之意。

疆（Bilāshjān）沙赫、达斡兰（Dāwarān）沙赫（在达斡尔 al-Dāwar 国）、奈海什邦（Nakhashbān）沙赫、克什米兰（Qashmīrān）沙赫、白开尔丹（Bakardān）沙赫、开扎凡特（Kadhāfat）沙赫。以上是诸王的徽号[1]。

① 这个自然段的括号内的汉字译文不是译者擅自增加的，而是阿文原书就有的。

东方的情形

现在我介绍一下东方。东方占帝国疆土的四分之一。我首先讲讲呼罗珊。呼罗珊是在它的君主(Iṣbahbudh)[①]巴祖斯班(Badhūsbān)的统治下。其手下有四位执政官，每位执政官统辖四分之一个呼罗珊。其中，第一位统辖木鹿·沙赫疆(Merw al-Shāhjān)[②]及其周围地区；第二位统辖白勒赫(Balkh)[③]、吐火罗斯坦(Ṭukhāristān)[④]；第三位统辖赫拉特(Harāt)、布尚吉(Būshāj)、巴赞欣斯(Bādhaghīsh)、锡斯坦，有伊本·穆凡里格(Ibn Mufarigh)的诗为证：

在赫拉特战日，传布公告者令你听闻
你向左方去了，
他在右方召唤。

那第四位长官统辖着河外地(Māwarā'a al-Nahr)[⑤]。

① 呼罗珊及陀拔斯惮等地统治者的称号。
② 即木鹿的别名。
③ 即巴尔赫。
④ 即吐火罗，《唐书》《西域记》作覩货逻。
⑤ 大食人称阿姆河东北方（右岸）为河外地，即今阿姆河、锡尔河之间的广大地区。

从和平城（Madīnatu al-Salām）[①]到呼罗珊边陲的道路

从巴格达至奈赫莱旺为4法尔萨赫。再至代义尔巴兹玛（Dayr Bāzmā）[②]为4法尔萨赫，再至代斯凯拉（al-Daskarah）为8法尔萨赫，再至杰卢拉为7法尔萨赫。有诗为证：

杰卢拉战日，鲁斯台姆战日，
国王的先头部队挺进的战日。

再至哈尼金（Khāniqīn）为7法尔萨赫，再至垓素尔希林（Qaṣr Shīrīn，"希林"宫）为6法尔萨赫。诗人哈玛德·阿吉莱德（Ḥammād' Ajrad）曾吟咏道：

安拉以"希林"宫的两株滨枣树，
权作侯勒旺的两株枣椰树的代价。

谁若前往舍赫莱祖尔（Shahrazūr），则须从垓素尔希林出发，先至迪兹库兰（Dīzkurān）为2法尔萨赫，再至舍赫莱祖尔为18法尔萨赫。舍赫莱祖尔的首府是尼米兹拉赫（Nīmīzrāh）城，该城恰是麦达因（al-Madā'in）与"希兹"（al-Shīz）拜火殿（Bayt Nār）两地的中点。从垓素尔希林至侯勒旺为5法尔萨赫，再至侯勒旺的丘冈（'Aqabah）。从侯勒旺至玛泽鲁斯坦（Madhrūstān）为4法尔萨赫，再至麦尔吉·勒[③]基勒阿（Marj

① 和平城，即巴格达城的别名。
② 原意为"巴兹玛"修道院。代义尔即修道院之意。
③ 麦尔吉，意为牧场，草原。此为城堡的牧场。

al-Qil'ah）为 6 法尔萨赫，再至垓素尔·耶济德（Qaṣr Yazīd）[①] 为 4 法尔萨赫，再至祖拜义迪亚（Zubaydiyyh）为 6 法尔萨赫，再至海什卡里什（Khashkārīsh）为 3 法尔萨赫，再至“阿慕尔”宫（Qaṣr 'Amr）为 4 法尔萨赫，再至盖尔米欣（Qarmīsīn）[②] 为 3 法尔萨赫。若前往呼罗珊，则须从盖尔米欣左侧距其不到 2 法尔萨赫的希布达兹（Shibdāz）前行。从盖尔米欣至杜坎（Dukān）为 9 法尔萨赫。谁若前往纳哈万德（Nahāwand）和伊斯白罕，则须先从杜坎向其右方行至马宰兰（Madharān），再至纳哈万德，纳哈万德是杰贝勒（al-Jabal）省的一个区。

杰贝勒诸区有：玛塞白赞（Māsabadhān）、密赫里疆盖泽格（Mihrijaqadhaq）、玛赫·库法（Māh al-Kūfah）[③]、玛赫·巴士拉（Māh al-Baṣrah）、哈马丹、古姆（Qumm）[④]。其中，玛赫·库法就是迪奈窝尔，玛赫·巴士拉就是纳哈万德。迪奈窝尔的年收税额为 3,800,000 迪尔汗。波斯（al-Furs）[⑤] 每年从杰贝勒、阿塞拜疆、赖伊、哈马丹、两个玛赫 [⑥]、泰伯里斯坦、丹巴万德（Danbāwand）、玛塞白赞、密赫里疆盖泽格、侯勒旺、古密斯（Qūmis）诸地收得 30,000,000 迪尔汗。

伊斯白罕诸区的面积为 80 法尔萨赫乘以 80 法尔萨赫。伊斯白罕有 17 个集镇。每个镇有 365 个老村庄，新村庄除外。伊斯白罕年收入 7,000,000 迪尔汗，它是个广大的地区，房屋成群，气候宜人。

---

① 垓素尔，意为宫殿，此地名意为“耶济德”宫。

② 法文译本《Le livre des rou tes et des provinces》（1865）认为，盖尔米欣即今天的克尔曼沙赫（Kirmânchah）。详见 1865 年《亚洲学报》3—4 月合刊本，p. 260（Journal asiatique, mars-avril 1865）。

③ 即迪奈窝尔城。参见雅古特《地名辞典》卷五，第 49 页。

④ 今伊朗的库姆。

⑤ 指昔日的波斯萨珊王朝。

⑥ 即玛赫·库法与玛赫·巴士拉。

伊斯白罕的诸镇

马莱宾(Mārabīn) 镇,其地面上有台赫穆尔司(Ṭahmūrth) 建造的城堡,城堡中设有拜火殿。还有开尔旺 (Karwān) 镇、布尔胡瓦尔 (Burkhūwār) 镇、艾旺 (Awān) 镇、艾纳尔 (Anār) 镇、伊朗 (al-Īrān) 镇、巴泽 (al-Bādh) 镇、给希斯坦 (Qihistan) 镇、盖姆丹 (al-Qamdhān) 镇、白拉安 (Balāān) 镇、鲁泽 (al-Rūdh) 镇、鲁维代什特 (Ruwaydasht) 镇。发源于克尔曼的宰林鲁泽 (Zarinrūdh) 河,当它流到鲁维代什特地界就干涸了。鲁维代什特与克尔曼之间相距 90 法尔萨赫。还有艾尔万德 (Arwand) 镇、艾尔迪斯坦 (Ardistān) 镇、塞尔德 · 嘎珊 (Sard Qāsān) 镇、杰尔姆 · 嘎珊 (Jarm Qāsān) 镇、古姆镇、萨瓦 (Sāwah) 镇、“小”台义麦拉 (Taymarah) 镇、“大”台义麦拉镇、卡义格 (Qāyq) 镇、伽白尔格 (Jābarq) 镇、布尔格·鲁泽(Burq al-Rūdh) 镇、窝朗冈(Warānqān) 镇、法里金少(Farīdhīn) 镇、卧尔代赫 (Wardah) 镇。凡杜勒 · 本 · 麦尔旺 (al-Faḍl bn Marwān) ① 告诉我,他每年在伊斯白罕和古姆两地的净收入为 16,000,000 迪尔汗,条件是:不向朝廷领取援助。开卡伍斯 (Kayqāwus) ② 曾将伊斯白罕给了久宰尔兹 (Jūdharz) ③。

从杜坎至垓素尔鲁素斯 (Qasr al-Lusūs) 为 7 法尔萨赫,再至浑达泽 (Khundādh) 为 7 法尔萨赫,再至哈马丹山路上的阿斯勒村 (al-‘Asl) 为

① 凡杜勒 · 本 · 麦尔旺是黑衣大食王穆尔台绥姆 (al-Mu‘tasīm, 公元 795—842 年) 的宰相,死于伊斯兰历 250 年(公元 864 年)。参见伊本 · 艾西尔 (Ibn Athīr) 的《历史大全》(Kāmil fi al-Tārikh) 卷七,第 135 页。贝鲁特书店于 1982 年出版(阿拉伯文版)。

② 亚历山大东征前的上古波斯帝国皇帝,在位 150 年。参见伊本·艾西尔《历史大全》卷一,第 377 页。

③ 久宰尔兹,即久代尔兹 (Jūdarz),波斯帝国的战将。据《历史大全》(卷一,第 248—249 页)记载,开卡伍斯并未赠地给久宰尔兹。当开卡伍斯皇帝去世后,皇孙开斯鲁 (Kaysrū bn Sayāwkhsh bn Kaykāwūs) 继位,旋即同突厥国王艾甫拉西雅卜进行大战,久宰尔兹为波斯军帅,杀虏甚众,大获全胜,开斯鲁皇帝将伊斯白罕和戈尔甘两地赐之。

3 法尔萨赫，再至哈马丹为 5 法尔萨赫。

从哈马丹到加兹温[1]（Qazwīn）的路程

从哈马丹出发经过海莱甘（Kharraqan）镇到加兹温为 40 法尔萨赫。（下面是从哈马丹到赖伊城的路程）[2] 从哈马丹至代尔奈瓦（Darnawā）为 5 法尔萨赫，再至布宰奈吉尔德（Būzanajird）为 5 法尔萨赫，再至宰莱赫（Zarah）为 4 法尔萨赫，再至泰兹拉（Ṭazrah）为 4 法尔萨赫，再至艾萨畏拉（al-Asāwirah）为 4 法尔萨赫，再至布斯苔赫—鲁泽赫（Būstah wa Rūdhah）为 3 法尔萨赫，再至达乌达巴德（Dāwdābādh）为 4 法尔萨赫，再至苏塞奈金（Sūsanaqīn）为 3 法尔萨赫，再至代鲁泽（Darūdh）为 4 法尔萨赫，再至萨瓦（Sāwah）为 5 法尔萨赫，再至穆什库叶赫（Mushkūyah）为 9 法尔萨赫，再至古斯塔纳（Qusṭānah）为 8 法尔萨赫，再至赖伊为 7 法尔萨赫。以上（是从和平城—巴格达到赖伊城的）[3] 全程为 167 法尔萨赫，（关于赖伊的情形）有艾布·阿塔希亚（Abu al-'Atāhiyah）的诗句为证：

愿他改良赖伊及其四周地区，
从他手里为赖伊降下福祉。

赖伊的年收入为 10,000,000 迪尔汗。

从赖伊向左去加兹温，则有 17 法尔萨赫路程。从加兹温至艾布海尔（Abhar）为 12 法尔萨赫，从艾布海尔至赞詹（Zanjān）为 15 法尔萨赫[4]。

从赖伊至穆凡达卢阿巴泽（Mufaddl Abādh）为 4 法尔萨赫，再至卡斯布（Kāsb）为 6 法尔萨赫，再至艾夫里宗（Afrīdhūn）为 8 法尔萨赫，

---

① 今译作加兹温。《元史·西北地附录》作可疾云。

② 括号内文字是译者加的，本应有此标题，并另起一段。

③ 括号内文字为译者附加。

④ 此自然段所言的路程是偏离了去呼罗珊的大道的岔路或支路。

再至胡瓦尔 (al-Khuwār) 为 6 法尔萨赫，再至垓素尔密勒赫 (Qasr al-Milḥ) 为 7 法尔萨赫，再至西姆南 (Simnān) 为 8 法尔萨赫，再至阿胡林 (Ākhurīn) 为 9 法尔萨赫，再至古密斯 (Qūmis) 为 8 法尔萨赫。从赖伊至古密斯的路程为 63 法尔萨赫。

再 (从古密斯出发) 至哈达达 (al-Ḥaddādah) 为 7 法尔萨赫，再至白泽什 (Badhash) 为 7 法尔萨赫，再至密麦德 (Mīmad) 为 12 法尔萨赫，再至海夫台坎德(Haftakand) 为 7 法尔萨赫，再至艾塞达巴泽(Asadābādh) 为 7 法尔萨赫，再至白赫曼艾巴德 (Bahman Abādh) 为 6 法尔萨赫，再至努格 (al-Nūq) 为 6 法尔萨赫，再至扈思老吉尔德 (Khusrawjird) 为 6 法尔萨赫，再至侯赛纳巴德 (Ḥusaynabādh) 为 6 法尔萨赫，再至信开尔地尔 (Sikardir) 为 5 法尔萨赫，再至必斯堪德 (Bīskand) 为 5 法尔萨赫，再至奈义萨布尔 (Naysābūr) [①] 为 5 法尔萨赫。奈义萨布尔城中有一堡城 (Qahandaz) [②]。从巴格达至奈义萨布尔的路程为 305 法尔萨赫，奈义萨布尔地面还有扎姆 (Zām)、巴海尔兹 (Bākharz)、久窝音 (Juwayn)、白义海格 (Bayhaq) 诸城。

再 (从奈义萨布尔行) 至白黑斯 (Baghīs) 为 4 法尔萨赫，再至合木拉 (al-Ḥamrā') 为 6 法尔萨赫，再至穆塞垓布 (al-Muthaqqab) 为 5 法尔萨赫，这个穆塞垓布城归属图斯 (Ṭūs) [③]。而后至努甘 (al-Nūqān) 为 6 法尔萨赫，再至麦兹杜兰(Mazdūrān) 为 6 法尔萨赫，再至艾布钦纳(Abkīnah) 为 8 法尔萨赫，再至塞莱贺斯 (Sarakhs) 为 6 法尔萨赫。至此，全程为 345 法尔萨赫 [④]。

(从塞莱贺斯) 再至垓素尔奈贾尔 (Qaṣr al-Najār) 为 3 法尔萨赫，再至乌什吐尔买杭克 (Ushturmaghāk) 为 5 法尔萨赫，再至台赖斯塔纳 (Talastānah) 为 6 法尔萨赫，再至丹达奈甘 (al-Dandānaqān) 为 6 法尔

① 即内沙布尔，在伊朗的东北部。
② 呼罗珊人对城中之堡垒城叫作“垓汗代兹”(Qahandaz)。
③ 图斯，地名。
④ 即木鹿，《经行记》作末禄。

萨赫，再至叶努吉尔德(Yanūjird) 为 5 法尔萨赫，再至木鹿·沙赫疆(Marwal Shāhjān) 为 5 法尔萨赫，至此，全程为 375 法尔萨赫。

木鹿城中有一座堡城 (Qahandaz)，有诗为证：

木鹿使侵略者的部队败而逃，
它对不速之客将是永久的教训。

从木鹿城向前行，道路分作两条，一条通向石国 (沙什, al-Shāsh) [①]突厥地；另一条通向巴勒赫、吐火罗斯坦。

通向石国、突厥的道路

从木鹿出发，先至库什玛罕 (Kushmāhān) 为 5 法尔萨赫，再至迪瓦布 (Diwāb) 为 6 法尔萨赫，再至曼帅夫 (al-Manṣaf) 为 6 法尔萨赫，再至艾合萨 (al-Aḥsā') [②] 为 8 法尔萨赫，再至"奥斯曼"井 (Bi'r' Uthmān) 为 3 法尔萨赫，再至阿穆勒 (Āmūl) [③] 为 8 法尔萨赫。从木鹿至阿穆勒的路程为 36 法尔萨赫。

从阿穆勒至巴勒赫河[④] 河岸为 1 法尔萨赫，再渡过巴勒赫河至费莱布尔 (Firabr) [⑤] 为 1 法尔萨赫，再至旷野上的"乌姆·贾法尔"要塞 (Ḥiṣn Umm Ja'far) 为 6 法尔萨赫，再至"布哈拉墙之门[⑥] 为 2 法尔萨赫，再至玛斯停 (Māstīn) 为 1.5 法尔萨赫，再至布哈拉 (安国, Bukharā) [⑦]1.5 法

---

① 石国，阿拉伯史地丛书均称之为 Shāsh。《魏书》作者舌，《西域记》作赭时，《新唐书》曰柘支，曰柘折。即今乌兹别克斯坦境内的塔什干城一带。

② 阿拉伯语词，意为沼泽。

③ 我国隋、唐时期的穆国，见《隋书》。

④ 巴勒赫河，即阿姆河流经巴勒赫城以后的中下游段。阿文古籍中多称之为巴尔赫河。

⑤ 即今天的法腊勃，位于阿姆河右岸边的城市。

⑥ 此布哈拉墙，地名，距布哈拉城区尚远。大约是布哈拉（安国）用以圈其属地的边垒墙。

⑦ 《隋书》为安国，《西域记》为捕喝，《新唐书》曰安国，一曰布豁，又曰捕喝。

尔萨赫。从阿穆勒至布哈拉的路程为19法尔萨赫。

布哈拉城内有一座堡城(Qahandaz)，布哈拉领有开尔米尼亚(Karlmīniyah)[①]、泰瓦维苏(Ṭawāwīsu)、白米吉开司(Bamijikath)、卧尔达纳(wardānah)、“商人之城”拜堪德(Baykand)[②]、费莱布尔。

再从布哈拉出发，先至舍尔贺(Shargh)为4法尔萨赫，再至泰瓦维苏为3法尔萨赫，再至考开希白安(Kawkashībaghan)为6法尔萨赫，此地的南部与中国的山脉相衔接。再从考开希白安至开尔米尼亚为4法尔萨赫，再至代布西亚(Dabūsiyah)[③]为5法尔萨赫，再至艾尔宾兼(Arbinjan)为5法尔萨赫，再至宰尔曼(Zarmān)为5法尔萨赫，再至“阿勒盖麦”(‘Alqamah)宫为5法尔萨赫，再至撒马尔干(Samarqand)[④]为2法尔萨赫。从布哈拉至撒马尔干的全程为39法尔萨赫。艾布·特斤·阿拔斯·本·苔尔汗(Abū al-Taqqī al-‘Abbās bn Ṭarkān)[⑤]曾赋诗道：

装饰富丽的撒马尔干是何时塌毁的？
它不比石国好，
没有惊人的地方。[⑥]

撒马尔干城中有一堡城(Qahandaz)，它领有代步西亚(东安国)、艾

① 今乌兹别克斯塔境内的克尔米涅市，在萨马尔罕城西北方。
② 又读作毕堪德(Bilkad)。堪德为波斯语，意为城堡。此地名实为“毕城”之意。即《隋书》卷八十三毕国，《新唐书》卷二百二十一毕。
③ 代布西亚即《新唐书·西域传》所言之喝汗，或东安国。安国与康国的分界当在开尔米尼亚与代布西亚两城之间。
④ 《隋书》作康国，《西域记》作飒秣建，《经行记》《新唐书》作萨末鞬，今称作撒马尔罕。
⑤ 苔尔汗，即达干，突厥首领的徽号。此人名的意思是“达干的儿子——艾布·特斤·阿拔斯”。
⑥ 这是一首波斯文诗，译者特请元文琪同志译。

尔宾兼(Arbinjan)、库沙尼亚(Kushāniyah)[①]、伊什替罕(Ishtīkhan)[②]、渴石(Kiss)[③]、奈塞夫(Nasaf)[④]、呼兼德(Khujandah)[⑤]诸城。

从撒马尔干去巴尔开斯(Bārkath)为4法尔萨赫,再至扈舒凡寒(Khushūfaghan)为4法尔萨赫,这段路程在旷野里。再至布尔奈迈兹(Būrnamadh)为5法尔萨赫,再至扎敏(Zāmīn)为4法尔萨赫,扎敏位于荒野上。扎敏是两条道路的岔口,一条路通向石国、突厥,另一条路通往拔汗那(Farghānah)[⑥]。

先讲通向石国的道路。从扎敏出发,行至哈窝塞(Khāwaṣa)为7法尔萨赫的旷野路。再至有桥过的"沙什"(Shāsh)[⑦]河岸为9法尔萨赫,涉过河行至白纳乞特(Banākit)。从白纳乞特至"突厥"河为4法尔萨赫。再从"突厥"河至舒图尔开斯(Shutūrkath),再至白尼奈开特(Banūnakat)共有3法尔萨赫路程。再至石国(沙什, al-Shāsh)为2法尔萨赫。从撒马尔干至石国为42法尔萨赫的路程。

从石国至银矿(Ma'dinu al-Fiḍḍah)为7法尔萨赫,银矿就是伊拉格(Īlāq)和比良坎克(Bilānkank)两地。再从银矿至铁门(Bāb al-Ḥadīd)为2密勒(Mil)[⑧],再至库巴勒(Kubāl)为2法尔萨赫,再至鹤尔凯尔德(Gharkard)为6法尔萨赫,再至伊斯比加布(Isbījab)[⑨]为4法尔萨赫,伊斯比加布是荒野。从石国至伊斯比加布为13法尔萨赫[⑩]。

① 即贵霜州,或为贵霜尼亚。《新唐书》作贵霜匿,《西域记》作屈霜你迦国。《隋书》作何国。

② 即今乌兹别克斯坦的伊什特汗,在撒马尔罕西北百里。《新唐书·康国传》西曹国所治之瑟底痕城。

③ 《隋书》史国,《西域记》作羯霜那,《新唐书》作史或曰佉沙,《明史》作渴石。今撒马尔罕以南之沙赫里夏勃兹地方。

④ 即《魏书》所言之那识波,《新唐书·西域传》那色波,亦曰小史,今布哈拉东南之卡尔希(Karshi)。

⑤ 即俱战提,见《新唐书·西域传》。《酉阳杂俎》卷十作俱振提。

⑥ 见于《经行记》。

⑦ 即"石国"河,阿拉伯历史地理著作称石国为沙什。

⑧ 阿拉伯古代里程。1密勒等于三分之一法尔萨赫。

⑨ 即《新唐书》白水城,或白水胡城。今乌兹别克斯坦奇姆肯特城。

⑩ 此处有误,实为十九又三分之二法尔萨赫。

再至沙拉布 (Shārāb) 为 4 法尔萨赫，再至白都贺开特 (Badūkhkat) 为 5 法尔萨赫，再至台姆塔吉 (Tamtāj) 为 4 法尔萨赫，再至艾巴尔伽介 (Abārjāj) 为 4 法尔萨赫，再至河上旅馆 (Manzil‘ alā al-Nahr) ① 为 6 法尔萨赫。艾巴尔伽介有座山丘，山丘周围有一千眼泉 ②，“千泉”水汇流向东，被唤作“白尔库阿布”(Barkūāb)，即“倒流的水”(al-Mā’ al-Maqlūb) ③。在“千泉”河中能猎获到黑色的野鸡。再涉过白尔库阿布河至久维克特(Juwikt) 为 5 法尔萨赫，再至塔拉兹(Ṭarāz)④ 为 3 法尔萨赫。从伊斯比加布至塔拉兹为 26⑤ 法尔萨赫。

再至库卧义开特 (Kuwaykat) 为 7 法尔萨赫，从库卧义开特至开义玛克 ⑥ 王国地面 (Mawḍi‘ Mulk Kaymāk) 需携带粮秣行 80 天路程。

从塔拉兹至下努舍疆 (Nushajan al-Sufla) ⑦ 为 3 法尔萨赫，再至开苏里巴斯(Kaṣrī Bās) 为 2 法尔萨赫，开苏里·巴斯是块热地(Jarmiyyah)⑧，哥罗禄人于此地驻冬，海赖吉 (Khalajiyyah) 的避寒地紧靠着它。再至库勒烧伯 (Kul shawb) 为 4 法尔萨赫，再至吉勒烧伯 (Jil shawb) 为 4 法尔萨赫，再至库亮 (Kūlān) ⑨ 为 4 法尔萨赫，库亮是个富庶的村庄。再至白尔钦 (Barkīn) 为 4 法尔萨赫，白尔钦是个大村庄。再至艾斯白

① 此地名为阿拉伯名词。河上，也可指河边，也可指河流上面的，如桥楼之类。在考证粟特或突厥地名时，不应音译此地名。

② 即《西域记》中的千泉。

③ 即逆流之水。其地诸河流，如阿姆河、锡尔河等均向西流，唯千泉汇流向东，故被言作倒流。

④ 阿拉伯语也可读作达拉兹。《西域记》《新唐书》作呾逻私;《经行记》作怛逻斯，天宝十载（751 年）唐将高仙芝率部同大食军战于此处，败绩。按 :《西域记》记载千泉位于怛逻斯城以东 140 至 150 里处，千泉往东 400 余里即素叶水城。而此处记述千泉是位于怛逻斯城以西的 8 法尔萨赫处（即 50 千米，100 华里），它位于怛逻斯与白水城（今奇姆肯特）之间，足见〔唐〕玄奘与伊本·胡尔达兹比赫的记述是不同的。而伊本·古达玛的记述则与伊本·胡尔达兹比赫的相同。

⑤ 实为 31 法尔萨赫，26 为误。

⑥ 一作寄蔑，位于巴尔喀什湖西北方。参见《中国历史地图集》第五册，第 83 页。

⑦ 《新唐书·波斯传》笯室羯城，亦曰新城，曰小石国城。努舍疆，当同笯赤建国，见《西域记》。因时代变迁，地域或有变动。

⑧ 括号内外文为阿拉伯名词“热地”的拉丁转写，不是当地地名，请读者留意。

⑨ 即俱兰城，参见《中国历史地图集》第五册，第 41—42 页，陇右道西部图。

拉（Asbarah）[1] 为 4 法尔萨赫，再至一大村庄努兹开特（Nūzkat）为 8 法尔萨赫，再至胡兰杰瓦（Khuranjawān）为 4 法尔萨赫，胡兰杰瓦是一个大村庄。再行至久勒（Jūl）为 4 法尔萨赫，再至一大村庄萨利赫（Sārigh）为 7 法尔萨赫，再至突骑施（al-Tunkashī）[2] 的可汗城（Madīnat Khāqān）[3] 为 4 法尔萨赫，再至奈瓦契特（Nawākit）为 4 法尔萨赫，再至库巴勒（Kubāl）[4] 为 3 法尔萨赫，再至上努舍疆，它是中国的边界。其间，商队（驼队）经牧场行走 15 天，而突厥人的邮递员则用 3 天走完。上努舍疆[5] 乃是中国的边界。

从扎敏到拔汗那的道路

先从扎敏行至萨巴特（Sābāt）为 2 法尔萨赫，再至乌斯鲁舍纳[6]（Usrūshanah）为 7 法尔萨赫，其中 2 法尔萨赫为坦途，另 5 法尔萨赫的行程中不断遇到城郊的流水。从撒马尔干至乌斯鲁舍纳为 26 法尔萨赫。

从萨巴特至鹤陆克（Ghalūk）为 6 法尔萨赫，再至俱战提（Khujandah）为 4 法尔萨赫，再至刷姆伽尔（Sāmghār）为 5 法尔萨赫，再至哈吉斯坦（Khājistān）为 4 法尔萨赫，再至土尔木甘（Turmuqān）为 7 法尔萨赫，再至“门”城（MadīnatuBāb）[7] 为 3 法尔萨赫，再至拔汗那为 4 法尔萨赫。从撒马尔干至拔汗那的全程为 53 法尔萨赫[8]。昔日，阿努什尔旺

① 即阿史不来城。属石国，阿史不来山产绿松石。详见雅古特《地名辞典》、盖兹威尼《古迹和故事》专条：Asbarah。

② 《旧唐书》《新唐书》言突骑施原为突厥五咄陆部落之一，其领地当在今伊犁河以西，热海以东，以碎叶城为中心，此可汗城不是碎叶城。

③ 伊本·古达玛称之为突厥可汗村（Qaryat），未言及突骑施，也没作城市讲。

④ 即碎叶。参见张广达先生《碎叶城今地考》一文。

⑤ 努舍疆，应译作拔塞干或八儿思罕。详见张广达先生著《碎叶城今地考》一文注 17、18。（载于《北京大学学报》1975 年第 5 期）

⑥ 即唐代昭武九姓的东曹国，亦称作舍鲁塞纳 Sharūsanah。

⑦ 此地名为阿拉伯名词，非其原名称。

⑧ 应改为 52 法尔萨赫。

(Anūsharwān)[①] 创建了拔汗那城，他从每个家庭抽出人迁到这个新城市定居，阿努什尔旺将此城叫作“艾兹海尔罕奈赫”(Azhar Khānah，意思是“来自各家各户的”)。呼兼德(俱战提)为拔汗那属城。

再(从拔汗那)至固巴(Qubā)城为10法尔萨赫，再至窝什(Ūsh)[②]城为10法尔萨赫，再至乌兹坎德(Ūzkand)[③]为7法尔萨赫，乌兹坎德是胡尔台钦(Khūrtakīn)的都城。再登陟到丘冈(al-'Aqabah)[④]为一天的行程，再至艾特巴什(Aṭbāsh)[⑤]为一天的行程，再至上努舍疆为6天的行程，在这6天里见不到一个村镇。艾吐巴什是座城市，位于吐鲁番和拔汗那之间的高原山路上[⑥]，上努舍疆[⑦]与吐蕃同处于东方的中心。

从上努舍疆至“土胡兹胡尔”[⑧]可汗(Khāqān al-Tughuzgbur)的都城有3个月行程，沿途有一些大而富饶的村庄，居民为艾台尔(Atar)人，其中有些人是祆教徒(Majūs)，他们崇拜火；另一些人则是不信神的人(Zindiq)。土胡兹胡尔的国王住在一座有12座铁门的大城市里，城内居民是些不信神的人。该城的左方[⑨]是开义玛克王国，这座城同中国相对面，两地相距300法尔萨赫。土胡兹胡尔的国王有一顶用黄金制成的帐篷，这顶金帐篷被撑在王宫的顶上。这座宫殿可容纳900人，与王宫相距5

① 即波斯萨珊王朝的君主库思老一世，于531—578年在位。据说，其在晚年，曾出兵击嚈哒人为祖父卑路斯报仇，当他杀死嚈哒王及其及族人后，率领军队越过巴尔黑城及其以外的地方，终驻军于拔汗那，详见泰伯里《历代民族和帝王史》卷一，第899页。据此说，库思老所建新城的时间约在6世纪下半叶。

② 巴黎藏本的《道里邦国志》为乌斯，法文译本译诈Aus，见1865年《亚洲学报》3—4月号，第266页(法文)最后一行。窝什，即今乌兹别克斯坦的奥希城。据传，它就是汉代的贰师城。

③ 即今乌兹别克斯坦的乌兹根城，位于奥希东方，靠近中国边界。

④ 也可译作“山路”；这是个阿拉伯名词。

⑤《元史·耶律希亮传》阿体八升山，或《西北地附录》之阿忒八失，其名存至今。

⑥ 此高原即帕米尔高原，唐代的葱岭。

⑦《新唐书·地理志》卷四十三下姑墨州都督府之弩羯城，同书《波斯传》为弩室羯城。详见前面的下弩舍疆的注释。陆峻岭先生认为弩室羯位于塔什干以东，其说与书本所述一致。(见《西域地名》第57页)。

⑧ 即九姓乌古斯，回纥人的一支。

⑨ 即北方。以大食人东向(朝中亚的地区看)站的左方。

法尔萨赫开外的人们均可见到这顶金帐篷。然而，开义玛克的国王则住在逐水草而居的帐篷里。塔拉兹与开义玛克的国王的住地之间尚有 81 天的荒凉路程。

在突厥的所有领地中，九姓乌古斯（Tughuzghur）人的领地算是突厥地中最大的一块。九姓乌古斯人的领地同中国、吐蕃、葛逻禄、寄蔑、古斯（户兹 al-Ghuzz）、杰富拉（al-Jafrā）、白伽纳克（al-Bajānāk）、突骑施、艾泽库什（Adhkush）、黑夫沙贺（Khifshākh）、黑尔黑斯（Khirkhīz）①、葛逻禄②、海赖吉（al-Khalaj）诸邦国的领地相接。黑尔黑斯人有麝香。海赖吉位于河的这一侧③。"法拉布"城（Fārāb）④驻扎着穆斯林的戍守部队和葛逻禄突厥人的守军。突厥共有 16 座城池。

从木鹿·沙赫疆到吐火罗斯坦的路程

从木鹿至发兹（Fāz）为 7 法尔萨赫，再至马赫迪·阿巴德（Mahdī Abādh）为 6 法尔萨赫，再至叶海亚·阿巴德（Yaḥyā Abādh）为 7 法尔萨赫，再至垓利奈因（Qarīnayn）为 5 法尔萨赫，再至埃塞达巴德（Asadābādh）为 7 法尔萨赫，埃塞达巴德靠近河流，再至"艾合奈夫·本·盖斯"宫（Qaṣr al-Aḥnaf bn Qays）为 4 法尔萨赫，"艾合奈芙"宫在河边。再至木鹿鲁泽（Marwrrūdh）为 5 法尔萨赫，再至艾莱斯坎（Araskan）为 5 法尔萨赫，再至艾斯拉布（al-Asrāb）为 7 法尔萨赫，再至坎加巴泽（Kanjābādh）为 6 法尔萨赫，再至塔莱冈（al-Tālaqqān）为 6 法尔萨赫，再至坎斯哈布（Kanshāb）为 5 法尔萨赫，再至艾尔金（Arghīn）为 5 法尔萨赫，再至

① 即《新唐书》黠嘎斯，今称吉尔吉斯或柯尔克孜。

② 此葛逻禄是误增的。

③ 此河，当指中亚最大的河流——阿姆河。河的这一侧，当指阿姆河左岸的西南侧。海赖吉属扎布利斯坦（Zāblistān），其地在阿姆河南侧。葛逻禄、黠嘎斯在阿姆河北侧。

④ 法拉布城位于锡尔河东侧的右岸上，是中世纪伊斯兰教大哲学家法拉比（Fārābī）的出生地。

垓素尔扈特（Qaṣr Khūṭ）为5法尔萨赫，再至发莱亚布（al-Fārayāb）为5法尔萨赫，再至久宰疆(al-Jūzajān)[①]省区的嘎欧(al-Qā'u)为9法尔萨赫，再至舒布尔甘（al-Shubūrqān）为9法尔萨赫，再至白勒赫（Balkh）[②]的西德拉（al-Sidrah）为6法尔萨赫，再至代斯台乞尔德（Dasta Kird）为5法尔萨赫，再至胡尔（al-Ghūr）为4法尔萨赫，再至白勒赫为3法尔萨赫。从木鹿至白勒赫的全程为126法尔萨赫。有艾合沃绥(al-Ahwas)的诗为证：

白勒赫、整个迪吉拉河流域、富拉特河流域、尼罗河流域都向他缴税。

（从白勒赫出发）再至西亚赫吉尔德（Siyāh jird）为5法尔萨赫，再至杰义哄（Jayḥūn）[③]河岸为7法尔萨赫，杰义哄即巴勒赫河。在河的右岸有胡勒姆（Khulm）[④]区、兑尔干姆（al-Ḍirghām）河等地。在河的左岸有木鹿、花剌子模（Khuwārizm）[⑤]、阿穆勒、赞姆（Zamm）、塔赖冈[⑥]（al-Ṭālaqān）大山、发莱亚布、奈扈泽（al-Nakhudh）和久宰疆，其中的花剌子模是大象之意，它是巴勒赫河的两岸，有库塞依尔(Kuthayyir)的诗为证：

云雨降落，它浇洒在久宰疆青年们的尸体上。

在（阿姆）河左岸，尚有白勒赫地区的一些偏僻的村镇。渡过白勒

① 可译作Juzjān，即《西域记》胡寔健国，《旧唐书·地理志》《唐会要》护特建，《册府元龟》卷九九九护时健。位于今阿富汗北境之希巴尔甘（Shibergan）以南。

② 《西域记》作缚喝，即巴尔赫。

③ 即今天之阿姆河（Amdariyā），《隋书》《新唐书》作乌浒水，《西域记》作缚刍。

④ 《西域记》作忽露摩国，《新唐书·地理志》作昏磨城，今阿富汗北部之胡尔姆。

⑤ 《西域记》作货利习弥伽，《新唐书·西域传》曰火寻，曰过利，《新唐书·波斯传》作火辞弥。位于今咸海南的基发一带。

⑥ 《西域记》作呾剌健。《新唐书》曰多勒建，《亲征录》及《元史》作塔里寒，《元史·西北地附录》又作塔里干，其地在今阿富汗境内。

赫河即到达提尔米兹(Tirmiz)①城。河水拍击着提尔米兹的城墙,这座城是建在砾石地上的。

通向塞安尼扬②(al-Saghāniyān)之路

从提尔米兹至塞尔曼疆(Ṣarmanjān)为6法尔萨赫,再至达莱赞吉(Dārazanjī)为6法尔萨赫,再至布兰吉(Buranji)为7法尔萨赫,再至塞安尼扬为5法尔萨赫,再至海木瓦朗(Hamwārān)为7法尔萨赫,在包奈扎与海木瓦朗之间有一个宽约2至3个法尔萨赫的山谷。从海木瓦朗至艾邦开斯旺(Abān Kaswān)为8法尔萨赫,再至舒曼(Shūmān)③为5法尔萨赫,再至瓦什吉尔德(Wāshjird)为4法尔萨赫,再至拉斯特(al-Rāst)须行4日路程。拉斯特是呼罗珊省在这个方向上的尽头,它位于两座大山之间,是突厥人进行袭击的出口。因此,凡杜勒·本·叶海亚·本·哈立德·本·白尔麦克④(al-Faḍl bn Yaḥālid bn Bsrmak)于此设立了关防。

从白勒赫至上吐火罗斯坦的道路

从白勒赫至窝拉拉(Walārā)为5法尔萨赫,再至胡勒姆城为5法尔萨赫,再至白哈尔(Bahār)为6法尔萨赫,再至拜克巴努勒(Bakbānūl)为5法尔萨赫,再至嘎里杜阿姆(Qāriḍ 'Ām)为7法尔萨赫,它的附近有一座叫作"比斯塔姆·本·骚莱图·本·阿米尔·本·穆萨斡尔"⑤的镇。

① 《西域记》作呾密,《新唐书·大食传》曰怛满,或曰怛没,今作捷尔梅兹,特尔梅兹,在乌兹别克斯坦境内,与阿富汗仅一河之隔。故城被成吉思汗所毁。

② 《西域记》作赤鄂衍那,《新唐书》石汗那或曰斫汗那。今名迭脑、捷瑙,位于阿姆河北地面。

③ 即《西域记》的愉漫国。《新唐书·地理志》作数瞒。在今杜尚别附近。

④ 意即:白尔麦克人法德勒·伊本·叶海亚,794年任呼罗珊的地方长官。伊本·赫勒顿曾言,由于法德勒的建议,黑衣大食的第一所造纸厂成立于巴格达。

⑤ 波斯人,又是苏菲派穆斯林,卒于877年。其祖父是一位拜火教徒,后归信伊斯兰教。

为艾布·阿拔斯·阿卜杜拉·本·塔希尔[①]规定的在伊历211与212两年内在呼罗珊及归并给他的省区的税收

赖伊为10,000,000迪尔汗，古密斯（Qūmis）为2,196,000迪尔汗，久尔疆及其附近的纳米亚（Nāmiyah）、迪黑斯坦（Dihistān）、窝吉赖赫（Wajlah）诸城一共为10,176,800迪尔汗，克尔曼为5,000,000迪尔汗。克尔曼的面积为180法尔萨赫乘以170法尔萨赫。在库思老统治时期，克尔曼年收人为60,000,000迪尔汗。锡斯坦——它的穆瓦里格(Muwarriq)诸村无力缴付税款——的鲁海吉（al-Rukhkhaj）、达斡尔（al-Dāwar）、扎布里斯坦（Zābulistān）诸地的税收共计为6,776，000迪尔汗。扎布里斯坦是吐火罗斯坦的边镇之一，其年税为947,000迪尔汗。泰白辛（al-Ṭabasayn）年收入为113,880迪尔汗，此外，该地又收附加税15,370迪尔汗。奈义萨布尔的年收入为4,108，900迪尔汗，该地又收附加税758,924迪尔汗，又征收其他物产8,000迪尔汗。

图斯（Ṭūs）年收入为740,860迪尔汗，又收附加税139,020迪尔汗，又征收其他物产7,700迪尔汗。奈萨（Nasā）年收入为893,400迪尔汗，又收附加税160331又2/3又1/5迪尔汗。艾必窝尔德（Abīward）年收入700,000迪尔汗，又收附加税317,704迪尔汗。塞莱贺斯（Sarakhs）年收入307,440迪尔汗，又收附加税209，600迪尔汗。木鹿·沙赫疆年收入为1,147，000迪尔汗，又收附加税67，144迪尔汗又3达尼克（Dāniq）[②]，其中，林木方面的收入为48,669又1/3又1/5迪尔汗。木鹿鲁泽年收入为420，400迪尔汗，又收附加税317，225又1/2迪尔汗。巴达黑斯（Badhāghīs）年收入440,000迪尔汗，又收附加税60,000迪尔汗。赫拉特（Harāt）、艾斯富扎尔（Asfuzātr）、艾班德合（Abndḥ）诸地年收入

① 黑衣大食军区的长官，自公元828年起，为呼罗珊的执政官，卒于844年。

② 1达尼克等于1/6枚迪尔汗。

共计为1,159,000迪尔汗，又收附加税45,454迪尔汗。布尚吉(Būshanj)年收入为559,350迪尔汗，其他物产的收入为89,154迪尔汗。塔莱冈年收入为21,400迪尔汗。鹤尔希斯坦(Gharshistān)年收入为100,000迪尔汗，收得羊只为2,000"沙特"(Shāt)[①]。在吐火罗斯坦诸区，赞姆(Zamm)年收入为106,000迪尔汗，发莱亚布年收入为55,000迪尔汗。久宰疆年收入为154,000迪尔汗。胡泰兰·白勒赫(al-Khuttalān Balkh)同塞伊德·胡莱贺(Sa'id Khurah)及其山地的年收入共计193,300迪尔汗。胡勒姆年收入为12,300迪尔汗。垓布鲁鹤什(Qabrūghsh)年收入为4,000迪尔汗。提尔米兹((Tirmidh)年收入为2000迪尔汗。鲁厄布(Ru'b)西敏疆(Siminjān)两地年收入共计为12,600迪尔汗。

里窝沙朗(al-Rīwshārān)年收入为10,000迪尔汗。巴米扬(al-Bāmiyān)[②]年收入为5,000迪尔汗。白尔迈汗(Barmakhān)同焦姆林(Jawmrīn)、班加尔(al-Banjār)的年收入共为2,065,000迪尔汗。提尔米兹(al-Tirmiz)年收入为47,100迪尔汗。白义奈冈(al-Baynaqān)年收入为3,500迪尔汗。开朗(Karrān或Kirrān)年收入为4,000迪尔汗。希基南(Shiqinān)年收入为40,000迪尔汗。瓦汗(Wakhkhān)[③]年收入为20,000迪尔汗。曼代疆(al-Mandajān)年收入为2,000迪尔汗。艾海隆(Akharūn)年收入为32,000迪尔汗。钦斯特(al-Kist)年收入为10,000迪尔汗。奈哈姆(Nahām)年收入为20,000迪尔汗。塞安尼扬(石汗那)年收入为48,500迪尔汗。巴萨拉(Bāsārā)年收入为7,300迪尔汗。瓦什吉尔德(Wāshajird)年收入为1,000迪尔汗。安代敏(al-'Andamīn)和祖母桑(Zumthān)两地年收入共计为12,013头牲畜。喀布尔年收入为2,000,500迪尔汗，外加价值600,000迪尔汗的战俘2,000名。

喀布尔是吐火罗斯坦的边镇之一，喀布尔的属城有法尔瓦夫(Fārwāf)，

① 沙特，即头、只之意，专表示绵羊的只数。
② 又称作巴米安，在今阿富汗境内。
③ 即今阿富汗的瓦汗。

艾兹朗(Azrān),胡瓦斯(Khuwās),扈舍克(Khushshak),扈布莱(Khubrah)。由于喀布尔同印度接壤,因此,它产沉香,但质地不佳,还产椰子、番红花、诃黎勒[①]。

奈塞夫[②]年收人为90,000迪尔汗。钦斯(渴石)年收入为111,500迪尔汗。布荅姆(al-Buttam)年收入为5,000迪尔汗。巴克白钦(Bākbakīn)年收入为6,200迪尔汗。贾旺(Jawān)镇年收入为7,000迪尔汗,艾甫奈赫(Afnah)年收入为48,000迪尔汗。花剌子模和库尔代尔(Kurdar)两地的年收入共计为489,000"花剌子模"迪尔汗。阿穆勒年收入为293,400迪尔汗。

河外地的布哈拉(安国)城,其内有堡城(Qahandz),年收入为1,189,200"唉吐里夫"(Ghiṭrīfiyyah)[③]迪尔汗。粟特(al-Sughd)及其主要地区,即努哈·本·艾塞德(Nūḥ bn Asad)统治的地方,年收入为326,400迪尔汗,其中,拔汗那年收入为280,000"穆罕默德"迪尔汗,突厥的诸城镇的年收入共计为46,400"花剌子模"迪尔汗与"穆赛义宾"(Musayyibiyyah)迪尔汗。贡品中有"坎代吉娅"(al-Kundajiyyah)粗布1,187匹,铁锹和铁皮1,300件(各占一半)。该地的贡品总值为2,172,500"穆罕默德"迪尔汗。其中,粟特,"布荅姆"矿、"渴石"盐矿、渴石、奈塞夫、布荅姆以及粟特的其他诸地区年收入共计1,089,000"穆罕默德"迪尔汗。乌斯鲁舍纳(东曹国)年收入为50,000迪尔汗,其中有48,000是"穆罕默德"迪尔汗,另外2,000是"穆赛义宾"迪尔汗。石国与银矿两处的年收入共计607,100"穆赛义宾"迪尔汗。俱战提年收入为100,000"穆赛义宾"迪尔汗。

呼罗珊及归并给艾布·阿拔斯·阿卜杜拉·本·塔希尔的省区的全

① 中亚及波斯出产的一种植物,可入药,参见《太平广记》卷四一四,诃黎勒条。
② 即那色波(小史),见《新唐书·西域传》。
③ 雅古特《地名辞典》卷一,第354页,布哈拉条目称:"(布哈拉的)人们有一种叫'唉吐里夫'的迪尔汗,是由铁、铜、铅及其他的不同物质混制而成的,这种迪尔汗只在布哈拉及其四郊一带的境内通用,它是一种有图案的伊斯兰货币。他们还有其他种迪尔汗,叫作'穆赛义宾'和'穆罕默德'"。

部税收是44,846,000迪尔汗，供骑乘的牲口13头，羊2,000只，战俘2,000名，价值600,000迪尔汗。“坎代吉娅”粗布1,187匹，铁锹和铁皮1,300件。

呼罗珊及东方地区诸国君主的徽号

内沙布尔王叫库纳尔（Kunār）。木鹿王叫马呼叶赫（Māhūyah），塞莱赫斯王叫扎祖叶赫（Zādhayah），艾比斡尔德（Abīward）王叫白鹤奈麦赫（Bahnamah），奈萨（Nasa）王叫艾布拉兹（Abrāz，厄尔希斯坦（Gharshistān）王叫拜拉兹·班代赫（Barāzbandah），木鹿·鲁泽（Marw al-Rūdh）王叫凯义兰（Kaylān），扎勃利斯坦王叫卑路斯（Fayrūz）[1]，喀布尔王叫喀布勒沙赫（Kāblshgh），有艾布·欧达费尔（Abū al-Udhāfir）的诗为证：

> 在去鲁亥金的路上，
> 不能不经过喀布尔、扎布利斯坦及附近的地方。

提尔米兹王叫提尔米兹（沙赫（Tirmizshāh）。巴米扬王叫希尔·巴米扬（Shīr Bāmiyān）[2]。粟特王叫卑路斯。拔汗那王叫伊赫希德（Ikhshīd）。里窝沙朗（al-Rīwshārān）王叫里窝沙尔（al-Rīwshār）。久宰疆王叫库宰坎·胡达赫（Kūzakān Khudhāh）。花剌子模王叫库思老·花剌子模（Khusraw Khuwārizm）。胡泰勒（al-Khuttal）[3]王叫胡泰兰·沙赫（Khuttalān Shāh），又希尔·胡泰兰（Shīr Khuttalān）。布哈拉王叫布哈拉·胡达赫（Bukhārā Khudhāh）。乌什鲁舍纳王叫达干（苔尔汗 Ṭarkhān）。锡斯坦、鲁亥吉、达斡尔（al-Dāwar）地的诸王均叫鲁特比勒（al-Rutbīl）。有阿卜杜勒·麦

① 波斯语词，意为“胜利者”，读作Payrūz。

② 希尔·巴米扬，意为巴米扬的狮子。

③ 即《西域记》所言之珂咄罗国，其国“南北千余里。国大都城周二十余里，东接葱岭至拘谜陀国。”

利克·本·麦尔旺[①]的诗为证：

> 死者的尸身和尸首相距何其远呀！
>
> 他的头在米昔儿，身子在鲁亥吉。

赫拉特王、布尚吉王、巴达黑斯王均叫布拉赞（Burāzān）、渴石王叫尼东（Nīdūn）、布苔姆王叫祖勒·乃耳乃耳（Dhū al-Na‘na‘h）[②]、卧尔达奈赫（Wardānah）王叫斡尔丹·沙赫（Wardān Shāh）、久尔疆王叫素勒（Sūl）。河外地王叫库尚·沙赫（Kūshān Shāh，意为贵霜王）。突厥诸王海义陆布·汗甘（Haylūb Khāqān）[③]、杰布护叶赫·汗甘（Jabghūyah Khāqān）[④]、沙钵·汗甘（Shābah Khāqān）[⑤]、欣吉布·汗甘（Sinjibū Khāqān）[⑥]、马努什·汗甘（Mānūsh Khāqān）、卑路斯·汗甘、突厥诸小王叫达干（苔尔汗）、尼叶兹克（Niyazk）、胡莱特勤（Khuwratikīn）、苔姆隆（Tamrūn）、敫宰克（Ghawzak）、苏赫拉布（Suhrāb）、富莱克（Fūrak）。

东方道路的诸邮传驿站[⑦]（Sikkah）

从苏莱曼莱阿（Surra man ra‘ā）[⑧]至代斯凯拉（al-Daskarah）有12个驿站。从和平城（巴格达）至代斯凯拉有10个驿站，再至杰卢拉有4个驿站，再至侯勒旺有10个驿站，再至奈绥拉巴泽（Naṣīrabādh）有9个

---

① 白衣大食第五代王（646—705），于685—705年在位。

② 阿拉伯词，意为“拥有绿薄荷的人”。

③ 即贺鲁可汗。汗甘，即可汗。

④ 叶护可汗。

⑤ 沙钵略可汗。

⑥ 室点密可汗。

⑦ Sikkah，在现代阿拉伯语中，没有驿站之意。但根据1865年法文版《亚洲学报》上的《道里邦国志》法译本，我们可确定它是邮传驿站。法文本译作relais（驿站）。

⑧ 此城原名萨马腊。哈里发为防巴格达居民暴乱，于836—892年迁都于此。有8位哈里发在这里执国柄。苏莱曼莱阿为阿拉伯语短句，意为“见者喜”。

驿站，再至盖尔玛欣（Qarmātsīn）有 6 个驿站，再至浑达泽（Khundādh）有 10 个驿站，再至哈马丹有 3 个驿站，再至姆什库叶赫（Mushkūyah）有 21 个驿站，再至赖伊有 11 个驿站，再至古密斯（Qūmis）有 23 个驿站，再至奈义萨布尔有 19 个驿站。

通向杰贝利亚（al-Jabaliyyah）[①]瓦西特（Wāsit）、阿瓦士、法尔斯诸地区的道路

舍赫莱祖尔（Shahrazūr）、刷麦安（al-Ṣāmaghān）、达拉巴泽（Dārābādh）的年收入为 2,750,000 迪尔汗。从侯勒旺至舍赫莱祖尔有 9 个驿站，从侯勒旺至西莱旺（Sīrawān）有 7 个驿站，西莱旺是玛塞白赞（Māsabadhān）（地区）的府城，从西莱旺至塞义迈拉（al-Saymarah）有 4 个驿站，塞义迈拉是密赫里疆盖泽格（Mihrijāqadhaq）的府城。

玛塞白赞与密赫里疆盖泽格的年收入共为 3,500,000 迪尔汗。

从哈马丹至古姆为 47 法尔萨赫，古姆城的年收入为 2,000,000 迪尔汗。

从祖莱高务（Zuraqā'）至古姆有 3 个驿站，从古姆至伊斯白罕（伊斯法罕）有 16 个驿站。从玛宰兰（Mādharān）至纳哈万德有 3 个驿站。从和平城至伊拉克的瓦西特有 25 个驿站。有艾布·努哈义拉（Abū Nuh Khaylah）的诗为证：

> 安巴尔（Anbār）变成了能居住的殿宇，
> 希姆速（Hims）、肯奈斯林（Qinnasīn）、卧盖尔（al-Muwaqqar）、
> 瓦西特等地的给养和房舍均成了废墟，
> 只余下瓦西特的盖尔盖尔（Qarqar）[②]。

① 即杰贝勒地区。

② 雅古特《地名辞典》卷四，第 326 页，盖尔盖尔：它是古莱雅（al-Qurayyah）的一侧，欣必斯人居住在那里。此地在“凡勒吉（Al-Falj）与奈季兰之间。”

在瓦西特与苏古·阿瓦士[①]的界墙之间有 20 个驿站。再从苏古·阿瓦士（Sūq al-Ahwāz）至艾莱疆（Arrajān）有 20 个驿站，再至努班代疆（al-Nūbandajān）有 17 个驿站，再至设拉子（Shirāz）有 12 个驿站，再至伊素苔赫尔（Iṣṭakhr）[②]有 5 个驿站。

阿瓦士的诸区

苏古·阿瓦士，拉麦·霍尔木兹（Rāma Hurmuz）、意泽杰（Īdhaj）、阿斯凯莱·穆克莱姆（'Askara mukram）、吐斯苔尔（Tustar）、君代义萨布尔（Jundaysābūr）、苏斯（al-Sūs）、苏莱格（Surraq）、苏莱格就是道莱格（Dawraq）[③]。还有“梯拉”河（Nahr Tīrā）、大麦纳泽尔（Manādhir）、小麦纳泽尔。阿瓦士地区年收入为 30,000,000 迪尔汗。波斯人曾让胡齐斯坦，即阿瓦士每年的税收为 50,000,000 迪尔汗。阿瓦士地区十分广大，内有 7 个区。凡杜勒·本·麦尔旺（al-Fadl bn Marwāh）告诉我，他在阿瓦士的税收额为 49,000,000 迪尔汗。为了阿瓦士的事宜，他花掉了其中的 70,000 迪尔汗。

从苏古阿瓦士至法尔斯的道路

阿瓦士至艾宰姆（Azam）为 6 法尔萨赫，从艾宰姆至阿布丁（'Abdīn）为 5 法尔萨赫，再至拉迈·霍尔木兹为 6 法尔萨赫，再至祖秃（Zuṭṭ）[④]为 6 法尔萨赫，经过险要的渡口和密勒赫（Milḥ）河谷上的长桥，再至迪赫

① 意为阿瓦士市场。

② 即今天伊朗的波斯波利斯。

③ 波斯语词，意为“玻璃水瓶”“（有玻璃塞的）圆酒瓶”。

④ 阿拉伯语，意为：茨冈人（吉卜赛人）。中世纪，大食东征印度、信德（今巴基斯坦一带）时，将一些茨冈人从那里携至西亚，后发生过茨冈人的变乱。回途经过法尔斯省，此地名的出现当与这一史实有关。详见《叶尔孤比史》（Tārīkh al-Ya'qūbī）。

里赞（Dihlīzān）为8法尔萨赫，再至艾莱疆（Arrajān）为8法尔萨赫，有艾布·舍麦格麦格（Abū al-Shamaqmaq）的诗为证：

安拉想给有德者以报酬，

于是将艾莱疆赏赐给我。

艾莱疆有座石头拱桥，此桥全长为300余腕尺，名为"库思老"[①]桥。该桥坐落在艾莱疆河谷上。再从艾莱疆至达信（Dāsīn）为5法尔萨赫，再至班德克（Bandk）为6法尔萨赫。在班德克境内有象冈（'Aqabatu al-Fil）。再至汗·哈马德（Khānḥammād）为6法尔萨赫，再至代尔胡耶德（al-Darkhūyad）为4法尔萨赫，再至努班代疆（al-Nūbandajān）为8或6法尔萨赫，再至开尔疆（Karjān）为5法尔萨赫。开尔疆有叫"拜旺"的山路，此路上产有核桃、橄榄和一些生长在山岩上的鲜嫩的水果。再至海拉拉（al-Kharārah）为7法尔萨赫，其境内有"烂泥"隘口（'Aqabatu al-Ṭīni）。再至久窝音（Juwayn）为5法尔萨赫，再至设拉子（Shīrāz）为5法尔萨赫，设拉子属艾尔代希尔扈莱赫（Ardashīr Khurrah）区。

艾尔代希尔扈莱赫区

此区的诸镇是：久尔（Jūr）、密曼德（Mīmand）、海布尔（Khabr）、塞义迈坎（Ṣaymakān）、布尔疆（Burjān）、库朗（Kurān）、开尔班疆（Karbanjān）、海瓦鲁斯坦（al-Khawārūstān）、钦尔（Kīr）、钦兹林（Kīzrīn）、艾布宰尔（Abzar）、塞米朗（Samīrān）、台窝杰（Tawwaj）、卡尔金（Kārzīn）、西腻兹（sīnīz）、西拉夫[②]（Sīrāf）、库尔（Kuwār）、鲁维罕（al-Ruwayḥān）、卡姆·卑路斯（Kām Fayrūz）。

---

① 一作科斯略，为波斯国王的徽号。

② 波斯湾重要古代港口，于997年毁于地震。

从苏古·阿瓦士至道莱格 (Dawraq) [1]，水路为 18 法尔萨赫，陆路为 24 法尔萨赫。

萨布尔（Sābūr）区及其都市努班代疆

其诸镇如下：海什特 (al-Khasht)、开义玛莱杰 (Kaymāraj)、卡宰隆 (Kāzarūn)、胡莱赫 (Khurrah)、班代尔赫曼 (Bandar hmān)、代斯台·巴林 (Dasta Bārīn)、欣迪疆 (al-Hindijān)：代尔扈叶德 (Darkhūyad)、坦布克(Tanbūk)、胡拜赞(Khubadhan)、麦义丹(Maydān)、玛杭(Māhān)、君白泽 (Junbadh)、拉米疆 (al-Rāmījān)、迪班疆 (al-Dībnjān)、沙希疆 (al-Shāhijān)、穆兹 (Mūz)，达金 (Dādhīn)、沙德鲁泽 (al-Shādrūdh)、台尔白鹤苔疆 (Darbakhtajān)、西亚赫 · 麦速 (al-Siyān Maṣṣ)，阿布努兰(Ābnurān)，下胡马尔疆(Khumārjān al-Suflā)，上胡马尔疆(Khumārjān al-'Ulyā)，台义曼麦尔丹 (Tayramardān)。

伊素苔赫尔区[2]的诸镇

白义达城 (Madīnatu al-Bayḍā')、奈赫朗 (Nahrān)、艾桑 (Asān)、伊莱吉 (Īraj)、马因 (Mā'īn)、海布尔 · 伊素苔赫尔 (Khabr Iṣṭakhr)、伊兹德 (Īzd)、艾白尔固赫 (Abarqūh)、拜朗疆 (al-Barānjān)、米亚德旺 (al-Miyādawān)、卡斯坎 (Kāskān)、希扎尔 (al-Hizār)。

从设拉子至代拉白吉尔德 (Darābajird) 区的凡萨 (Fasā) 城为 30 法尔萨赫，从凡萨至代拉白吉尔德为 18 法尔萨赫。

---

① 即“阿瓦士的诸区”的苏莱格。

② 伊素苔赫尔是座城市。

代拉白吉尔德（区）的诸镇

库尔姆（Kurm）、杰赫莱姆（Jahram）、奈义利兹（Nayrīz），白斯台疆（Bastajān）、艾布吉尔德（Abjird）、安迪扬（Andiyān）、久窝义姆（Juwaym）、富尔吉（Furj）、塔里姆（Tārim）、泰麦斯坦（Ṭamastān）。

艾莱疆区的诸镇

巴什（Bāsh）、里舍赫尔（Rīshahr）、艾斯赖疆（Aslajān）、麦赖疆（al-Mallajān）、凡尔宰克（Farzk）。

从设拉子至久尔为20法尔萨赫，从久尔城至白义达（Bayḍā'）为7法尔萨赫，从努班代疆至设拉子为23法尔萨赫，设拉子与沙布尔相距20法尔萨赫，设拉子与久尔相距20法尔萨赫。从设拉子至宰尔冈（Zarqān）为4法尔萨赫，再至伊素苔赫尔为8法尔萨赫。

法尔斯的库尔德人的诸祖穆

它共有4个祖穆（Zumūm）。祖穆的含义是“库尔德人的地方”。它们是：“哈桑·本·吉鲁耶赫”（al-Ḥasan bn Jilūyah）祖穆，俗名叫巴赞詹（al-Bāzanjān），距设拉子14法尔萨赫；“艾尔丹·本·鸠瓦纳”（Ardān bn Juwānān）祖穆，距设拉子26法尔萨赫；“卡塞姆·伊本·舍赫莱白拉兹”（al-Qāsim ibn Shahra barāz）祖穆，俗名叫库莱扬（al-Kūrayān），距设拉子50法尔萨赫；“哈桑·本·萨利赫”（al-Ḥasan bn Ṣāliḥ）祖穆，俗名叫苏朗（al-Sūrān），距设拉子7法尔萨赫。

法尔斯的五个区[①]

伊素茖赫尔、萨布尔、艾尔代希尔扈莱喝、代拉白吉尔德 (Darābjird)、艾莱疆 (Arrajān)、凡萨 · 法尔斯地区的面积为 155 法尔萨赫乘以 150 法尔萨赫。法尔斯的税收额为 33,000,000 迪尔汗以上。凡杜勒 · 本 · 麦尔旺告诉我，他在法尔斯的税收额为 35,000,000 迪尔汗，条件是不向朝廷领取援助。从前，波斯（萨珊王朝）在法尔斯地区征派的税款达 40,000,000 迪尔汗。

从设拉子经克尔曼到锡斯坦的道路

从设拉子至拉迪扬 (al-Rādiyān) 为 7 法尔萨赫，再至扈莱玛 (Khurramah) 为 2 法尔萨赫，再至白朗疆 (al-Barānjan) 为 4 法尔萨赫，再至坎德 (Kand) 为 6 法尔萨赫，再至希拉 (al-Ḥīrah) 为 6 法尔萨赫，再至"亚喀巴"井 (Bi'r 'Aqabal) 为 5 法尔萨赫，再至麦义塞卡南 (al-Maysakānān) 为 8 法尔萨赫，再至刷海克 (al-Ṣāhak) 为 8 法尔萨赫，再至塞鲁什克 (Sarūshk) 为 7 法尔萨赫，再至舍赫鲁巴比克 (Shahr Bābik) 为 7 法尔萨赫，再至"奈厄曼"宫 (Qaṣr al-Na'mān) 为 8 法尔萨赫，再至艾班 (Abān) 村为 4 法尔萨赫，再至麦尔疆 (al-Marjān) 为 4 法尔萨赫，再至克尔曼的比曼德 (Bīmand)。

克尔曼的诸城市

固夫素 (al-Qufṣ)、巴利兹 (al-Bāriz)、穆拉吉 (al-Murāj)、布卢斯 (al-Bulūs)、吉鲁富特 (Jīruft)。吉鲁富特是克尔曼地区的最大的城市，然而，

① 原文此处列出 6 个地名，估计应是 6 个区，不是 5 个区。

瓦利 (al-Wālī) [1] 却居住在西莱疆 (al-Sīrajan)。

(再从比曼德) 至西莱疆城为 4 法尔萨赫，再至古希斯坦 (Quhistān) 为 6 法尔萨赫，再至垓拉塔 (Qarāṭah) 为 6 法尔萨赫，再至海纳布 (Khannāb) 城为 4 法尔萨赫，再至胡白义拉 (al-Ghubayrā) 为 5 法尔萨赫，再至汗·久赞 (Khān Jūzān) 为 5 法尔萨赫，再至汗·呼和 (Khān Khūkh) 为 6 法尔赫萨，再至塞尔维斯坦 (Sarwistān) 为 7 法尔萨赫，再至代义鲁金 (Dayrūzin) 城为 5 法尔萨赫，再至拜姆 (Bamm) 为 9 法尔萨赫，再至奈尔玛希尔 (Narmāshīr) 为 7 法尔萨赫，再至位于沙漠 [2] 边缘的凡赫莱吉 (al-Fahraj) 为 7 法尔萨赫，沙漠距锡吉斯坦 70 法尔萨赫。然后至艾合萨—阿巴尔 (al-Aḥsā'wa al-Ãbār) 为 8 法尔萨赫，再至久尔吉·麦纳拉 (Jurj Manārah) 为 9 法尔萨赫，久尔吉是灯塔，是一个无水的住地。再至拉巴特·拜义达 (Ribāṭ Ba'īdah) [3] 为 7 法尔萨赫，再至伊斯必泽 (Isbīdh) 为 9 法尔萨赫，再至乞拉汗 (Kirag-hān) 为 8 法尔萨赫，再至毕厄尔卡迪 (Bi'r al-Qāḍī) [4] 为 8 法尔萨赫，再至拉希德 (Rāshīd) 为 6 法尔萨赫，拉希德境内只有一口井。再至考尼舍克 (Kāwnīshak) 为 4 法尔萨赫，考尼舍克境内有一储雨水的池塘。再至白尔丁 (Bardīn) 为 8 法尔萨赫，其境内有一池塘。再至贾龙 (Jārūn) 为 5 法尔萨赫，贾龙境有若干口水井。再至锡斯坦的首府为 6 法尔萨赫。

锡斯坦的诸城市

扎利克 (Zāliq)、凯尔库耶赫 (Karkūyah)、海义苏姆 (Haysūm)、宰兰吉 (Zaranj)、鲁什特 (Rūsht)、巴苏尔德 (Bāsūrd)、垓尔奈因 (al-

① 瓦利，执政官。
② 即今伊朗的卢特沙漠。
③ 阿拉伯名词，意思是“遥远的客栈”。
④ 阿拉伯名词，意思是“法官”井。

Qarnayn)。垓尔奈因境内有鲁斯苔姆（Rustam）[①] 拴马的遗址，还有一条河，名叫辛德敏德（al-Hindmind）。（锡斯坦）还有鲁亥吉（al-Rukhkhaj），达斡尔（al-Dāwar）地。达斡尔就是骁勇的鲁斯苔姆的王国，凯卡武斯（Kayqāwus）让他当了国王。

从锡斯坦城至赫拉特城为 80 法尔萨赫。

从设拉子到奈义萨布尔的道路

从设拉子至宰尔冈（al-Zarqān）为 6 法尔萨赫，再至“库斯哈”（al-Kūshān）拱桥为 2 法尔萨赫，再至伊素苔赫尔为 4 法尔萨赫，再至布尔德（Burd）为 3 法尔萨赫，再至曼泽勒（Mandhil）[②] 为 9 法尔萨赫，这里有水井。再至杰赫（Jah）为 5 法尔萨赫，再至开尔佳尔（al-Karjār）为 4 法尔萨赫，再至开尔库拉（Karkūlān）为 5 法尔萨赫，再至欣代斯克（al-Hindask）为 7 法尔萨赫，再至麦赫拉巴德（Mahrabādh）为 3 法尔萨赫，再至艾白尔库耶赫（Abarkūyah）为 3 法尔萨赫，再至麦哈吉尔（Mahājir）为 10 法尔萨赫，再至垓素尔艾塞德（Qaṣr al-Asad）[③] 为 15 法尔萨赫，再至垓素尔焦兹（Qaṣr al-Jawz）[④] 为 7 法尔萨赫，再至给勒阿（al-Qil‘ah）需行走 5 法尔萨赫的沙路，再至亚兹德（Yazd）城为 6 法尔萨赫，再至安吉拉（Anjīrah）为 6 法尔萨赫，再至海拉纳（Kharānah）为 13 法尔萨赫，再至萨安德（Sāghand）为 12 法尔萨赫，再至“穆罕默德·本·叶兹达德”旅舍（Ribāṭ Muḥammad bn Yazdād）为 8 法尔萨赫，再至汗·乌什吐兰（Khān Ushturān）为 6 法尔萨赫，再至哈巴依克（al-Ḥabā’ik）为 7 法尔萨赫，再至杰瓦兰（Jawārān）为 4 法尔萨赫，再至泰姆合莱汗（Ṭamḥarahān）为 4 法尔萨赫，再至泰白塞音（al-

① 波斯古代英雄骑士，《王书》对他的事迹有记述。
② 阿拉伯语地名，意思是客栈，旅舍。
③ 意为“狮子”宫。
④ 句意为“核桃”宫。

Tabasayn）为 8 法尔萨赫，再至“穆罕默德·本·扈莱扎泽”村（Qaryatu Muhammad bn Khurrazādh）为 4 法尔萨赫，再至塞莱贺泽（Sarakhadh）为 4 法尔萨赫，再至艾甫里宗（Afrīdhūn）为 12 法尔萨赫，再至赞基（Zanjī）为 12 法尔萨赫，再至图莱伊希司（al-Ṭuraythīth）为 4 法尔萨赫，再至哈克希尔（Khāksīr）为 8 法尔萨赫，再至古希斯坦村落（Qurā Quhistān）为 4 法尔萨赫，再至海瓦尔（al-Hawār）为 6 法尔萨赫，再至艾格白莱塞赫（Aqbarasah）为 6 法尔萨赫，再至奈义萨布尔为 6 法尔萨赫。从奈义萨布尔至赫拉特城为 80 法尔萨赫。

从设拉子到代拉白吉尔德（Darābajird）的道路

从设拉子至白卡尔（Qaryatu Bakkar）村为 3 法尔萨赫，再至鲁曼（al-Rummān）村为 4 法尔萨赫，再至豪里斯坦（Khawvristān）为 9 法尔萨赫，再至库尔姆为 5 法尔萨赫，再至凡萨（Fasā）城为 4 法尔萨赫，再至泰麦斯坦（Ṭamastān）为 4 法尔萨赫，再至富斯特坎（al-Fustkān）为 6 法尔萨赫，再至凡萨鲁兹（Fasātrūdh）为 4 法尔萨赫，再至代拉白吉尔德（Darābajird）为 8 法尔萨赫。

从伊素苔赫尔到西莱疆[1]的道路

从伊素苔赫尔至合夫尔（Ḥafr）为 7 法尔萨赫，再至布海义拉（Buḥayrah）[2]为 5 法尔萨赫，再至乌斯宾疆（Usbinjān）为 7 法尔萨赫，再至阿斯（Ās）村为 4 法尔萨赫，再至大刷海克（al-Ṣāhāk）为 6 法尔萨赫，再至密勒赫（al-Milḥ）村为 9 法尔萨赫，再至穆里亚纳（Mūriyānah）为 8 法尔萨赫，再至莱旺（Rawān）为 3 法尔萨赫，再至穆尔疆为 10 法尔萨赫。穆尔疆是法尔斯省的终端，从设拉子至此地为 71 法尔萨赫。再

① 西莱疆是克尔曼的首府。
② 阿拉伯名词，意为“湖泊”。

至鲁斯 (Rūth) 为 3 法尔萨赫，再至凡尔曼 (Farmān) 为 2 法尔萨赫，再至西莱疆为 11 法尔萨赫，西莱疆是克尔曼的首府。从法尔斯省的边界至西莱疆为 16 法尔萨赫。

再至奈尔玛希尔 (Narmāshīr) 为 7 法尔萨赫，再至凡赫莱吉 (al-Fahraj) 为 4 法尔萨赫，凡赫莱吉位于荒漠的边缘上。荒漠上的路程为 70 法尔萨赫。

从麦尔疆 (Marjān) 至克尔曼省的比曼德 (Bīmand) 为 4 法尔萨赫，再至西莱疆城为 4 法尔萨赫，再至艾尔哈 (al-Arḥā') 为 6 法尔萨赫，再至艾斯突尔 (Astūr) 为 4 法尔萨赫，再至汗 · 萨利姆 (Khān Sālim) 为 8 法尔萨赫，再至巴贺苔赫 (Bakhtah) 为 8 法尔萨赫，再至瓦迪盖汗德兹 (Wādī Qahandaz) ① 为 12 法尔萨赫，再至伊斯必泽奈赫 (Isbīdhnah) 为 4 法尔萨赫，再至麦阿丁 (al-Ma'dīn) ② 为 4 法尔萨赫，再至旅舍为 4 法尔萨赫，再至吉鲁富特 (Jīruft) 为 4 法尔萨赫，从吉鲁富特至拜姆 (Bamm) 为 20 法尔萨赫。再至奈赫鲁苏莱曼 (Nahr Sulaymān) ③ 为 20 法尔萨赫，再至迪赫甘 (al-Dihqān) 为 50 法尔萨赫，再至穆克兰 (Mukrān) ④ 和曼苏拉 (al-Manṣūrah) ⑤、信德 (al-Sind) 地。从吉鲁富特至穆克兰省的第一站为 41 法尔萨赫。

从凡赫莱吉至信德的道路

从凡赫莱吉至穆克兰省的塔白朗 (al-Ṭābarān) 为 10 法尔萨赫，再至巴苏尔疆 (Bāsūrjān)，即海龙 (al-Kharūn) 城为 14 法尔萨赫，再至叶海亚·本·欧姆鲁 (Yaḥyā bn 'Amru) 村为 10 法尔萨赫，再至海达尔 (Hadhār)

---

① 意为城堡河谷。盖汗德兹 (Ghohandez)，波斯名词，指旧城堡，旧要塞；中世纪伊朗城堡。

② 阿拉伯名词，意为矿井、矿床。

③ 意即“苏莱曼河”，阿拉伯语词。

④ 又作莫克兰，即今伊朗莫克兰省一带。

⑤ 见前注，位于信德。

为10法尔萨赫，再至麦代尔（Madar）为10法尔萨赫，再至穆萨拉（Mūsārah）为9法尔萨赫，再至代莱克·巴姆耶赫（Darak Bāmūyah）为9法尔萨赫，再至台金（Tajīn）为10法尔萨赫，再至布卢斯（al-Bulūṣ）省为20法尔萨赫，再至杰贝勒·玛利合（Jabal al-Māliḥ）为6法尔萨赫，再至奈赫勒（Nakhl）为9法尔萨赫，再至盖勒曼（Qalmān）为6法尔萨赫，再至塞拉义·海赖夫（Sarāy Khalaf）为4法尔萨赫，再至凡奈兹布尔（Fannazbūr）为3法尔萨赫，再至甘达毕勒（Qandābīl）路上的哈义斯（Ḥays）为20法尔萨赫，甘达毕勒是沙漠。再至塞拉义·达兰（Sarāy Dātrān）为10法尔萨赫，再至杰义撒（al-Jaythah）为10法尔萨赫，再至古素达尔（Quṣdār）为10法尔萨赫。从古素达尔至久尔（al-Jūr）为40法尔萨赫，再至埃斯鲁尚（Asrūshān）为40法尔萨赫，再至“苏莱曼·本·塞密阿”（Sulaymān bn Samī‘a）村为28法尔萨赫。“苏莱曼”村是从呼罗珊往信德和印度去的关口。再至曼苏拉（al-Manṣūrah）为8法尔萨赫。从穆克兰省的第一站至曼苏拉的全程为358法尔萨赫。在祖图[①]地的道路上，吉卜赛人是保护者[②]。

从锡斯坦的府城宰兰吉（Zaranj），至穆勒坦（Multān）[③]的道路需行走20天。穆勒坦被人们叫作“黄金屋的通道”，这是由于哈贾吉·本·优素福的兄弟穆罕默德·本·优素福在穆勒坦的一间屋子里获得40白哈拉（Bahārā）[④]的黄金。1白哈拉等于333麦纳（Manā）[⑤]。于是，穆勒坦被叫作黄金屋的通道。通道（Farj）即赛赫尔（Thaghr）[⑥]。这些黄金收入等于2,397,600密舍嘎勒（Mithqāl）[⑦]。

① 祖图（Zuṭṭ），意为吉卜赛人。
② 应是商旅们的保镖。
③ 即今巴基斯坦之木尔坦城。
④ 一种古代量器，1麦纳约等于今天的2磅，故1白哈拉等于666磅，40白哈拉的黄金约重9.99吨。
⑤ 麦纳，古代的量度单位。
⑥ 赛赫尔，即缺口，通道之意。
⑦ 中世纪西亚地区的重量单位，意为砝码。每个砝码等于4.68克。大食国初期的金币迪纳尔的重量恰等于1密舍嘎勒。

信德(al-Sind)国

(有) 基冈 (al-Qiqān)、班纳 (Bannah)、穆克兰、迈义德 (al-Mayd)、坎大哈 (Qandahār 或衮杜哈 Qunduhār) [①]。伊本·穆法利厄 (Ibn Mufarri‘) 的诗吟道：

谁在坎大哈，谁的命运就被注定，
谁的情况就难以揣测。

(信德还有) 古素达尔(Quṣdār)、布甘(al-Būqān)、甘达毕勒(Qandābīl)、凡奈兹布尔 (Fannazbūr)、艾尔玛毕勒 (Armābīl)、代义布勒 (al-Daybul)、甘百利(Qanbalī)、坎巴亚(Kanbāyā)、苏赫邦(Suhbān)、塞杜桑(Sadūsān)、拉斯科(Rāsk)、鲁尔(al-Rūr)、萨万德拉(Sāwandrā)、穆勒坦、三丹(Sandān)、曼代勒 (Mandal)、拜义赖曼 (al-Baylamān)、苏莱什特 (Surasht)、开义莱吉 (Kayraj)、迈尔迈德 (Marmad)、嘎利 (Qālī)、代赫奈杰 (Dahnaj)、白尔窝素 (Barwaṣ)。尹姆郎 · 本 · 穆萨 · 白尔麦克 (‘Imrān bn Mūsā al-Barmakī) 在信德得到的全部供给量为 1,000,000 迪尔汗。

巴赫赖维因(al-Bahlawīyyīn) [②]人的领地

有赖伊、伊斯白罕、哈马丹、迪奈窝尔 (al-Dīnawar 或 al-Daynawar)、纳哈万德、密赫里疆卡泽克 (Mihrijānqadhaq)、玛赛白赞 (Māsabadhān)、加兹温 (Qazwīn)，加兹温有穆萨城和穆巴拉克城，加兹温同赖伊之间有 27 法尔萨赫路程，加兹温是代义赖姆 (al-Daylam) 的边关。还有赞詹 (Zanjān)，它同加兹温之间有 27 法尔萨赫的路程，

① 即今阿富汗的坎大哈。
② 亦可理解为：说巴列维语的，说中古波斯语的。

从赞詹至艾布海尔（Abhar）为15法尔萨赫，从艾布海尔至加兹温为12法尔萨赫，还有白布尔（al-Babr），泰义赖珊（al-Taylasān），代义赖姆，加兹温的年收入为1,200,000迪尔汗。

从阿瓦士到伊斯白罕的路程

从伊泽吉（Īdhj）至杰瓦尔丹（Jawārdān）为3法尔萨赫，再至鲁斯塔吉尔德（Rustājird）为4法尔萨赫，再至塞利代斯特（Salīdast）为6法尔萨赫，再至布温（Buwīn）为5法尔萨赫，再至苏杰尔（Sūjar）为6法尔萨赫，再至一旅舍为7法尔萨赫，再至汗·艾布拉尔（Khān al-Abrār）[1]为7法尔萨赫。从汗·艾布拉尔至伊斯白罕为7法尔萨赫。

从法尔斯到伊斯白罕的路程

从法尔斯至卡姆·卑路斯（Kām Fayrūz）为5法尔萨赫，再至库莱德（Kūrad）为5法尔萨赫，再至梯佳布（Tijāb）为4法尔萨赫，再至赛玛莱姆（Samāram）为5法尔萨赫，再至西亚赫（Siyāh）为5法尔萨赫，再至布尔疆（al-Būrjān）为7法尔萨赫，再至开义巴里（Kaybālī）为6法尔萨赫，再至汗·艾布拉尔，再至伊斯白罕。

从伊斯白罕到赖伊的路程

从耶胡迪亚（al-Yahūdiyyah）[2]至布尔胡瓦尔（Bur Khuwār）为3法尔萨赫，再至窝兹（Wazz）旅舍为7法尔萨赫，再至安巴尔兹（Anbārz）为5法尔萨赫，再至艾杜阿发（Aḍ'āfah）为6法尔萨赫，再至迪法尔（al-Difār）为4法尔萨赫，再至巴泽（Bādh）为5法尔萨赫，再至艾布

① 汗，阿拉伯语为客栈、旅馆之意。此地名为“艾布拉尔客栈”之意。
② 阿拉伯名词，意为是“犹太人的地方”。

鲁兹（Abrūz）为5法尔萨赫，再至合瓦兑尔（Ḥawāḍir）为9法尔萨赫，再至麦嘎苔阿（Maqaṭṭa‘ah）为5法尔萨赫，再至嘎里司（Qāriṣ）为9法尔萨赫，再至古姆（Qumm）为6法尔萨赫，从嘎里司至代义尔（al-Dayr）[①]为7法尔萨赫，再（从古姆）至迪扎（Dizah）为7法尔萨赫，再至赖伊为7法尔萨赫。

从巴格达到巴士拉的路程

从巴格达至麦达因。有侯迈德·本·塞义德（Ḥumayd bn Sa‘īd）的诗为证：

> 啊！麦达因的屋宇，
> 你是住所中最美丽的。

再至代义尔阿固勒（Dayr al-‘Aqūl）[②]，再至杰尔杰拉雅（Jarjarāyā，再至杰布勒（Jabbul），再至凡姆绥勒赫（Fam al-Ṣilḥ），再至瓦西特（Wāsiṭ），再至奈赫莱邦（Nahrābān），再至法鲁司（al-Fārūh），再至代义尔欧玛勒（Dayr al-‘Ummāl）[③]，再至台瓦腻特（Ḥawānīṭ），再至卡塔尔（Qaṭar），再至白塔义合（al-Baṭā’iḥ），再至“艾布·艾塞德”河（Nahr Abī al-Asad），再至迪吉拉河干涸的河段（Dijlat al-‘Awrā’i），再至“麦厄给勒”河（Nahr Ma‘qil），再至巴士拉周围多水的地域（Fayḍ al-Baṣrah）。

① 阿拉伯名词，意为“修道院”。
② 意为“阿固勒修道院”。
③ 意为“欧玛勒修道院”。

从苏莱曼莱阿[①]（Surra man ra'ā）到瓦西特的邮传之路

从苏莱曼莱阿至欧克白拉（'Ukbarā）有 9 个驿站，再至巴格达有 6 个驿站，再至麦达因有 3 个驿站，再至杰尔杰拉雅有 8 个驿站，再至杰布勒有 5 个驿站，再至瓦西特有 8 个驿站。瓦西特的侨民上缴 30,000 迪尔汗，巴士拉城的阿拉伯人的布施（Ṣadaqāt）为 6,000,000 迪尔汗。

从巴士拉到海岸上的阿曼（'Umān）之路

从巴士拉至阿巴丹（'Abbātdān），再至哈杜萨（al-Ḥadūthah），再至阿尔凡伽（'Arfajā），再至扎布垓（al-Zābūqah），再至密盖尔（Miqqar），再至阿撒（'Aṣā），再至麦阿莱斯（Ma'arras），再至胡赖义伽（Khulayjah），再至哈桑（Hassān），再至古拉（Qurā），再至穆塞义利哈（Musaylihah），再至合麦杜（Ḥamaḍ），再至海杰尔（Hajar）海岸，再至欧盖义尔（al-Uqayr），再至卡塔尔，再至塞白哈（al-Sabakhah）。再至阿曼，阿曼即是苏哈尔（Ṣuḥār）和代巴（Dabā）[②]。

① 即萨马拉，为黑衣大食王都，距巴格达城北数百千米。

② 代巴，即今阿曼素丹国的达巴（或称迪巴），位于苏哈尔城北方的海岸上。

到东方去的海上航程

从巴士拉至阿巴丹为12法尔萨赫，再至海舍巴特（al-Khashabāt）为2法尔萨赫，以后，则为海路①。海的右岸属阿拉伯人，海的左岸属波斯人，海面宽为70法尔萨赫，海中有两座山，即苦赛义尔（Kusayr）和欧沃依尔（‘Uwayr），海的深度为70巴厄（Bā‘）至80巴厄②。从海舍巴特至巴林（al-Baḥrayn）城为70法尔萨赫，巴林城在阿拉伯海上。巴林人是一些拦截船舶的海盗，他们不务耕稼，拥有椰枣和骆驼群。有艾尔拉必尤（A‘rabiyu）的诗为证：

那人把他抛至塞阿尔（Ṣaghār）的巴林海岸上，

那里是一片荒凉不毛之地。

从巴林城至都尔杜尔（al-Durdūr）为150法尔萨赫，再至阿曼为50法尔萨赫，再至席赫尔（al-Shīḥr）为200法尔萨赫，从席赫尔至亚丁（‘Adan）为100法尔萨赫，亚丁乃最大的港口之一。亚丁没有庄稼和牲畜，有龙涎香（‘Anbar）、沉香（‘Ūd）、麝香（Misk）和来自信德、印度、中国、赞吉

① 此海即波斯湾。
② 1巴厄约等于5市尺，即左右伸直的两手间的长度。

(al-Zanj)[1]、老勃萨 (al-Ḥabshah)[2]、波斯、巴士拉、久达 (Juddah)[3]、古勒祖母 (al-Qulzum)[4] 等地的物产。此海乃东方大海，海中产优质龙涎香。赞吉、老勃萨、波斯均与此海通连。此海中有 100 巴厄长和 200 巴厄长的鱼，由于有这些大鱼，因此人们为船舶而忧虑，于是，他们用木板相敲击的办法来吓走这些大鱼。此海中有一种 1 腕尺 (Dhirā‘)[5] 长的鱼，能飞行，其面目与猫头鹰的面目相类似。海中还有一种 20 腕尺长的大鱼，在这鱼腹中有一条与它同类的鱼，在另一条大鱼腹中有四条与它同类的鱼。海中有大龟，它的圆背甲的周长为 20 腕尺，龟腹中有 1,000 枚龟卵，龟背上有优质的玳瑁。海中有一种像牛的鱼，胎生，能给仔鱼哺乳，它的皮可制盾牌。海中还有一种像骆驼的鱼。海上有一种鸟，当海面平静时，它能聚敛海面上的浮渣，然后于水面上产卵，孵蛋，这种鸟不在陆地上出没。

从巴士拉出发，沿波斯海岸航行到东方的道路

从巴士拉至哈莱克 (Khārrak)[6] 岛为 50 法尔萨赫，其面积为 1 法尔萨赫的平方，岛上产谷物[7]、葡萄、椰枣。从哈莱克岛至拉旺 (Lāwān) 岛为 80 法尔萨赫，其面积为 2 法尔萨赫的平方，岛上产谷物和椰枣。再至艾布隆 (Abrūn) 岛为 7 法尔萨赫，其面积为 1 法尔萨赫的平方，岛上产谷物和椰枣。再至海音 (Khayn) 岛为 7 法尔萨赫，其面积为 0.5 密勒的平方，岛上无人居住。再至钦斯 (Kīs) 岛为 7 法尔萨赫，其面积为 4 法尔萨赫的平方，岛上有椰枣、谷物、牲畜及优质珍珠的采珠场。再至伊本·卡旺(Ibn Kāwān) 为 18 法尔萨赫，其面积为 3 法尔萨赫的平方，

① 即今东非的桑给巴尔一带。
② 即阿比西尼亚（埃塞俄比亚），《新唐书》卷二二一下《西域传》称作老勃萨。
③ 即阿拉伯半岛红海岸的港口城市吉达。
④ 即红海或作苏伊士城之古名称，又称克鲁斯马。
⑤ 阿拉伯尺，等于 0.5883 米。
⑥ 即今哈尔克岛。
⑦ 此谷物，专指小麦、大麦一类。

岛上居民是“伊巴底亚”[1]人的采购者（Shurāt Ibāḍiyyah）。从伊本·卡旺岛至乌尔木兹（Urmūz）[2]为7法尔萨赫，再至沙拉（Thārā）为7日程，沙拉是波斯和信德的分界。从沙拉至代义布勒（al-Daybul）为8日程。从代义布勒至米赫朗（Mihrān）[3]的入海口，需行海路2法尔萨赫，米赫朗即信德河。

可以从信德进口那里产的释迦果(al-Qasṭ)[4]、“盖纳”(al-Qanā)[5]和竹子。

从米赫朗至乌特金（ūtkīn）需行4日，它是印度国地面的第一站。乌特金的山地里产“盖纳”，在乌特金的诸河谷中生长着谷物。乌特金人是一些生性暴烈、身材高大的盗匪。距乌特金3法尔萨赫的地方，乃是海盗出没的麦义德（al-Mayd）。从乌特金至库利（Kūlī）为2法尔萨赫，从库利至信丹（Sindān）[6]为18法尔萨赫，信丹产麻栗树（Sāj）和盖纳。从信丹至穆拉（Mulā）[7]为5日程，穆拉产胡椒和盖纳。航海者们讲道，每串儿胡椒的上面都有一片胡椒树叶，专用来遮避雨水。雨停了，那片树叶就自动上挺。当再下雨时，那片叶子复垂下为胡椒串儿遮雨。从穆拉至布林（Bullīn）需行2日程。从布林至大汪洋（al-Lujjat al-‘Uẓmā）为2日程。海路从布林一分为二，谁若沿着海岸走，那就要从布林至巴拜坛（Bātbattan）为2日程，巴拜坛是稻米产地，塞兰迪布（Saran-dīb）[8]人民的口粮就是从这里供应的。从巴拜坛至信吉利（al-Sinjilī）和凯步什坎（Kabshkān）为1日程。凯步什坎产稻米，从这里到库达凡利德（Kūdāfarīd）[9]的入海口为3法尔萨赫。从

① 伊巴底亚人，即伊巴底亚教派的人，因伊本·伊巴德（Ibn Ibāḍ，生活在伊历1世纪的后半期）而得名的。伊巴底亚教派是伊斯兰教中的哈列哲（Khārilah）派中的一个支派，至今存在，分布于阿尔及利亚、利比亚、阿曼及桑给巴尔。

② 即霍尔木兹，今伊朗阿巴斯港一带。

③ 〔唐〕贾耽称作“弥兰大河，一曰新头河”。见于《新唐书》卷四三下《地理志》。《地理志》称代义布勒为“提飐”。

④ 亦叫蕃荔枝。

⑤ 盖纳，阿拉伯名词，意为标枪木，梭标杆。推其原意应是一种制梭标杆的树木。

⑥ 应是雅古特《地名辞典》所言之三丹（Sandān）。三丹、信丹在书法上一样。

⑦ 〔唐〕贾耽称作没来国。见《新唐书》卷四十三下《地理志》。

⑧ 即今斯里兰卡。即《诸蕃志》细兰条之细轮叠。

⑨ 即今印度的哥达瓦里河。

库达凡利德至凯乐康(Kaylakān)、利瓦(al-Liwā),坎加(Kanjah) 为2日程,这些地方生长小麦、稻米。从坎加至塞曼德尔(Samandr) 为10法尔萨赫,此地产稻米。于淡水中①航行15日和20日,便可以从喀姆隆(Kāmurān)和其他地方将沉香运抵塞曼德尔。从塞曼德尔至乌尔尼申(Ūrnishīn) 为12法尔萨赫,乌尔尼申是一个巨大的王国,国内有大象、家畜、水牛和众多物产,其国王治国有方。从乌尔尼申至艾比奈赫(Abīnah) 为4日程。艾比奈赫也产大象,谁若从布林前往:

塞兰迪布

则需行1日程,塞兰迪布的面积为80法尔萨赫的平方。岛上有座山②,人祖阿丹③曾降临于此山之上。此山高耸入云,因此,船舶上的人们能于数日路程以外看到此山。印度的敬神者婆罗门僧众曾提到,此山之上有人祖阿丹的足迹。足迹深嵌于山岩上,长约70腕尺。此足迹位于峰巅,宛如一道永存的闪电。阿丹将其另一足踏入海水中,两足间相距2日程或3日程。此山山顶及其周围生有各色各样的宝石(Yāqūt)。山谷之中有金刚石,山上还产有沉香、胡椒,香脂('Aṭr),香料(Afwāh),香麝(Dābbat al-Misk),麝猫(Dābat al-Zabāt)④。塞兰迪布也产椰子,其平原上出产一种用以磨制宝石的金刚砂(Sunbādhaj)。塞兰迪布的诸河流中有水晶石(al-Ballūr),其周围的海水里产有珍珠。

过了塞兰迪布就是拉米(al-Rāmī) 岛,此岛产有犀牛,它比象矮小,比水牛高大,食青草,能像黄牛和羊那样反刍。岛上的水牛没有尾巴,岛上生有竹子、苏木(al-Baqqam),苏木的汁液是一种可立即解毒的药,当航海者被竹叶青蛇咬了一口时,便服用它。岛上有一种全身赤裸的人,他

① 淡水,应指河流,意为在河流中。
② 即锡兰山,今名为"皮杜鲁塔拉加拉"山。
③ 即《新旧约全书》中的亚当,为伊斯兰教所崇敬的先知之一。
④ 亦叫作灵猫,香猫,可提取麝猫香。

们生活在密林中，人们无法听懂他们的话语，因为，这些话语乃是一些呼哨。他们生得矮小，很怕见人，他们的身长仅有4拃(Shabr)[①]。这种侏儒的男人和女人的生殖器也比常人的小，其头发是一些红色的软毛。当他们用手在树上攀缘时，无须依靠双脚的帮助。

海洋里还有一种白人，他们在海里泅水追赶疾风般行驶的船只。他们出售龙涎香以换回铁，他们用嘴衔着铁。岛上有一种栽植胡椒的黑人，他们能将活人切成一块块地吃光。在山里，当用火冶炼时，可以从山土里提炼出银子。

有一种巨兽生活在扎比吉(al-Zābij)[②]的诸山中，它能吞噬掉人、水牛，有的还能吞掉大象。扎比吉产樟脑树，其树冠很大，可为100左右的人遮阳。若在樟脑树的顶端凿开一口，便可从口中流出数罐樟脑液。以后，可以在这个口子下面的某处再凿个口，即从树的中腰凿口，这个口能溢流出部分樟脑，这就是那树的脂，它原是生在树干里的。此后，这棵树树干内空竭了，树也随之枯萎了，此岛尚有数不清的奇闻逸事。

谁想往中国去，就须从布林转弯，经塞兰迪布的左侧至艾兰凯巴鲁斯(Alankabālūs)[③]，其间有10日至15日程。艾兰凯巴鲁斯的居民皆赤身裸体，他们的饭食是香蕉、鲜嫩的鱼和椰子。他们的钱资是铁，他们与客商同席相处。从艾兰凯巴鲁斯岛再前行6日，即抵凯莱赫(Kalah)[④]岛，这里是印度人的加巴(Jābah)[⑤]帝国。在凯莱赫岛有铅石矿[⑥]及竹林。再向凯莱赫的左方前行2日即达巴陆斯(Būlūs)[⑦]岛，这个岛上的土人吃人。岛上盛产优质樟脑及香蕉、椰子、甘蔗，稻米。从比岛至加巴[⑧]岛、

① 1拃等于22.5厘米。
② 我国史称三佛齐，即苏门答腊岛。
③ 即今尼科巴群岛。
④〔唐〕贾耽称之为“箇罗”，见《新唐书》卷四十三下《地理志》，相当于今马来半岛的马六甲一带。
⑤ 即爪哇帝国。
⑥ 应是马来半岛至今仍盛产的锡矿，非为铅矿。
⑦ 即婆罗洲，今加里曼丹。
⑧ 即爪哇岛。

舍拉黑脱 (Shalāhiṭ) [①]、海尔赖赫 (Harlaḥ) [②] 均为 2 法尔萨赫，它是一座巨大的岛[③]。其国王穿着有金饰的衣服，戴金帽，他信奉"布达"(al-Buddah) [④]。岛上产椰子、香蕉、甘蔗。舍拉黑脱岛产檀香 (Ṣandal)，郁金香 (Sunbul)，丁香 (Qaranful)。加巴有座小山，峰顶着火。火焰高达 100 腕尺，火苗如矛尖，它白天是烟，夜晚是火。从此处再行 15 日，即抵香料园之国[⑤]，此国将加巴和玛仪特 (Māyṭ) [⑥] 隔开，距玛仪特稍近些。

印度诸国中，除了垓玛尔 (Qamār) [⑦]，其人民视通奸为合法，但却禁止饮酒。垓玛尔国人既禁酒，也禁通奸。塞兰迪布的国王从伊拉克进口酒，并饮用之。印度诸王喜好身躯高大的象，象的身价随其身高而增，一头象值很多黄金。普通的象高 9 腕尺，仅有小海湾[⑧]的象可高至 10 腕尺、11 腕尺。印度诸王之中最伟大的，号为"白勒海拉"(Balharā)，意思是"诸王之王"。他的指环上的铭文为："权力消失则友谊断绝"。这位国王居住在开姆开姆 (al-Kamkam)，即"麻栗树"国。其次是塔芬 (al-Ṭāfin) 国国王，再次是加巴国国王，再次是鸠尔兹 (al-Jurzi) 国国王，他有"塔泰利亚"(al-Ṭāṭariyyah) [⑨] 迪尔汗。其后是厄班 (Ghābah) 国国王，其后是莱赫米 (Rahmī) 国国王，这个国家同其他诸国相距 1 年的路程。人们说，这个国家有 5 万头象，有棉质天鹅绒衣服[⑩]及印度沉香。其后是喀姆隆

---

① 即苏拉威亚岛。

② 即今天的和乐岛。

③ 仍指爪哇岛。

④ 原文此名词缺损，少一点。应是佛陀、菩萨 (al-Būdhā)。

⑤ 即香料群岛，今马鲁古群岛。

⑥ 即《诸蕃志》和《文献通考》卷三二记述的麻逸国，今菲律宾的民都洛岛。

⑦ 在中世纪阿拉伯史地丛书中，垓玛尔也叫作古玛尔、基玛尔。

⑧ 当是指孟加拉湾。

⑨ 据《叶尔孤比历史》(Ṭārīkh al-Ya'qūbi) 介绍，塔泰利亚是一种在信德通行的货币。

⑩ 〔明〕马欢《瀛涯胜览》榜葛剌国有言："有一样番名蓦黑蓦勒，阔四尺，长二丈余，背面皆起绒头，厚四五分，即兜罗绵也。"蓦黑蓦勒，是阿拉伯名词，今读作 Mukhmal，意思是"天鹅绒"。从出产天鹅绒这一共同点出发，可认为此厄班国当在今孟加拉一带，与榜葛剌国是一个地方。

(Qāmurūn) 国，此王国同中国毗邻[1]。在喀姆隆境内产大量的黄金、犀牛。犀牛是一种走兽，有一支角生于面部，角长可达数腕尺，角粗为 2 格布达 (Qabḍah)[2]。你会见到，犀角被剖开后，从头至尾的犀角剖面上，是黑质白纹的图画。花纹如网状，类人、走兽、鱼、孔雀及其他一些鸟类之形。中国人用此角制腰带，每只犀带的价值为 300 第纳尔，或者值 3,000 第纳尔，或者值 4,000 第纳尔。以上诸国的人民皆是双耳穿有孔的人。

扎比吉国王被称作“麦赫拉甲”(al-Maharāj)[3]。其国有一岛，叫作拜尔塔义勒 (Bartāyl)，在这个岛上可以彻夜听到人们的歌唱声和擂鼓声。海员们谈到，这个岛上有行骗者。海水中可腾跃出马，这种马颇类似我们的马，只是这种马的鬃毛长可曳地。国王麦赫拉甲征税，每天收 200 麦纳 (Manā)[4] 的金子。他再用（这些）金子换购成鲜奶，然后将这些奶通通倒入水中，并说，这水就是钱库。岛上有一种像驴的狒狒。国王每天的税收里还包括垓玛尔斗鸡者交来的约 50 麦纳（黄金）。这是由于斗胜的鸡大腿归国王所有，所以鸡主人必须将它赎回去。

通向中国之路

从玛仪特出发，向左行至梯优麦赫 (Tiyūmah) 岛。梯优麦赫岛产印度沉香和樟脑。从此岛至垓玛尔有 5 日程，垓玛尔产垓玛尔沉香和稻米。从垓玛尔至海岸上的栓府 (al-Ṣanf)[5] 为 3 日程，栓府产栓府沉香，栓府沉香优于垓玛尔沉香，由于质地优良、厚重，故可沉于水中，栓府产黄牛和水牛。

印度城市中最著名的有萨米勒 (Sāmil)、胡林 (Hūrīn)、嘎隆 (Qālūn)、坎大哈、克什米尔 (Qashmīr)。

---

① 应是骠国，相当于今天老挝、缅甸一带。
② 1 格布达等于 12.5 厘米。
③ 即王中之王。
④ 重量单位，等于 2 磅。
⑤ 即占婆，明代为占城国。

从栓府至中国的第一个港口鲁金 (Lūqīn) ①, 陆路、海路皆为 100 法尔萨赫。在鲁金，有中国石头 ②、中国丝绸、中国的优质陶瓷，那里出产稻米。从鲁金至汉府 (Khānfū) ③，海路为 4 日程，陆路为 20 日程。汉府是中国最大的港口，汉府有各种水果，并有蔬菜、小麦、大麦、稻米、甘蔗。从汉府至汉久 (Khānjū) ④ 为 8 日程, 汉久的物产与汉府同。从汉久至刚突 (Qānṭū) ⑤ 为 20 日程，刚突的物产与汉府、汉久相同。中国的这几个港口，各临一条大河，海船能在这大河中航行，这些河均有潮汐现象。在刚突的河里可见到鹅、鸭、鸡。中国的海疆长，即从艾尔玛碧勒 (Armābīl) ⑥ 起始，终至另一端有两个月行程。

全中国有 300 座人口稠密的城市。其中较为著名的有 90 座。中国的疆界起始于海洋，经吐蕃、突厥，终至西面的印度。中国的东方有瓦格瓦格 (al-Wāqwaq) ⑦，那里盛产黄金，以至于瓦格瓦格人民用黄金制成拴狗的链子及猴子的项圈，他们拿出用黄金纺成的衣服去售卖，瓦格瓦格出产优质的乌木。

有人问 ⑧ 及大海涨潮落潮的规律。人们答道，当月亮初升之际，波斯海上有潮汐。大海每年只有两次大涨潮，第一次发生在夏季里的六个月中，从东北方起潮。其时，大水在中国海的东方涨潮，西方大海的水就退缩。第二次在冬季的六个月中出现，即从西南方起潮，大水从西方涨潮，中国海水就退缩。

在与刚素 (Qānṣū) ⑨ 对面的中国的尽头有众山及诸国，那就是新罗 (al-

① 即唐代的龙编，今越南河内一带。
② 不详，待考。似为玉石。
③ 即广州。
④ 从对音看，汉久应指杭州。杭州湾有潮汐现象也易说明这一点。但是，杭州在唐代并未出现。从航行日程看，从广州到杭州仅用 8 天是不相符的。因此汉久应是今福建省一带的城市名。究为何地，当待详考。
⑤ 即江都郡。阿拉伯人多有将 T 读成 D 的。因此刚突也可念刚都。
⑥ 在原书第 56 页上，信德国有地名同此。此处原文似有抄写之误。
⑦ 即倭国。
⑧ 原文中 Istiyamū，似为 Ishsiyāq 之误。
⑨ 即江都（刚突 Qāntū），刚素应是刚突的抄写之误。

Shīlā)[①]国。该国盛产黄金，由于那里土地良美，故有一些穆斯林入其国就定居下来，没有人晓得新罗以外的情况。

由此东方海洋，可以从中国输入丝绸、宝剑、花缎、麝香、沉香、马鞍、貂皮、陶瓷、绥勒宾节（Ṣīlbinj）[②]、肉桂、高良姜；可以从瓦格瓦格国输入黄金、乌木；可以从印度输入沉香、檀香、樟脑、玛卡富尔（al-Mākāfūr）[③]、肉豆蔻（al-Jūzbnwwā）[④]、丁香、小豆蔻、毕澄茄、椰子、黄麻衣服和棉质的天鹅绒衣服、大象；可以从塞兰迪布输入各色各样的宝石、金刚石、珍珠、水晶以及能磨制各种宝石的金刚砂；可以从穆拉和信丹输入胡椒；可以从凯莱赫输入锡矿石；从南方省区可输入苏木、大兹（al-Dādhī）[⑤]；从信德可输入固斯特（Qusṭ）[⑥]、盖纳和竹子。

这海洋起始于红海，终止于瓦格瓦格，全长为4,500法尔萨赫。

从也门输入装饰品、各种衣服、龙涎香、姜黄（Wars）、骡、驴。

印度的七种人

沙克希利亚（al-Shākathriyyah）[⑦]种，印度的君主产生其中，这是最高贵的种姓，别的种姓都敬拜他们，他们不敬拜任何人。婆罗门，这种人不饮烈酒、葡萄酒。凯斯特利亚（Kastariyyah）种，这种人能一气饮3盖达哈[⑧]的饮料，婆罗门人不同这种人通婚，他们只在自己种姓中通婚。

---

① 即唐代的新罗国，在朝鲜半岛。

② 在1865年《Journal asiatique》1—2月号第68页刊布的《道里邦国志》（阿文版）写成为al-Ṭaylasaj，意思是围巾、斗篷、披风。今天称作Ṭaylasān。

③ 在《Journal asiatique》1–2月号第68页中，没有此词。意为“樟脑油”“樟脑精”。

④ 肉豆蔻在波斯语中称jowzebowā或jowzo-tteeb，见商务印书馆出版《波斯语汉语词典》，第741页。

⑤ 《Journal asiatique》刊布的阿拉伯本是与苏木连写的。为Baqm al-Dārī。意思是“达莱赞吉”苏木。

⑥ 一说认为它是一种药用的芳香植物，闭鞘姜属。见《波斯语汉语词典》，第1782页。一说是印度沉香。

⑦ 即刹帝利种姓。

⑧ 衡量单位，等于2.06公升。

舒戴利亚 (al-Shūdariyyah)[①] 农民，拜希亚 (al-Bayshiyyah)[②] 是工匠或手艺人。信达利亚（al-Sandāliyyah）是一些从事杂耍、演唱活动的人，他们的妇女是极美貌的。赞比亚（al-Dhanbiyyah）是一些褐色皮肤的人，他们从事戏法、弦乐演奏、游戏等职业。印度人分为 42 个教派，其中，有坚信造物主及其诸使者的存在的，有不信诸使者的，有对此一切都不信奉的。

印度人宣称，他们能以符咒实现其意愿。他们凭符咒吞下毒物，又能将它取出。他们能解决问题，又能使之复杂化，能造成恶果，又能带来好处。他们能使幻象出现，对此事怀疑的人也因之而不知所措。他们佯称可以控制住雨水和冰雹。

东方的情况至此谈完了。

---

① 即首陀罗种姓。
② 即吠舍种姓。

西方的情形

西方[①] 是帝国的四分之一。它的伊素比赫勃兹(Iṣbihbadh)[②] 在波斯帝国时期叫作胡尔拜兰·伊素比赫勃兹 (Khurbarān-Iṣbihbadh)。

从和平城到西方的路程

从巴格达至赛义赖欣 (al-Saylaḥīn) 为 4 法尔萨赫，再至安巴尔为 8 法尔萨赫。再至莱布 (al-Rabb) 为 7 法尔萨赫，再至希特 (Hīt)[③] 为 12 法尔萨赫，有艾布·欧麦义塞勒 (Abū al-'Umaythal) 的诗为证：

我们是在希特过夜，
还是在安巴尔过夜？

再至纳雾撒 (al-Nāwūsah) 为 7 法尔萨赫，再至阿卢萨 (Ālūsah) 为 7 法尔萨赫，再至富合义玛 (al-Fuḥaymah) 为 6 法尔萨赫，再至奈赫亚 (al-Nahyah) 为 12 法尔萨赫的陆路。再至达兹基 (al-Dāzqīn) 为

① 从下文看，此西方，指西亚地区的一部分，确切言，实指波斯萨珊帝国的西部地区，不是指包括非洲的西方 (Maghrib)。

② 伊素比赫勃兹为阿塞拜疆、泰伯里斯坦一带地方的长官的徽号。在波斯萨珊王朝，在库思老一世时期，帝国的疆土由 4 位伊素比赫勃兹分别掌管。

③ 是波斯萨珊朝的最西边的城市，位于幼发拉底河畔。

6 法尔萨赫，再至富尔达（al-Fūrḍah）为 6 法尔萨赫，再至猛兽谷（Wādī al-Sibā‘）①为 6 法尔萨赫，再至“白尼·久迈义厄”海湾（Khalij Banī Jumay‘）为 5 法尔萨赫，再至垓尔基西亚（Qarqīsiyā）对面的发什（al-Fāsh）为 7 法尔萨赫，再至奈赫鲁塞义德（Nahr Sa‘īd）②为 8 法尔萨赫，再至杰尔丹（al-Jardān）为 14 法尔萨赫，再至穆巴莱克（Mubārak）为 11 法尔萨赫，再至赖盖为 8 法尔萨赫。罗马语称赖盖（al-Raqqah）为“嘎拉尼古斯”（Qālānīqūs）。赖盖是迪亚穆达尔（Diyār Muḍar）③的中央，迪亚穆达尔还有拉菲嘎（al-Rāfiqāh）与哈朗（Ḥarrān），哈朗在罗马语中叫“哈利努布卢斯”（Hālīnūbulus）。有苏代义夫（Sudayf）的诗为证：

我本以为自己坚韧不屈，

哈朗的一座坟墓动摇了我的信念。

那里埋葬着虔诚笃信的人。

（迪亚穆达尔境内）还有鲁哈（al-Ruhā）、苏迈义萨特（Sumaysāṭ）、塞鲁吉（Sarūj）、莱厄斯凯义法（Ra’s Kayfā），艾尔杜勒白义达（al-‘Arḍ al-Bayḍa’）④、特卢冒赞（Tallu Mawzan）⑤、莱瓦比（al-Rawābī）、玛兹欣（al-Māzḥīn）、穆代义比尔（al-Mudaybir）。迪亚穆达尔每年上缴 5,600,000 迪尔汗。鲁萨法（al-Ruṣāfah）、宰义图纳（al-Zaytūnah）、开凡尔合杰尔（Kafarḥajar）、哲齐赖（al-Jazīrah）⑥几处估计共上缴 4,000 第纳尔⑦。

---

① 或译作狮子谷。

② 即“塞义德”河。

③ 在 7 世纪以前，有穆达尔部族和莱碧（Rabī‘）部族的阿拉伯人从阿拉比亚（阿拉伯半岛）向北迁徙至今天伊拉克、叙利亚一带，并在那里定居。迪亚尔（Diyār）原意为房舍，泛指住处。迪亚穆达尔，即“穆达尔人的住地”之意。

④ 意思是“白色的土地”。

⑤ 意思是“冒赞”丘。

⑥ 意思是“河洲”“岛”。此哲齐赖非指整个美索不达米亚，而是靠近鲁萨法城的小地方。

⑦ 第纳尔，一种金币。

富拉特（al-Furāt）[1]省

（这个省有）垓尔基西亚（Qarqīsiyā），它位于富拉特河上和哈布尔（al-Khābūr）河上[2]。（这个省还有）莱赫巴（al-Raḥbah）、达利亚（al-Dāliyah）、阿纳特（ʻĀnāt）、希特、哈迪萨 al-Ḥadīthah）[3]、莱布（al-Rabb）诸地方。

哈布尔诸区内的诸城市

（它们是）苏窝尔（al-Ṣuwwar）、富代音（al-Fudayn）、玛基信（Mākisīn）、舍姆萨尼亚（al-Shamsāniyyah）。有艾赫达勒（al-Akhṭal）吟诗为证：

他的腐尸在哈沙克（al-Ḥashshāk）一边；
他的头在哈布尔、苏窝尔面前。

（还有）苏凯义尔（al-Sukayr）、阿拉邦（ʻArābān）、塔邦（Ṭābān）、上吐奈义腻尔（Tunaynīr）、下吐奈义腻尔、塞玛罕（Samāghā）。这些城市在哈布尔[4]上。

旅行者从赖盖至道塞尔（Dawsar），再至巴利斯（Bālis），再渡过富拉特河，再至扈沙夫（Khushāf），再至纳欧拉（al-Nāʻūrah），再至合赖布（Ḥalab）[5]，再至肯奈斯林（Qinnasrīn）及其诸区。

① 即幼发拉底河，阿拉伯人习惯将之称作富拉特。
② 此地跨着两条河，即在两河交汇处。
③ 阿拉伯名词，意为新的。
④ 即指在哈布尔河流域，哈布尔是西亚的一条大河。
⑤ 即今阿勒颇。意为奶、乳。

肯奈斯林诸区

麦阿莱图·麦素利奈(Ma‘arratu Maṣrīna) 区、麦尔苔赫旺(Martaḥwān) 区、塞尔敏 (Sarmīn) 区、黑雅尔·白尼·勒垓耳高义 (Ḥiyāru banī al-Qa‘qā‘i) 区、都陆克 (Dulūk) 区、莱耳邦 (Ra‘bān) 区、合赖布区、固鲁斯 (Qūrus) 区、即阿瓦绥姆 (al-Awāṣim)、久玛 (al-Jūmah) 区、门比季 (Manbij) 区、安塔基亚 (Anṭākiyah)[①] 区、梯金 (Tīzīn) 区，布甘 (Būqā) 动区、巴利斯区、鲁萨法·海沙姆 (Ruṣāfatu Hiṣhāmi) 区、肯奈斯林同阿瓦绥姆两地的年收入共为 400,000 第纳尔。然后从肯奈斯林至舍义宰尔 (Shayzar)，再至哈玛 (Ḥamāh)，再至霍姆斯 (Ḥims)。

霍姆斯诸区

这些区有哈玛区、舍义宰尔区。有乌姆鲁·盖斯 (Amrū al-Qays) 的诗为证：

> 当我们越过哈玛和舍义宰尔的时候，
> 我们就割断了少年时代的亲密友谊。

此诸区内有法米亚 (Fāmiyah)、麦阿拉图·努尔曼 (Ma‘arratu al-Nu‘mān)、苏窝朗 (Ṣawwarān)、莱图敏 (Laṭmīn)、特卢曼奈斯 (Tall Mannas) 区、鹤拉斯 (al-Ghallās) 区、开凡尔达布 (Kafarṭāb) 区、久西亚 (Jūsiyah) 区、黎巴嫩 (Lubnān) 区、舍义拉 (al-Sha‘īrah) 区、台麦赫 (al-Tamah) 的 5 个区、白勒阿斯 (al-Bal‘ās) 区、巴拉 (al-Bārah) 区、

① 今译作安条克。

莱斯坦(al-Rastan)区、宰敏(Zamīn)区、盖斯苔勒(al-Qasṭanl)区、塞赖密亚(Salamiyyah)区、阿格白莱塔('Aqbaratā)区、杰利勒(al-Jalīl)区、苏维达(Suwaydā)区,还有莱凡腻亚(Rafaniyyah)、台德木尔(Tadmur),拉泽基亚(Lādhiqiyyah)区的诸海岸(Sawāḥil)。还有杰布拉(Jablah)区、布隆亚斯(Bulunyās)区、安台尔苏斯(Anṭarsūs)区、麦莱基亚(Maraqiyyah)区、嘎斯拉(Qāsirah)、塞格尤(al-Saqyu)、杰尔塞巴(Jarthabah)、侯拉(al-Ḥūlah)、阿麦勒瓦('Amalwā)、赞代克(Zandak)、垓布拉塔(Qabrātā)。霍姆斯每年上缴340,000第纳尔。

从霍姆斯到大马士革的路程

从霍姆斯至久西亚为16密勒[①],再至嘎拉(Qārā)为30密勒,再至奈布克(al-Nabk)为12密勒,再至古苔义法(Quṭayyifah)为20密勒,再至大马士革为24密勒。大马士革即伊赖姆·扎图·阿玛德(Iram dhātu al-'Amād)[②],原先是努哈[③]的住所。黎巴嫩山是努哈方舟的出发地。后来,方舟与久地(Jūdiyyu)一样高。久地即盖尔达(Qardā)[④]山。当努哈的子孙繁衍兴旺之后,便到尼姆鲁德·本·库什(Nimrūd bn Kūsh)国王统治下的塞瓦杜的巴比伦居住,尼姆鲁德·本·库什是地球上的第一位国王。

大马士革地区及其诸区(Iqlīm)

有姑塔(al-Ghūṭah)[⑤]平原、塞尼尔(Sanīr)区、白尔赖伯克(Ba'labakk)城、比高厄(Biqā')、黎巴嫩区、久尼亚区、的黎波里(Ṭarābulus)区、

① 密勒,是古罗马及受其影响的西亚、北非地区的一种里程。大食国1密勒等于1/3法尔萨赫。
② 古代地名,意思是"有高柱的伊赖姆人",见《古兰经》黎明章,第7节。
③ 努哈,即《圣经》中挪亚方舟故事中的挪亚。
④ 《圣经》中挪亚方舟故事讲,方舟浮在大洪水上,洪水水位高至盖尔达山顶。
⑤ 姑塔至今犹存,是大马士革郊区的园林风景区。

久白义勒 (Jubayl) 区、贝鲁特 (Bayrūt) 区、塞达 (Ṣaydā) 区、白塞尼亚 (Bathaniyyah)、豪兰 (Ḥaw-rān) 区、戈兰 (al-Jawlān) 区、扎黑尔 · 布赖高 (Ẓahir' al-Bulaqā')、敖尔山 (Jabal al-Ghawr)、麦阿布 (Maāb) 区、吉巴勒 (Jibāl) 区、舍拉特 (Sharāt) 区、布素拉 (Buṣrā) 区, 安曼 ('Ammān) 区、伽比亚 (Jābiyah)。有哈桑·本·萨比特 (Ḥissān bn Thābit) 的诗为证：

布素拉前方是一座雪山，
道道白云缭绕在山巅。

另有一诗为证：

向畜粪污土致赞，
它增强了安曼的地力，
请询问春光来到的地方，
它的迹象是否已经明显。

大马士革每年上缴 400,000 以上的第纳尔。

从大马士革至太巴列（Ṭabariyyah）的路程

从大马士革至库斯瓦 (al-Kuswah) 为 12 密勒，再至贾希姆 (Jāsim) 为 24 密勒。有哈桑 · 本 · 萨比特的诗为证：

贾希姆放过了拜特 · 莱厄斯 (Bayt Ra's) ①，
宽宥了旅行者和戈兰的农夫。

---

① 据雅古特《地名辞典》卷一，第 520 页“拜特 · 莱厄斯”条目，有两个村镇叫这个名字。一个是耶路撒冷，是约旦的一个区；另一个在阿勒颇的郊区。

再至菲格（Fiq）为 24 密勒，再至约旦的首府太巴列为 6 密勒。

约旦诸区[①]

有太巴列区、萨迈拉（al-Sāmarah）、拜义桑（Baysān）区、凡合勒（Faḥl）区、杰莱什（Jarash）区、拜特·莱厄斯区。有哈桑的诗为证：

> 拜特·莱厄斯的酒，
> 就像蜂蜜和甘泉一样可口。

还有杰代尔（Jadar）区、阿比勒（Ābil）区、苏西亚（Sūsiyah）区、塞福利亚（Ṣaffūriyyah）区、阿卡（'Akā）区、垓代斯（Qadas）区、苏尔（Ṣūr）区。约旦上缴 350,000 第纳尔。

从太巴列到莱姆拉（al-Ramlah）的路程

从太巴列至赖郡（al-Lajūn）为 20 密勒，再至盖兰素瓦（Qalansuwah）为 20 密勒，再至巴勒斯坦的首府莱姆拉为 24 密勒。

巴勒斯坦诸区

有莱姆拉区、伊利亚（Īliyā）区，它就是拜特·穆盖代斯（Bayt al-Maqdis）[②]，莱姆拉与伊利亚相距 18 密勒。拜特·穆盖代斯是达乌德（Dāwd）[③]、苏莱曼（Sulaymān）[④]、苏莱曼的儿子拉伯阿姆（Raḥba'am）以

① 原文此处的区是单数形式，但从下文看，应是诸区。
② 阿文意思“圣殿”。是阿拉伯人对耶路撒冷的称谓。
③ 即《圣经》中的大卫，以色列国的君主。
④ 即《圣经》中的所罗门，以色列国的君主。

及苏莱曼的历代子孙的王都。从拜特·穆盖代斯出发，沿朝拜方向至易卜拉欣(Ibrahīm)[①] 礼拜堂及其坟墓有 13 密勒还有阿麦瓦斯(‘Amawās) 区。有伊本·库勒苏姆·坎迪 (Ībn Kulthūm al-Kandī) [②] 的诗为证：

或许那面如新月和白雪的坐守空房者，
正是阿麦瓦斯的面带情人泪水的贞女。

还有陆代 (Ludda) 区。有诗为证：

我的朋友，
我确实朝觐和走访了耶路撒冷；
我在陆代是执行洗礼的人，
那是在“马利亚·吉尔吉斯”节那天。

还有尤布纳 (Yubnā) 区、雅法 (Yāfā) 区、凯撒利亚 (Qasāriyah) 区、那布卢斯 (Nābulus) [③] 区、塞白斯提亚 (Sabasṭiyah) 区、阿斯垓亮 (‘Asaqalān) [④]、鹤扎 (Ghazzah) [⑤] 区、拜特·吉布林 (Baytu Jibrīn) 区。巴勒斯坦年上缴 500,000 第纳尔。

从莱姆拉至雅法，雅法是同上述诸地最靠近的海港。雅法在海上同莱姆拉相距 8 密勒，从拜特·穆盖代斯至“门提纳”湖 (al-Buḥayrat al-Muntinah) 为 4 密勒是无疑问的。“门提纳”湖产大量的适于金银匠使用的……[⑥] 盐,它被叫作胡麦尔(al-Ḥummar),胡麦尔即地沥青。据说,注入“门

① 即《圣经》中的亚伯拉罕。
② 伊斯兰教产生前夕的阿拉伯古典文学时代的诗人。擅作长诗,约卒于公元 600 年。
③ 今为那布勒斯。
④ 今为阿什克伦。
⑤ 今为加沙。
⑥ 原文有漏字。

提纳”湖的约旦河，复从印度国流出……[1] 被打败的人来了，于是又潜入水中……[2] 于是出示了一些东西。

从莱姆拉到弗斯塔特（al-Fusṭāṭ）[3]的道路

从莱姆拉至艾·杜德（Azdūd）为 12 密勒，再至加沙为 20 密勒，再至莱凡赫（Rafaḥ）为 16 密勒，再至阿里什（al-'Arīsh）为 24 密勒的沙漠路程，再至窝拉打（al-Warrādah）为 18 密勒，再至苏阿玛（al-Thu'āmah）为 18 密勒，再至欧宰布（al-'Udhayb）为 20 密勒的沙漠路程，再至凡莱玛（al-Faramā）[4] 为 24 密勒。有马蒙（al-Ma'mūn）的诗为证：

> 战场之夜比凡莱玛之夜缩短了，
> 米昔儿村中的异乡人充满着忧愁和烦恼。

再至久尔吉尔（Jurjīr）为 30 密勒，再至汗兑拉（al-Ghāḍirah）为 24 密勒，再至“古达阿”礼拜堂（Masjid Qudā'ah）为 18 密勒，再至比勒白义斯（Bilbays）为 21 密勒，再至米昔儿的首府弗斯塔特为 24 密勒。有人说，米昔儿是因努哈的孙子、含（Ḥam）[5] 的儿子——米昔儿（Misr）得名，科普特（al-Qabṭ）人、柏柏尔人（al-Barbar）都是含的子孙。米昔儿地境内从一端至另一端为 40 夜路程。

米昔儿是法老的国家。法老们的徽号叫“马其顿尼亚”（Maqadhūniyah），弗斯塔特是以阿慕尔·本·阿斯（'Amrū bn al-'Āṣ）[6] 在罗马国王艾勒尤（Alyūn）的门前所扎下的帐篷（Fustāt）而得名。有人讲：

① 原文有漏字。
② 原文有漏字。
③ 古代埃及的首府，位于今埃及首都开罗市。
④ 古代埃及的重要海港城市，濒临地中海。在东、西方国际贸易中有着重要作用。
⑤ 含，人名，古代希伯来传说他是人祖阿丹（亚当）的后裔。
⑥ 于公元 641 年征服了埃及的阿拉伯军队的长官。

我指的是莱伊拉的儿子阿卜杜勒·阿齐兹在艾勒尤的门前，
他的眼睛充满了泪水。

米昔儿诸区

有曼夫—窝西姆 (Manf wa Wasīm) 区、代拉斯 (Dalāṣ) 区、舍尔基亚 (al–Sharqiyyah) 区、布绥尔 (Būṣīr) 区、法尤姆 (al-Fayūm) 区、艾赫纳斯 (Ahnās) 区、盖斯 (al-Qays) 区、达哈 (Ṭaḥā) 区、乌什木奈音 (al-Ushmūnayn) 区、素尤特 (Suyūṭ) 区、垓赫高 (Qahqā) 区、白赫奈萨 (al-Bahnasā) 区、伊赫米姆—代义尔 (Ikhmīm wa al-Dayr) 区、艾布沙亚 (Abshāyah) 区、忽—给纳 (Hū wa Qinā) 区、给夫特—艾格素尔 (Qifṭ wa al-Aqṣur) 区、伊斯纳—艾尔曼特—西巴巴 (Īsnā wa Armant wa Sibābah) 区、阿斯旺 (Uswān) 区、“西”西巴巴 (Sibābah al-Maghrib) 区。“努比亚”门 (Bāb al-Nūbah) 区、亚历山大 (Iskandariyah) 区、古勒祖姆—图尔 (al-Tūr) —艾义拉 (Aylah)、麦绥勒 (Maṣīl) —麦利德斯 (al-Malīdas) 区、盖尔塔萨 (Qarṭasā) 区、黑里布塔 (Khiribtā) 区、白代巩 (al-Badaqūn) 区、撒—舍巴斯 (Ṣā wa Shabās) 区、塞哈 (Sakhā) 区、梯代赫 (Tīdah)、艾甫拉侯 (al-Afrāḥūn) 区、卢比亚 (Lūbiyā) 区、奥西亚 (al-Awsiyah) 区、图瓦 (Ṭuwwah) 区、下麦努夫 (Manūf) 区、代姆西斯 (Damsīs) 区、上麦努夫区、艾特里布 (Atrīb) 区、艾因·舍姆斯[①] (‘Ayn Shams) 区、法尔赛达 (Farsaṭā) 区、台塔—吐麦依 (Tatā wa Tumayyi) 区、塞曼努德 (Samannūd) 区，萨努—伊布利勒 (Ṣān wa Iblil) 区、布久姆 (al-Bujūm) 区、塞依莱赫 (Ṣa‘īrah) 区、凡尔海拉 (Farhalah) 区、伊贺纳 (Ikhnā) —拉希德 (Rashīd) 区、东豪夫 (al-Ḥawfal Sharqī)、西豪夫、布海义拉 (Buḥayrah)[②]、艾斯凡卢勒艾尔兑 (Asfalu al-Arḍi)、白特努利夫

① 意思是“太阳”泉。
② 意思是“湖泊”。

(Baṭnu al-Rīf)、白什路德(al-Bashrūd)、塞义德(al-Sa'īd)、梯腻斯(Tinnīs)、海上的迪姆亚特(Dimyāṭ)、凡莱玛(al-Faramā)、代垓赫拉(Daqahlah)、拜推拉(Baṭīrah)、奈基扎(Naqīzah)、拜斯塔(Basṭah)、艾吐拉比雅(Aṭrābiyah)、古尔白义特(Qurbayṭ)、海义斯(al-Khays)、白代共(Badaqūn)、希拉克(al-Shirāk)、台尔努特(Tarnūṭ),舍图努夫(Shaṭnūf)、白尔尼勒(Barnīl)、安绥纳(Anṣīnā)、舒图布(Shuṭb)、迪布鲁赫(Dibrūh)、布密纳(Būmīnā)、突纳(Tūnah)、舍沓(Shaṭā)、代碧格(Dabīq)。

摩邻(Maghrib)人、科普特人曾隶属于罗马国。米昔儿的长是从莱凡合(Rafaḥ)与阿里什之间的两棵无花果树算起,直至阿斯旺为止;它的宽是从白尔盖(Barqah)算起,直至艾义拉(Aylah)为止。米昔儿的距离[①]是40夜行程乘以40夜行程。

从巴格达至米昔儿的距离为570法尔萨赫,合2,710密勒(Mīl)。[②]

上米昔儿有努比亚(al-Nūbah),贝贾(al-Bujah),老勃萨(埃塞俄比亚)。奥斯曼·本·阿凡('Uthmān bn 'Affān)[③]同努比亚议定,每年由努比亚向他缴纳400头牲畜。

对米昔儿的征税,法老时期为每年96,000,000第纳尔;在白衣大食朝,阿卜杜拉·本·合布哈布('Abdu Allāh bn al-Ḥabḥāb)治理时为每年2,723,837第纳尔;在黑衣大食朝的穆萨·本·尔撒(Mūsā bn 'Īsa)治理时,每年收2,180,000第纳尔。

① 距离,可解为面积。其意为:昔昔儿的面积是从南到北走40夜路程,从东到西也走40夜路程。也体现出该地多炎热,人畜习惯夜行。

② 据此可知,9世纪黑衣大食的1法尔萨赫等于4.75密勒。1法尔萨赫约等于6.24千米,此密勒则约等于1.312千米。此密勒小于古罗马里的1.4725千米。但是阿拉伯史书一般认为1法尔萨赫等于3密勒。此问题待详考。

③ 大食国第三位哈里发,于644—656年在位。

从弗斯塔特[①]到摩邻[②]的路程

从弗斯塔特至扎特萨黑勒（Dhāt al-Sāḥil）为24密勒，再至台尔努特为30密勒，再至考姆舍利克（Kawm Sharīk）为22密勒，再至尼罗（al-Nīl）河上的拉菲嘎（Rāfiqah）为22密勒，再至盖尔塔萨（Qarṭasā）为30密勒，再至钦尔遥（Kiryawn）为24密勒，再至亚历山大港为24密勒，再至布密奈赫（Būminah）为20密勒，再至扎特侯玛姆（Dhāt al-Ḥumām）为18密勒，再至合尼亚鲁姆（Ḥaniyyah al-Rūm）为34密勒，再至塔侯那（Ṭāḥūnah）为30密勒，再至开纳义斯·哈迪德（Kanā'is al-Ḥadīd）[③]为24密勒，再至一个除了雨水再无其他水源的久布奥塞吉（Jubb al-'Awsāj）[④]为30密勒，再至"合玛姆"驿站（Sikkatu al-Ḥamām）为30密勒，再至"舍玛斯"宫（Qaṣr al-Shamās）为25密勒，再至"高姆"遗址（Khirbatu Qawm）为15密勒，再至"艾比·合利玛"遗址（Kharā'ib Abī Ḥalīmah）为35密勒，再至亚喀巴为20密勒，再至麦尔吉"谢赫"（Marj al-Shaykh）[⑤]为20密勒，再至合云·阿卜杜拉（Ḥayyn 'Abdu Allāh）为30密勒，再至吉亚德·塞黑尔（Jiyād al-Ṣaghīr）为30密勒，再至久布密德安（Jubb al-Mid'ān）[⑥]为35密勒，再至久布合利曼（Jubb Ḥalīmān）[⑦]为35密勒，再至麦阿尔（Maghār）为35密勒，再至塔凯尼斯特（Tākanīst）为25密勒，再至奈达玛（Nadāmah）为25密勒，再至白尔盖（Barqah）为6密勒，白尔盖是个坐落在红色沙漠中的城市，宛如一朵美丽的石莲花。白尔盖城四周环山，它与其周围的群山相距6密勒。有诗为证：

---

① 位于今埃及的开罗市。

② 摩邻，又译作马格里布，意思是"西方"。此专指米昔儿（埃及）以西的地方。摩邻一词首见于〔唐〕杜环的《经行记》，《新唐书·西域传》写作磨邻。

③ 意思是"哈迪德"的诸基督教堂。

④ 意思是"奥塞吉"深井。

⑤ 意为"谢赫"牧场。

⑥ 意为"密德安"深井。

⑦ 意为"合利曼"深井。

我站在白尔盖山脚下，
鬣狗和狼在那里自由出没。

从白尔盖到摩邻的路程

从白尔盖至麦立梯亚（Malītiyah）为15密勒，再至垓素尔恩斯勒（Qaṣr al-'Isl）[①]为29密勒，再至奥白兰（Awbarān）为12密勒，再至苏陆格（Sulūq）为30密勒，再至位于海岸上的白尔塞麦特（Barsamat）为24密勒，再至位于海岸上的拜勒白铬（Balbad）为20密勒，再至艾杰达比亚（Ajadābiyah）为24密勒，再至哈尔垓拉（Ḥarqarah）为20密勒，再至塞白哈·曼胡萨（Sabakhah Manhūsā）为30密勒，再至垓素尔阿兑什（Qaṣr, al-'Aṭish）[②]为34密勒，再至海边的耶胡迪耶苔因（al-Yahūdiyyatayn）[③]为34密勒，再至垓布鲁伊巴迪（Qabr al-'Ibādī）[④]为34密勒，再至苏尔特（al-Surt）为34密勒，再至垓尔叶苔因（Qaryatayn）[⑤]为13密勒，再至伽萨尼人的"哈桑·伊本·努尔曼"宫（Qaṣr Ḥussān ibn al-Nurmān）为30密勒，再至曼帅夫（al-Manṣaf）为40密勒，再至苔窝尔安（Tawarghā）为24密勒，再至窝尔达萨（Wardāsā）为18密勒。有诗为证：

柏柏尔人遇到沙萨（Shāsa）那天，
沙萨将他们驱赶到窝尔达萨。

再至穆赫台那（al-Muḥtanā）为22密勒，再至瓦迪莱穆勒（Wādi

---

① 意为"恩斯勒"宫。
② 意为"阿兑什"宫。
③ 耶胡迪亚，意思是"犹太人的地方"。耶胡迪耶苔因，意思是"两个犹太人的地方"，应指犹太人的两个居住点。
④ 意思是"伊巴迪人"坟墓。
⑤ 意思是"两个村庄"。

al-Raml)[①] 为 20 密勒，再至德拉布卢斯 (Ṭarābulus)[②] 为 24 密勒，再至塞布拉 (Sabrah) 为 24 密勒，再至毕厄尔 · 杰玛林 (Bi'r al-Jamālīn) 为 20 密勒，再至“代莱格”宫 (Qaṣr al-Daraq) 为 30 密勒，再至艾巴尔德赫特 (Abārdakhat) 为 24 密勒，再至凡瓦拉 (al-Fawwārah) 为 30 密勒，再至嘎比斯 (Qābis) 为 30 密勒，嘎比斯是外族非洲人的都城。再至“宰义图纳”井 (Bi'r al-Zaytūnah)[③] 为 13 密勒，再至凯塔纳 (Katānah) 为 24 密勒，再至耶斯尔 (al-Yasr) 为 30 密勒，再至麦哈里 (al-Mukhālī) 人的都城凯鲁万(Qayrawān)[④] 为 24 密勒。凯鲁万是阿非利加(Ifrīqiyyah) 的首都，是摩邻 (Maghrib) 的中央，它在伊本 · 艾厄莱布 (Ibn al-Aghlab)[⑤] 的治理之下。

其治下诸地有：嘎比斯、杰卢拉 (Jalūlā)、苏白义推拉 (Subayṭilah)，它是久尔吉尔 · 麦利克 (Jūjir al-Malik) 的都城，苏白义推拉曾是罗马人的城市，它与凯鲁万城相距 70 密勒。还有宰鲁德 (Zarūd)、鹤达米斯 (Ghadāmis)、盖尔萨纳 (Qarsānāh)、盖夫撒 (Qafṣah)、盖斯推利亚 (Qaṣṭīliyah)、“扎布”城 (Madīnatu al-Zāb)、台忽扎 (Tahūdhah)、塞勒塞曼(Salsamān)、窝丹(Waddān)、推福尔吉勒(Ṭifl Jīl)、宰贺旺(Zaghwān)、突努斯 (Tūnus)[⑥]。阿非利加与突努斯之间，骡马要走两个驿站口。突努斯都城又叫迦太基 (Qarṭājanah)，坐落于海岸，它被 21,000 腕尺长的城墙环围着。在突努斯与安达卢斯 (Andulus)[⑦] 大陆之间横亘着大海，两地

① 意思是“沙漠之谷”。
② 即北非的的黎波里。
③ 意为“橄榄果”井。
④ 即今开旺。
⑤ 全名为易卜拉欣 · 本 · 艾厄莱布 (Ibrāhim bn al-Agghlab)。其父艾厄莱布是黑衣大食第二王阿浦恭拂 (Abū al-Ja'far) 于 765—766 年委派到阿非利加的总督，767 年中箭身亡。伊本 · 艾厄莱布（即易卜拉欣）于伊历 181 年（公元 797 年）被大食王诃伦 (Hārūn) 任命为阿非利加（即摩邻）的总督，于公元 812 年去世。其子阿卜杜拉、亚达图拉相继继位，形成了独立的世袭君主制，史称艾厄莱布王朝。
⑥ 即突尼斯。
⑦ 即安达卢西亚，西班牙南部。

相距6法尔萨赫[①]。再行至古尔突巴（科尔多瓦，Qurṭubah），即安达卢斯的都城需用5天。

在鲁斯台姆·伊巴迪（al-Rustamī al-Ibāḍī）——他就是马蒙·本·阿卜·瓦哈比·本·阿卜杜·拉赫曼·本·鲁斯台姆，波斯血统——自任哈里发以后，他统治着海莱拉（Hararah）、舍利芙（Shalīf）、麦利纳（Malīnah）[②]、塔海尔特及其所属之地。阿非利加与塔海尔特之间相距为骆驼行走1个月的路程。

塞布塔（Sabtah）位于海杜拉（Khaḍrā'）[③]旁边。塞布塔国王叫莱耶玛宁（Layamāni）。

麦斯穆迪族的柏柏尔人伊本·塞黑尔（Ibn Ṣaghīr）统治下的海勒发纳（Khalfānah）可通往瓦迪·莱姆，瓦迪·宰义图纳，他统治下的“艾斯窝德·本·海司姆”宫（Qaṣr al-Aswad bn al-Haytham）通向德拉布卢斯及其以外的“安达卢斯”海。

哈瓦利吉派的素福利（al-Khārijī al-Ṣufrī）统治的地方有代尔阿（Dar'a），它是一座很大的城市，有很多人口，有银矿。它的南方可通往老勃萨国（Bilād al-Ḥabshah）及称作“锥兹”（Zīz）的城市。

穆尔太齐赖派的柏柏尔人易卜拉欣·本·穆罕默德（Ibrāhīm bn Muḥammad）所辖之地的都城与塔海尔特城相近，叫作伊兹莱吉（Īzraj）。

在伊德里斯·本·伊德里斯·本·阿卜杜拉·本·哈桑·伊本·哈桑·本·阿里·本·艾比·塔利卜的儿子统治下，有梯立姆欣（Tilimsīn）[④]。从塔海尔特至梯立姆欣要走25天，整个道路都有人群居住。（其治下还有）坦佳丹吉尔（Ṭanjah），发斯（Fās）[⑤]，发斯有旅舍。从塔海尔特到发斯需

---

① 此数字似有误。今突尼斯与最靠近它的欧洲陆地西西里岛尚相距200千米以上。即30法尔萨赫以外，与安达卢西亚的距离则更大。

② 海莱拉、舍利芙、麦利纳三地名是援用巴黎藏本（B本）的，本文此三地名残损。

③ 雅古特《地名辞典》卷二，第376页“海杜拉”条言：“（它是）城市，同密勒亚那（Milyānah）相距一天路程。它是位于河上的有众多果园的大城。是阿非利加诸城之中最富饶的。”

④ 今摩洛哥王国的丹吉尔城。

⑤ 今摩洛哥王国的非斯城。

走 24 夜，其后为坦佳，坦佳之后是苏斯·艾德纳 (al-Sūs al-Adnā) ①。从凯鲁万至苏斯·艾德纳为 2,150 密勒路程，苏斯·艾德纳的居民是柏柏尔人。苏斯·艾德纳之后为苏斯·艾克萨，两个苏斯相距 20 余天的路程。

他统治着窝利拉 (Walīlah)、穆德莱卡 (Mudrakah)、麦特鲁卡 (Matrūkah)、宰固尔(Zaqqūr) 城、扈扎(Ghuzzah)、扈麦义拉(Ghumayrah)、哈吉尔 (al-Hājir)、塔吉拉吉拉 (Tājrājrā)、凡奈库尔 (Fanakur)、海杜拉 (al-Khaḍrā')、海杜拉在海边，它有 6 法尔萨赫长的海岸。其治下还有艾瓦里斯 (Awāris)，与扎黑·本·扎黑 (Zāghī bn Zāghī) 人和赤身的黑人国度相邻的地方，与海的走向相平行的地方。他没有被选为哈里发，人们只是称呼他：向你祝平安，安拉使者的仆民。

一位伍麦叶人，他是阿卜杜·拉赫曼·本·穆阿维叶·本·海沙姆·本·阿卜杜勒·麦利克·本·麦尔旺·本·海凯姆的一个儿子，治理着海外地——安达卢斯，安达卢斯即古尔突巴。古尔突巴城距海岸有 5 夜的行程。从古尔突巴海岸上的格林纳达 (Gharnāṭah) 至安达卢斯的另一端的城市艾尔布纳 (Arbūnah) 有 1,000 密勒路程。在艾尔布纳后面并与之相连的是法兰克 (Firanjah)。这个伍麦叶人还统治着图赖义推拉 (Tulayṭilah) ②，国王就住在这里。从图赖义推拉至古尔突巴为 20 夜的路程。安达卢斯有 40 座城市。其中有玛里达 (Māridah) ③，塞莱古斯塔 (Saraqustah)，艾尔布纳，吉伦达 (Jirundah)，白义达 (al-Bayḍā')。安达卢斯同法兰克国及其所辖的舍尔克 (al-Shark) 国相邻。安达卢斯的面积等于 1 个月行程乘以 1 个月行程还多，它十分肥沃，物产丰富，盛产各种水果。

安达卢斯山脉④以北及罗马、法兰克地区，终年有积雪覆盖。在山脉的那一侧的尽头，有一座火山，火舌无休止地喷射着石块和灰土。

安达卢斯被征服时，其国王被伊斯白罕人称作卢摘利格 (Lūdharīzq)。

---

① 意思是“近的苏斯”。下文中的苏斯·艾克萨意思是“远的苏斯”。近苏斯在东边，远苏斯在西边。

② 即今西班牙的托莱多城，在马德里南郊。

③ 今西班牙的梅里达城，位于靠近葡萄牙的瓜的亚纳河上。

④ 即比利牛斯山脉。

在伊斯白罕，人们称古尔突巴人为伊斯班（西班牙，al-Isbān）人。这位伍麦叶人被招呼道："向你致敬，诸哈里发的子孙。"因为安达卢斯的百姓认为，只有掌管着两个禁地——麦加与麦地那的人，才能有哈里发这一称号。

柏柏尔人的疆域

其地有汉瓦拉(Hawwārah)，宰纳塔(Zanātah)，艾姆塔海(Amtāthah)，代利萨（Ḍarīsah），麦黑拉（Maghīlah），卧尔凡久玛（Warfajūmah），卧尔凡久玛属于奈夫扎。还有窝利塔(Walīṭah)，麦吐麻塔(Maṭmāṭah)，算哈佳（Ṣanhājah），奈夫扎，库沓玛（Kutāmah），卢瓦塔（Luwātah），穆扎塔（Muzātah），宰布伽（Zabbūjah），奈富萨（Nafūsah），赖姆塔（Lamṭah），塞地纳（Ṣaddīnah），麦素穆达（Maṣmūdah），扈玛拉(Ghumārah)，嘎里玛(Qālimah)，奥莱巴(Awrabah)，武剃塔(Utītah)，白尼[1]·西姆军（Banī Simjūn），艾布开塔（Abkatah）艾布开塔属于宰纳塔[2]。还有白尼·瓦尔凯良（Banī Wākatlān），白尼·叶素杜朗（Banī Yaṣdurān），白尼·卧尔台吉（Banī Wartajī），白尼·曼呼萨（Banī Manhūsā）。柏柏尔人的家园原是在巴勒斯坦，其国王叫伽卢特(Jālūt)。当伽卢特被大卫（Dāwud）杀害之后，柏柏尔人向西方迁徙，最后到达卢比亚（Lūbiyah），麦拉基亚（Marāqiyah），然后从这里分散开来，在山区的宰纳塔、麦黑拉、代利萨、法尔塞纳（Farsanah）定居下来，也在白尔盖（Barqah）地面的卢瓦塔定居下来，罗马语将卢瓦塔叫作安塔布卢斯（Antābulus），卢瓦塔乃是五座城市。柏柏尔人还在艾亚斯（Ayās）的首府汉瓦拉定居下来。艾亚斯又叫作艾吐拉布鲁斯（Aṭrābulus），意思是"三座城市"。艾吐拉布鲁斯原属罗马，后来罗马人迁至西西里（Siqqiliyyah）——海中的岛屿上。于是，柏柏尔人

① 白尼，是白尼的宾、属格形式，意思是"XX的子孙"，"XX部落"，"XX人"。
② 此处原写作"纳塔"（Nātah），即上、下文提及的宰纳塔。

散布到坦佳后面的“近”苏斯。坦佳是盖姆尼亚（Qamūniyah）的首都，它距凯鲁万一带有2150密勒。后来，阿非利加（非洲）人、罗马人同柏柏尔人议和，重新回到他们的城市。柏柏尔人不愿意生活在城市里，也就定居在山区和沙漠地区，城市重又成为罗马人的。这情形一直延续到穆斯林征服了这些城市之时。

罗马、布尔疆（Burjan）[①]、斯拉夫诸地、艾白尔（al-Abar）位于安达卢斯山的北面。

从欧洲的海上贩运来斯拉夫、罗马、法兰克、伦巴底(al-Lu‘bardiyyūn)[②]的男奴隶，也输入一些罗马、安达卢斯的女奴隶。从那里也输入兔皮，苏合香（al-May‘ah）和笃耨香树药（al-Ṣandanat al-Maṣṭakā）等物品。从靠近法兰克的海底可采集到“布塞泽”，布塞泽通常被称作珊瑚（al-Marjān）。

斯拉夫以外的海中有座城市叫突利亚（Tūliyah），此海上没有任何大、小船只航行，也没有任何物品从那里运出来。此海中的幸福群岛（Jazā’ir al–Su‘ādah）也没有任何船只航行在那里，也没有任何物品从那里运来，这海是欧洲的。

据说，整个地球有500年的路程[③]，其中三分之一是有人居住的文明地区，三分之一是无人烟的大陆，余下的三分之一是海洋。老勃萨和苏丹的面积为7年的路程。米昔儿的面积是苏丹的六十分之一，苏丹的面积又是整个地球的六十分之一。

从巴格达途经毛绥勒地区到赖盖（al-Raqqah）的道路

从巴格达至白尔达(al-Bardah)为4法尔萨赫，再至欧克白拉(‘Ukbarā)为5法尔萨赫，再至巴合姆沙（Bāḥamshā）为3法尔萨赫，再至卡迪

① 即巴尔干。
② 名为Lombards的欧洲人，公元401年左右，曾作为蛮族从欧洲北方闯入南方。此后至19世纪止，意大利北部的伦巴底（Lombaray）地区即因之得名。
③ 此路程不表示长度，而是表示面积。即东西向行走的天数乘以南北向行走的天数所得（路程的）天数的积，以乘积为面积。

西亚（Qādisiyah）为 7 法尔萨赫，再至苏莱曼莱阿（Surra man Ra'ā）[1] 为 3 法尔萨赫，再至开尔赫（Karkh）为 2 法尔萨赫，再至杰比勒塔为 7 法尔萨赫，再至苏代嘎尼亚（Sūdaqāniyah）为 5 法尔萨赫，再至巴利玛（Bārimmā）为 5 法尔萨赫，再至小扎布(Zāb）河流经其地的信努(al-Sinu）为 5 法尔萨赫，再至大扎布河流经其地的哈迪撒（al-Ḥadīthah）为 12 法尔萨赫，再至白尼·泰姆扬（Banī Ṭamyān）为 7 法尔萨赫，再至毛绥勒为 7 法尔萨赫。

毛绥勒诸区

有台克利特（Takrīt），其对面之荒野中有合杜尔（al-Ḥaḍr）城，合杜尔的国王叫萨铁龙·本·代义赞（al-Sāṭirūn bn al-Ḍayzan）。阿迪·本·宰德（'Adi bn Zayd）曾吟道：

> 当合杜尔的主人将它建成后，
> 迪吉拉河与哈布尔河就向它缴纳税赋。

还有推尔汗（Ṭīrhān）、信努、哈迪撒、"久海义纳"草原（Marj Juhaynah），尤尼斯·伊本·曼塔（Ūnis ibn Mattā）的都城尼奈瓦（Nīnawā）[2]，巴久拉（Bājulā），巴胡德拉（Bāhudrā），巴阿泽拉（Bā'adhrā），黑布桐（Ḥibtūn），巴奈格拉（Bānaqrā），哈扎（Ḥazzah），白罕什（Bābghāsh），麦安拉（al-Maghallah），拉敏（Rāmīn），合纳雅（Ḥanāyah），巴杰尔玛（Bājarmā），浑雅萨布尔（Khunyāsābūr）归属它。还有代固嘎（Daqūqā），哈尼伽尔（Khānījār），毛绥勒地区的年税收为 4,000,000 迪尔汗。

① 又名萨迈拉、萨马拉。雅古特《地名辞典》卷三，第 173 页"萨迈拉"条言："读作苏莱曼莱阿，是底格里斯河东岸的位于巴格达和台克利特（Takrīt）之间的城市，现已成废墟。"

② 即尼尼微古城。

从毛绥勒到奈绥宾(Naṣībīn)的道路

从毛绥勒至白赖德(Balad)为7法尔萨赫，再至巴阿义纳撒(Bā‘aynāthā)为6法尔萨赫，再至白尔盖义德(Barqa‘īd)为6法尔萨赫，再至艾泽莱玛(Adhramah)为6法尔萨赫，再至特勒。凡拉舍(Tall Farāshah)为5法尔萨赫，再至奈绥宾为4法尔萨赫·奈绥宾是迪亚尔莱碧阿(Diyār Rabī‘ah)[①]的首府。

迪亚尔莱碧阿诸区

有奈绥宾、艾尔赞(Ardhan)、阿米德(Āmid)、莱厄斯阿因(Ra's ‘Ayn)、麦亚发里金(Mayyāfāriqīn)。有诗为证：

时而去阿米德和莱厄斯阿因，
时而去麦亚发里金。

还有玛里丁(Māridīn)、巴阿尔巴雅(Bā‘arbāyā)、白赖德(Balad)、信伽尔(Sinjār)、盖尔达(Qardā)、巴宰布达(Bāzabdā)。有诗为证：

在盖尔达和巴宰布达，
有消夏的别墅，有芳美的牧场，
有如塞尔塞比拉(al-Salsabīl)[②]一样甘美而冷冽的清泉。

---

① 迪亚尔莱碧阿，地区名。雅古特《地名辞典》卷二，第494页，专条言："它是毛绥勒与莱厄斯阿因之间的地面，诸如毛绥勒、奈绥宾、莱厄斯阿因、都奈义塞尔、哈布尔等，还有它们之间的其他城镇皆属之。"其名原意为"莱碧阿人的居住地"，为纯粹的阿拉伯语词。在伊斯兰教兴起之前，莱碧阿部族的阿拉伯人从阿拉比亚向北迁徙到奈绥宾一带，遂有此名。

② 塞尔塞比拉，乃希腊神话中的醴泉、甘泉。

还有图尔阿布丁（Ṭūr ‘Abdīn）。有诗为证：

他统治着哈杜尔，
统治着幼发拉底河流域，
统治着底格里斯东岸，
也统治着图尔阿布丁。

迪亚尔莱碧阿的税收为7,700,000迪尔汗。

从奈绥宾至达拉(Dārā)[①]为5法尔萨赫,再至开凡尔图撒(Kafartūthā)为7法尔萨赫，再至莱厄斯阿因为7法尔萨赫，再至加路德（Jārūd）为5法尔萨赫，再至“麦斯赖迈”要塞（Ḥiṣnu Maslamah）为6法尔萨赫，再至巴杰尔旺（Bājarwān）为7法尔萨赫。有诗为证：

安拉降洒甘霖予白利赫、台勒巴赫拉，
以及处在路中央的巴杰尔旺。

再至赖盖（al-Raqqah）为3法尔萨赫。

从奈绥宾往右去艾尔赞（Arzan）的道路

从奈绥宾至达拉为5法尔萨赫，再至开凡尔图撒为7法尔萨赫，再至垓素尔·白尼·纳兹厄（Qaṣr Banī Nāzi‘）[②]为6法尔萨赫，再至底格里斯河畔的阿米德为7法尔萨赫，再至麦亚发里金为5法尔萨赫，再至艾尔赞为7法尔萨赫。

① 达拉，意为大流士，波斯君主，此为地名。
② 意思是“纳兹厄部族”宫。

从阿米德到左面的赖盖的道路

从阿米德至希姆沙特(Shimshāṭ) 为 7 法尔萨赫,再至特勒杰富尔(Tall Jafr)[①] 为 5 法尔萨赫,再至杰尔南 (Jarnān) 为 6 法尔萨赫,再至巴米格达 (Bamiqdā) 为 5 法尔萨赫，再至久拉布 (Jullāb) 为 7 法尔萨赫，再至鲁哈 (al-Ruhā) 为 4 法尔萨赫，再至哈朗 (Ḥarrān) 为 4 法尔萨赫，再至特勒麦合拉 (Tall Maḥrā)[②] 为 4 法尔萨赫，再至巴杰尔旺为 7 法尔萨赫，再至赖盖为 3 法尔萨赫。

从白赖德到左面的信伽尔(Sinjār)，再到垓尔基西亚(Qarqīsiyā)的道路

从白赖德至特勒艾耳凡尔 (Tall A'far) 为 5 法尔萨赫，再至信伽尔为 7 法尔严赫，再至艾因 · 吉巴勒 ('Aynu al-Jibal)[③] 为 5 法尔萨赫，再至哈布尔 (Khābūr) 河畔上的苏凯义尔勒阿巴斯 (Sukayr al-'Abbās) 为 9 法尔萨赫，再至哈布尔流域富代因 (al-Fudayn) 为 5 法尔萨赫，再至哈布尔河畔的玛基信 (Mākisīn) 为 6 法尔萨赫，再至垓尔基西亚为 7 法尔萨赫，垓尔基西亚位于哈布尔河与幼发拉底河的汇合处。

从赖盖到“杰宰利亚”诸关隘(al-Thaghūr al-Jazariyyah)的道路

此诸关隘是塞赖扈斯 (Salaghūs)、开义素姆 (Kaysūm)、希姆沙特、麦赖推亚、银白吐拉 (Zibaṭrah)、哈戴斯 (al-Ḥadath)、迈尔阿仕

① 意思是“杰富尔” 山丘。
② 意思是“麦合拉” 山丘。
③ 意思是“群山之泉”。

(Mar'ash)，哈戴斯与麦尔阿什相距30密勒。还有开麦赫(Kamakh)[①]、"曼苏尔"要塞（Ḥiṣnu Manṣūr）固鲁斯（Qūrus）、都陆克（Dulūk）、莱耳邦（Ra'bān）。

从赖盖至阿因努鲁米亚（'Aynu al-Rūmiyah）[②]为6法尔萨赫，再至特勒阿布达（Tall' Abdā）[③]为7法尔萨赫，再至塞鲁吉（Sarūj）为7法尔萨赫，再至穆宰尼亚（al-Muzaniyyah）为6法尔萨赫，再至苏迈义萨特（Sumaysāṭ）为7法尔萨赫，再至"曼苏尔"要塞为6法尔萨赫，再至麦赖推亚（Malaṭiyyah）[④]为10法尔萨赫，再至锥白吐拉（Zibaṭrah）为5法尔萨赫，再至哈戴斯为4法尔萨赫，再至麦尔阿什为5法尔萨赫，再至阿木格·麦尔阿什('Amq Mar'ash)。凡是被重山环绕的草原均称作阿木格，从麦赖推亚至开麦赫为4法尔萨赫。

从艾因·台木尔（'Aynu al-Tamr）[⑤]到布素拉（Buṣrā）[⑥]的道路

诗人吟道：

日出时，她们于清晨来到干椰枣泉。
走过一个个丛林和一条条河流。

从艾因·台木尔至艾赫代密雅（al-Akhdamjyyah），再至海费亚（al-Khafiyyah），再至海勒特（al-Khalaṭ），再至苏瓦（Suwā）。有诗为证：

① 或为开姆赫（Kamkh）。
② 意思是"罗马人的泉水"。
③ 意思是"阿布达"山丘。
④ 即土耳其共和国境内大城市马拉提亚。
⑤ 意思是"干椰枣泉"。
⑥ 苫国（叙利亚）城市，在大马士革郊区，为哈兰（Ḥarrān）地区的首府。

安拉有高悬的双目，
它引导人们走出古拉基（Qurāqir）到苏瓦。

再至武杰义菲尔（Ujayfir），再至扈莱巴（al-Ghurrabah），再至布素拉。

从哲齐赖（al-Jazīrah）[①]到海岸（al-Sāḥil）的道路

从赖盖至道塞尔（Dawsar），再至达根（Dāqin），再至“门比季”桥（Jisru Manbij），卡尔卜·本·久阿义勒（Karb bn Ju'ayl）吟道：

过了“门比季”桥，
枣椰林中出现了十幢房屋，
它们绵延相衔地坐落在围墙里。

再至门比季，再至合赖布，再至艾撒里布（Athārib），再至阿木格（'Amq），再至安塔基亚（Anṭākiyah）[②]，再至拉泽基亚（al-Ladhiqiyyah）[③]，再至杰白拉（Jabalah），再至苫国的的黎波里（Aṭrābulus），再至贝鲁特，再至甩打（Ṣaydā）[④]，再至苏尔，再至垓戴斯（Qadas），再至凯撒利亚（Qaysāriyah），再至苫国的艾尔素夫（Arsūf），再至雅法（Yāfā），再至阿塞垓亮（'Asaqalān）[⑤]，再至加沙（Ghazzah）。

① 全称哲齐赖·亚俱罗。哲齐赖，原意为河洲、岛屿。此为黑衣大食国的一个省，此指幼发拉底河与底格里斯河所挟的亚俱罗河洲（Jazīrat Aqūra），它就是两河间的整个地区。参见雅古特《地名辞典》卷二，第134页，“亚俱罗”河洲专条，为〔唐〕杜环《经行记》所载的亚俱罗和阿俱罗。
② 安塔基亚，在今土耳其共和国境内。
③ 今叙利亚的拉塔基亚城。
④ 今译作赛达。
⑤ 今以色列境内的阿什克伦。

从赖盖途经鲁萨法（al-Ruṣāfah），通往霍姆斯（Himṣ）与大马士革的道路

从赖盖至鲁萨法为 24 密勒，再至宰拉阿（al-Zarrā‘ah）为 40 密勒，再至盖斯苔勒(Qasṭal) 为 36 密勒,再至塞赖密亚(Salamiyyah) 为 30 密勒,再至霍姆斯为 24 密勒,再至舍姆辛(Shamsīn）为 18 密勒,再至嘎拉(Qarā）为 22 密勒,再至奈布克(al-Nabk）为 12 密勒,再至古苔义法(al-Qaṭayfah）为 20 密勒，再至大马士革为 24 密勒。

从霍姆斯途经白尔赖伯克（Ba‘la-bakk）到大马士革的道路，它是邮传之路

从霍姆斯至久西亚（Jūsiyah）有 4 个驿站，再至白尔赖伯克有 6 个驿站，再至大马士革有 9 个驿站。

从库法（Kūffah）往大马士革的道路

从希拉（al-Ḥīrah）至古突古塔纳（al-Quṭquṭānah），再至布格阿（al-Buq‘ah），再至艾布耶德（al-Abyaḍ），再至豪沙（al-Ḥawshā），再至杰姆厄（al-Jam‘），再至海塔（al-Khaṭā），再至久巴（al-Jubbah），再至盖卢菲（Qalūfī），再至莱瓦里（al-Rawārī），再至萨义达（al-Sā‘idah），再至白基阿（al-Baqī‘ah），再至艾耳纳克（A‘nāk）。再至艾泽里阿特（Adhri‘āt），再至曼泽勒（Manzil），再至大马士革。

从阿勒颇至“苦国”诸关隘的道路

从阿勒颇至肯奈斯林（Qinnasrīn）有 7 个驿站，再至安塔基亚有 4 个驿站，再至亚历山大（al-Iskandarīyah）① 有 4 个驿站，再至麦绥撒（al-Massīsah）有 7 个驿站，杰汉（Jayḥān）② 河水穿流过麦绥撒。麦绥撒的名字是玛白斯白斯梯亚（Mābasbastiyā）。从麦绥撒至艾泽纳（Adhanah）③ 有 3 个驿站，艾泽纳的名字叫艾达奴姆（Adānum），它位于塞汉（Sayḥān）④ 河上。有诗为证：

啊！罗马丛山，
塞汉的水流阻止你们见面；
小路崎岖横亘在你们面前；
还有图瓦纳的峡谷，
希拉克莱河，
及“西南”要塞。

从艾泽纳至泰莱苏斯（Ṭarasūs）⑤ 有 5 个驿站，泰莱苏斯在罗马语中叫“塔莱斯姆”（Tārasm）。艾布·赛义德（Abū Sa‘īd）吟道：

他们留给他在泰莱苏斯的两座宅院，
正如留给其父
在图斯（Ṭūs）的宅院一样。

---

① 今土耳其境内的伊斯肯德伦市。
② 在今土耳其境内的一条大河。
③ 今土耳其境内塞汉河上的阿达纳市。
④ 在今土耳其境内的一条大河。
⑤ 今土耳其共和国境内城市塔尔苏斯。

凡尔吉·本·奥斯曼·密格塞米雅(Farj bn ‘Uthmān al-Miqsamiyyu)吟道：

愿她驻足于泰莱苏斯,
走到她熟悉的河边饮水；
有身孕的少妇住在莱基玛特·希桑·米撒的苔尔鲁斯(Ta‘rūs),
每个胖女人都失去了骄傲。

“苫国”诸关隘的一些岔路口

有艾因·宰尔巴（‘Aynu Zarbah）[1]，哈鲁尼亚(al-Hārūniyyah)，开腻塞图邵达（Kanīsatu al-Sawdā’)[2],距泰莱苏斯 8 密勒的特勒久白义尔(Tall Jubayr)。

代尔布·赛拉迈(Darb al-Salāmah)[3]，即去君士坦丁堡海湾的道路

从泰莱苏斯至欧赖义格(al-‘Ullayq）为 12 密勒，再至莱赫瓦(al-Rahwah)、再至久扎特(Jūzāt）为 12 密勒，再至杰尔德古布(al-Jardqūb)为 7 密勒，再至拜占冬(al-Badhandūn）为 7 密勒。穆罕默德·本·阿卜杜勒·麦利克(Muḥammad bn Abdu al-Malik）吟道：

今日的拜占冬如同你昔日见过的拜占冬。

再至“麦利克”军营(Ma‘skar al-Malik）为 10 密勒，“麦利克”军营

① 意思是“宰尔巴”井。
② 意思是“邵达”教堂。
③ 意思是“安全的山路”，阿拉伯语名词，其中，代尔布，意为“山路”。

位于一名叫“珍珠和垂柳”的温泉旁。你要穿过小路，超过沙漠方能到达“麦利克”军营。从军营至“塔尔法”谷（Wādī al-Tarfā'）为12密勒，再至麦纳（Manā）为20密勒，再至“希拉克略”河（Nahr Hiraqlah）为12密勒。阿巴斯·本·艾合乃夫（al-'Abbās bn al-Aḥnaf）吟道：

希拉克莱河中的漂浮物混油和火，
它便迅速地往前流淌。

再至赖班城（Laban）为8密勒，再至莱厄斯勒安巴（Ra's al-Ghābah）为15密勒，再至麦斯凯宁（Maskanīn）为16密勒，再至艾因·布尔胡斯（'Aynu Burghūth）为12密勒，再至艾合萨（al-Aḥsā'）河为18密勒，再至“古尼亚”畜棚（Rabaḍ Qūniyah）为18密勒，再至阿赖迈因（al-'Alamayn）为15密勒，再至艾布鲁麦斯麻纳（Abrūmasmānah）为20密勒，再至瓦迪焦（Wādī Jawz）为12密勒，再至阿姆利亚（'Ammūriyah）[①]为12密勒。

另一条道路

从阿赖迈因至“奈素尔·伊夫利提”诸乡村（Qūrā Nasr al-Ifrītī）为15密勒，再至“巴西里尤”湖（Buḥayratu al-Basiliyūn）的尽端为10密勒，再至欣德（al-Sind）为10密勒，再至“塞纳达”（Sanātdah）要塞为18密勒，再至麦厄勒（Ma'l）为25密勒，再至“阿姆利亚”森林为30密勒，再至“希拉布”（Hirāb）诸乡村为15密勒，再至刷贺拉（Ṣāgharā），即“阿姆利亚”河为2密勒。当年穆尔台绥姆（al-Mu'taṣim）[②]摧毁了安基拉（Anqirah）[③]之后，阿姆利亚方被征服。侯赛因·本·达哈克曾吟道：

① 意思是“胡桃河谷”。

② 黑衣大食朝第八代王，于833—842年在位。

③ 即安卡拉，今土耳其共和国首都。参见钱伯斯：《世界历史地图》，图29、32、33，生活·读书·新知，三联书店出版。

安基拉被毁的洞穴无存，

你席卷了整个阿姆利亚。

再至欧勒吉（al-‘Ulj）为12密勒，再至凡拉米汗（Fallāmi al-Ghābah）为15密勒，再至“叶胡德”要塞（Ḥisnu al-Yahūd）为12密勒，再至信达贝拉（Sindābarā）为18密勒，再至位于代劳利亚（Darawliyah）的国王的牧驴草场（Marj Ḥumur）为35密勒，再至“格鲁布里”（Gharūbulī）要塞为15密勒，再至开纳义苏·麦利克（Kanā’is al-Malik）[1]为3密勒，再至台卢勒（al-Talūl）为25密勒，再至艾克瓦尔（al-Akwār）为15密勒，再至麦拉吉纳（Malājinah）为15密勒，再至伊素台白勒—麦利克（Iṣṭabal al-Malik）[2]为5密勒，再至“鹤布拉”（Ghabrā’）要塞为30密勒，再至海湾[3]为24密勒。位于鹤布拉对岸的是尼基亚（Nīqiyah）[4]。从尼基亚运送蔬菜到君士坦丁堡（al-Qasṭanṭīniyyah），尼基亚与君士坦丁堡相距30密勒。

另一条道路

从拜占冬至库尔木（Kurm），再至努巴（al-Nūbah），再途经考开布（Kawkab）的右侧至开纳义苏，再至窝富拉（Wafrah），再至白利萨（Balīsah），再至“大主教”牧场（Marj al-Usquff），再至凡卢格拉（Falūghrā），再至“艾司纳姆”村（Qaryatu al-Aṣnām）[5]，再至瓦迪利合（Wādī al-Rīḥ），再至尼尔提（Nirtī），再至赛德（al-Ṣayd），再至阿义奈瓦（‘Āynawā），再至穆德维斯（Mūdwīs），再至麦哈达（Makhāḍah）[6]，再至焦兹（Jawz）村，再至

① 意思是“国王的众基督教堂”。

② 意思是“国王的马厩”。

③ 即君士坦丁湾。

④ 又译作尼西亚。

⑤ 意思是“众偶像”村。

⑥ 意思是“渡口”。

汗达辛（Ghaṭṭāsīn），再至“白图利格”① 村，再至“纳姑利亚“（Nāqūliyyah）牧场，再至代努斯（Danūs），代努斯有通向代劳利亚（Darawliyah）的路，代努斯的右方另有一条道路通向“布卢敏”（Bulūmīn）堡。再从“布卢敏”堡至古苔亚（Quṭayyah），再向左，可达伦扎格（al-Rundhāq），再至海峡②上的艾比杜斯（Abidūs），再至君士坦丁湾。君士坦丁湾是一个海，叫作“奔图斯”（Bunṭus）③，其水是从“海泽尔”（al-Khazar）海④流来的，奔图斯海口所临之水宽 6 密勒。奔图斯海的入口处有一座城，叫作穆塞纳（Musannāh）。海湾（之水）向西流，从其入口处流过 60 密勒时，恰好经过君士坦丁堡。伊本·艾比·哈富赛（Ibn Abī Ḥafṣah）吟道：

你用矛枪攻打罗马人的君士坦丁堡，
直至它的墙被攻破，卑屈地向你投降。

海湾与君士坦丁堡相接的海面有 4 密勒⑤。海水流至一处名叫艾比杜斯（Abidus）的地方，便进入两山间的峡谷，峡谷甚窄，以至于水面宽仅为一箭之地。艾比杜斯与君士坦丁堡之间（的水路），在与陆地相平行的方向上为 100 密勒。艾比杜斯有一“麦斯赖玛”泉（‘Aynu Maslamah），麦斯赖是阿卜杜勒·麦利克（Abdu al-Malik）的儿子，他曾于此围攻过君士坦丁堡⑥。过了海湾，水流入“苫国”海（Baḥr al-Shām）⑦。在“苫国”海的入口处⑧，水面宽也仅为一箭之地，两人隔岸相对而站可以讲话。在此

① 意思是“大主教”村。
② 即土耳其的博斯普鲁斯海峡。
③ 即今黑海。
④ 意思是“可萨（突厥）”海，或言高加索海、里海。中世纪阿拉伯地理学家认为里海与黑海之水是相通连的。
⑤ 指君士坦丁堡有 4 密勒长的海岸。
⑥ 白衣大食的军事长官，曾率大军攻打过拜占庭的君士坦丁湾，占领过亚美尼亚，死于 739 年，是大食王阿卜杜勒·麦利克·本·麦尔旺的儿子。
⑦ “苫国”海，即爱琴海。
⑧ 即今土耳其的达达尼尔海峡。

入口的水中有礁石，礁石上有碉堡，碉堡之间的水上安了铁锁链，用以阻挡穆斯林的舰队进入海湾。海湾的全长，即从“海泽尔”海[1]至“苫国”海之间为320密勒，船舶从“海泽尔”海之诸岛及其诸方面，经过此海湾而下行。也可以从“苫国”海经此海湾而上行至君士坦丁堡。

罗马国的主要地区，首先是其西方的鲁密亚（Rūmiyyah）[2]，西西里亚（Siqilliyyah）。西西里亚是个岛屿，鲁密亚是罗马人的王都，有29位国王先后居于此。其中的两位国王曾在尼古穆迪亚（Niqumūdiyyah）居住过，尼古姆迪亚在海湾的下方[3]，它与君士坦丁堡相距60密勒。这两位国王之后的另两位国王重又统治着鲁米亚。以后，君士坦丁大帝（Qusṭantin al-Akbar）也居住在鲁米亚，后来，他迁居至拜占庭（Bazanṭiyah），并在拜占庭建了城墙，他将拜占庭更名为君士坦丁堡，君士坦丁堡也就成为他们的王都，并且沿用至今。据记载，海湾从东方、北方环抱着它。其西、南两面是大陆。君士坦丁堡的大墙厚达21腕尺，其短墙厚达10腕尺。临海一侧的短墙厚5腕尺，君士坦丁堡与海之间仅有50腕尺宽的空地，该城连接大陆的南侧，有备战用的很多座城门，其中一座是金门。它是用铁铸的镀金的门。君士坦丁堡约有100座城门。据记载，在君士坦丁堡，罗马人的国王有12位大主教，该城驻有4,000名骑兵和4000名步兵。

穆斯林·本·艾比·穆斯林·杰尔米（Muslim bn Abī Muslim al-Jarmī）曾谈及罗马的诸省。罗马国王委派有总督的有14个省。其中，有3个省在海湾的后面。第一个是塔夫拉（Ṭaflā）省，它属君士坦丁堡地区，其东界，从海湾划到“苫国”海；其西界，从“海泽尔”海一侧的城墙划到“苫国”海。在此省之后是第二个省，叫台拉基亚（Tarāqiyah）省，其疆界，东起（君士坦丁堡的）城墙，其南与马其顿尼亚（Maqadūniyah）

① “海泽尔”海是里海，此处显然是指黑海。
② 即今意大利的罗马城一带。
③ 下方，即南方，中世纪大食国人也有上北、下南的习惯。

省为界，其西是布尔疆 (Burjān) [1] 地区，其北以“海泽尔”海为界。台拉基亚省的长为 15 天行程，其宽为 3 天行程。台拉基亚省有 10 个要塞。第三个省叫马其顿尼亚省，该省之东以(君士坦丁堡的) 城墙为界，南界“苦国”海，西界塞高利布 (Ṣaqālibu) [2] 国，北界布尔疆，其长为 15 天行程，其宽为 5 天行程，该省有 3 座要塞。

海湾对岸的省有 11 个。有艾夫亮久尼雅 (Aflāniyah) 省，此省有 5 座要塞。有乌甫推玛推 (al-Ufṭī Māṭī) 省，其意为“耳朵和眼睛”，此省有 3 座要塞和尼古穆迪亚城。今天，尼古穆迪亚城已成废墟。有乌布西格 (al-Ubsīq) 省，此省内有尼基亚城，尼基亚城有 10 座要塞，此城距海 8 密勒，它有一淡水湖，湖面长 12 密勒，湖中有三座山，从城到湖需经过一小门。当他们担惊受怕时，便把孩子们从要塞送到湖中的一些小船上，小船将他们载至湖中的山上。有台尔垓西斯 (Tarqasīs) 省，其诸要塞中的一个叫“艾甫西斯” (Afsīs)，此要塞位于艾瓦萨 (Awāsā) 镇上，艾瓦萨乃是“洞中人”的都城 (Madīnatu Aṣhāb al-Kahf) 和 4 个要塞。在麦斯赖玛进入罗马国时，他在罗马人的礼拜堂里念过用阿拉伯文写的书 [3]。

“洞中人”(Aṣḥāb al-Raqīm) 居住在阿姆利亚与尼基亚两地之间的扈莱玛 (Khurramah) 镇。瓦西格 · 比拉 [4] 曾派遣占星家穆罕默德 · 本 · 穆萨 (Muḥammad bn Mūsā) 前往罗马国，为的是要看看“洞中人”。瓦西格致书罗马国王，请他派一人引导穆罕默德前去观看“洞中人”的生活。穆罕默德对我讲述说，罗马国王派了一人引他到固拉 (Qurrah)，又走过约 4 个驿站的路程见到一座小山，此山之底的直径不超过 1,000 腕尺，山上有一个隧洞，直通“洞中人”居住的地方。他讲道，我开始登这座山，直达其顶。山顶上有口人工挖的井，井口甚宽。我们看清楚了那井底仍有

① 即巴尔干。
② 即斯拉夫。
③ 即用阿拉伯文写的天经，天经当指《圣经》，不是《古兰经》。
④ 黑衣大食王，于 842—847 年在位。

井水。然后，我们下到隧道的门口，在隧道中约走了300步，来到一个地方，原来是山中的一个门庭，门庭有若干根凿成的圆柱。庭内有几间屋子，其中一间有约一人高的台阶，台阶直达此屋的一座凿成的石门。在这间屋内有数具尸体和一位被委派来守护尸体的人，与此人一同生活着的，是一些娇美的阉人。此看护人（力图）避免我们观察和研究这些死者，他声称，接触死者不能保证安全。他以此来掩盖真情，以便他利用这些死者牟利。于是，我对他讲，请允许我看看他们吧！如果发生什么意外，与你没有关系。此后，我擎着粗大的蜡烛，同自己的向导一起进去了。因此，我看到他们躺在刚搓洗干净的粗毛布上，他们的肢体被涂抹上芦荟、没药、樟脑，以此保持他们不腐烂。我还看到死者的皮肤和骨骼仍粘连着。然而，我用手摸过其中一个人的胸脯，看到他的毛发很粗，衣服完好。他们的看护者备下食品，我们向他要了一些饭食，刚刚吃了几口，就觉得恶心，呕吐起来。他这是要害死我们或把我们噎死。因此，当他向罗马国王报告说他们是“洞中人”时，他便是正确的。我对他讲，我本以为，你是让我看看这些类似活人的死尸；然而事实并非如此。

纳图卢斯（al-Nāṭulūs），其意为“东方”，它是罗马国诸省中最大的省。其内有阿姆利亚城。阿姆利亚城有44座碉堡。纳图卢斯省还有阿赖迈因、麦尔吉·舍赫姆、布尔胡斯、麦斯凯宁及其他30座要塞，布散（al-Buthan）和麦斯白特林（Masbaṭlīn）。海尔西雍（Kharsiyūn）省靠近麦赖推亚山路，其内有海尔舍纳（Kharshanah）和其他4个要塞。布谷拉尔（al-Buqullār）省，其内有安基拉城，有塞玛卢赫（Ṣamāluh）[①]及其他13座要塞。接着的是艾尔米尼亚格（al-Arminiyāq）省，其内有古卢尼亚（Qulūniyyah）及其他16座要塞。海勒地亚（Khaldiyah）省，亚美尼亚与之邻界，内有6座要塞。塞陆基亚（Salūqiyyah）省，其地面从“苫国”海地区至泰莱苏斯（Ṭarasūs）和拉米斯（Lāmis），该省由主管道路的长官主管，省内有“塞卢基亚”要塞及其他10座要塞。垓巴杜格（al-Qabāduq）

① 雅古特《地名辞典》作塞玛卢（Ṣamālū）。

省，以泰莱苏斯山和艾泽纳、麦绥撒两地为界。该省诸要塞有固拉，侯甩义努 (Husaynu)，安推华 (Anṭīghuwā)，艾吉莱布 (al-Ajrab)，祖 · 凯拉厄(Dhū al-Kalā‘)。祖·凯拉厄是一座山,山上有要塞,阿拉伯人称它为“具有要塞的人”（祖 · 格拉厄)，后讹音为祖 · 凯拉厄。它的本名叫久塞斯苔隆 (Jusasṭarūn)，意思是“与星星交谈者”。此外，尚有 14 座要塞。(地下)仓库有玛吉达 (Mājidah)，白兰萨 (Balansah)，麦兰代萨 (Malandasah)，古尼亚 (Qūniyah)，麦赖姑比亚 (Malaqūbiyah)，布达拉 (Budālah)，巴尔奈瓦 (Bārnawā) ，萨利蒙 (Sālimūn)。麦赖姑比亚的含意是“磨盘石的采石场”。采石场是从麦赖姑比亚的山上采下磨盘石料的。

罗马国的诸位执政官

不多不少共 12 位[1]。其中 6 位住在君士坦丁堡，在暴君身边供职。另 6 位在诸省，即阿姆利亚的执政官，安基拉的执政官，艾尔米尼亚格的执政官，台拉基亚的大主教，此省在君士坦丁堡的背后，与布尔疆相界。还有西西里亚的执政官，西西里亚是个很大的岛屿，是阿非利加对岸的土地辽阔的国王，还有塞尔达尼亚 (Sardāniyah) 的执政官，这位执政官是罗马国所有海岛的主宰。

罗马国最巨大的城市是他们的堡垒，即君士坦丁堡 (Quṣṭanṭīniyyah) ，曾被称作“白泽鲁姆” (al-Badhrūm)，国王是罗马人中最伟大和最高贵的人，他们的国王不是继承 (传位)，也不依据什么传统的规定，而是互相争夺，胜者为王。国王可以是男性，也可以是女性。国王称为“巴西利”。大帝身着一种叫“富尔菲尔” (al-Furfīr) 的发亮的绸缎，略呈黑色。除大帝外，臣民们不得穿富尔菲尔衣和红靴。如谁违反此禁令，即砍其首级。也有人说，大帝穿红、黑两色的靴子，在这个白泽鲁姆城中有 400 个身着饰金绿披肩的人。他们是国王的参议人员，秉承国王的旨意及执政官

[1] 《新唐书》(卷二二一下) 记拂菻国“有贵臣十二共和国” 即指此。拂菻即罗马国。

的命令行事，他们中有的负责管理君士坦丁堡的事务。国王的侍从们把剑架在伊斯玛仪[1]子孙的头上，目睹了杀戮他们，或者用斧斤和石头击杀俘虏，把他们投入火炉中烧死。在国王的宫门旁有骑兵侍卫。其王宫卫队有4,000名骑兵和4,000名步兵。

国王的军队无论驻扎或开拔，都有四面军旗，上有四位将军的肖像。每支骑兵的分遣队为12,000人，其中6,000人是雇佣兵，另6,000人是助手 (Shājard)[2]。当国王出师攻打阿拉伯国时，军队从君士坦丁堡行至代劳利亚（Darawliyah）为4天行程。君士坦丁堡聚集着阿拉伯人和罗马人，它是一个广阔的绿色牧场。君士坦丁堡有宽约30腕尺的清澈的河流。这河流原是由一些泉水汇集成的，最终注入刷贺拉 (Ṣāgharā)。刷贺拉即绿海 (al-Baḥr al-Akhḍar)。刷贺拉又注入君士坦丁堡背后的大海。君士坦丁堡有热水喷泉，此热水是淡水。罗马诸王为此温泉建筑了大厦和圆顶宫室，一间宫室可容纳1,000人，这样的宫室有7间。每间宫室里的水深齐胸，洗过人身体的温泉水注入湖中。

出行者离开“塞拉麦”山路，先抵欧赖义格 (al-‘Ullayq)，再至久扎特 (Jūzāt)，再至杰尔德古布 (al-Jardqūb)，再至“斯拉夫”要塞，再至莱赫瓦 (al-Rahwah)，再至拜占冬及拜占冬的泉，此泉名叫拉喀，马蒙 (al-Ma’mūn)[3]即死于拜占冬泉。泉水从一个大门似的口喷出，其水极冷，令人难耐。我从没有看到过比这更大的泉水了。你经过两豁口，从泉源走出来，大约再蹚20次河，即达一温泉，你再跨过一些柔软的障碍物，卢厄卢阿 (Lu’luah) 便出现了。再行至一碉堡，然后抵达窝利亚 (Waliyyah)，窝利亚即“麦斯凯宁”湖，即至“洞中人”居住的凹地 (Hūtah)，凹地面积为200腕尺乘以200腕尺，在断裂的凹地中心有一个湖，湖周围长满了树，山脚下的丛林周围有房屋和人家，这就是100余人的出口。这些人在山里的低地处还有一座门。你可从此门出来进入峡谷，居住在凹地周围的人

① 伊斯玛仪是传说中的阿拉伯人的始祖。其子孙，即信仰伊斯兰教的阿拉伯人。
② 波斯词为Shāgerd，意思是帮手、助手。
③ 黑衣大食王，811—833年在位。

可以望见峡谷的里边。凹地像一个木盘子。凹地的居民曾端出盛满湖水的瓮、面包、馈赠的乳酪奉献给阿里·本·叶海亚（‘Alī bn Yaḥyā），并对他说："我们是一些软弱的罗马人，不打仗，我们愿意向安拉使之到此的民族效劳。"在山洞里的百姓是从凹地的地面登台阶才能到达这个洞里，这台阶可能约有 8 腕尺高。洞中是 13 个人，其中有一个是没有长胡须的青年，他们穿着最贱的用羊毛制的袍子，足上踏着软底靴和鞋。我摸了一个人额上的头发，并拉了拉它，什么也没有揪下来。

罗马的农田税，每年每 200 麦达（al-Madā）[①] 合 3 第纳尔。每麦达等于 3 马库克(Makkūk)[②]。罗马将粮产的十分之一取出放入军队的粮仓。每年每个犹太教徒和祆教僧要上缴 2 第纳尔。每年每个火祆庙[③] 要上缴 6 个迪尔汗。在阳历 9 月（Aylūl），罗马的平原和山地上长满了成熟的果实。罗马的政府机关有 120,000 人的军队。每 10,000 人有一位执政官。每位执政官手下有两位"突尔玛赫"（Ṭurmākh），每位突尔玛赫统领 5,000 人。每位突尔玛赫手下又有 5 位"突伦加尔"（Ṭurunjār），每个突伦加尔统领 1,000 人。每位突伦加尔手下有 5 位"盖玛米萨"（Qamāmisah），每位盖玛米萨统领 200 人。每位盖玛米萨手下又有 5 位"衮泰尔赫"（Qunṭarkh），每位衮泰尔赫统领 40 人。每位衮泰尔赫手下又有 4 位"达盖尔赫"（Dāqarkh），每位达盖尔赫手下有 10 人。他们的官俸从 40 磅（Raṭl）金子，到 36 磅金子，到 24 磅金子，到 12 镑金子，到 6 磅金子，到 1 磅金子不等。每个士兵的薪饷为 18 至 12 枚第纳尔金币。按政府规定，此薪饷每年颁发一次，但事实上三年才发一次，甚至四年、五年、六年才发一次。最高执政官是王位继承人，或去当国王的宰相。次于他的是卢扈希特（al-Lughuthīṭ），即税收厅的长官，其次是秘书、侍从厅的首长，其次是邮政厅的首长，其次为法官、卫队和警备队的首长。

① 又译作莫德，容量。1 莫德等于 18 公升。
② 马库克原为波斯语"酒杯"之意，此为冲量。
③ 原文是"火在其中燃烧的房子"。火祆庙，即拜火教教堂。

罗马的一些著名岛屿

古布路斯(Qubrus)[1]，绕此岛一周需行12天。艾格里推什(Aqrīṭish)[2]，绕行其一周需15天。“黄金”岛(Jazīrat al-Dhahab)，此岛提供被阉割了的仆人。银岛、西西里岛，绕其一周需行15天。

学者说，罗马各地长官之年俸在1—3磅黄金之间。一磅等于90密什嘎勒(Mithqāl)[3]。罗马政府机关有少年仆役，每个仆役的收入，第一年为1枚第纳尔，第二年为2枚第纳尔，第三年为3枚第纳尔，直至第十二年，他方能领到12枚第纳尔。

罗马的邮政，采用驯顺的被割去尾巴的疾足的驮马。每至阳历3月初，罗马举行赛马，国王的马同诸亲王、王子的马匹皆聚集在金门赛跑。赛马规定，由两匹马拉着一辆轮车，每辆车上有少年仆役排立着。

罗马军营无市场，由士兵从家中带来糕点、食油、酒和乳酪。

向左去的道路

从卢厄卢阿至瓦迪塔尔法(Wādī al-Ṭarfā)，再至希拉克略(Hirqlah)，再至祖拜尔拉(Zubarlah)，再至希德利亚(Sidriyah)，再至布尔胡斯(Burghūth)，再至艾合萨(Aḥsā')，再至古尼亚(Qūniyah)，再至瓦迪泽玛里(Wādī Dhimārī)的“代格里亚斯”(Daqliyās)村，再至“布尔吉”(al-Burj)村，再至玛斯古姆斯(Mās Qūms)，再至阿赖迈因，再至“古苔亚”(Quṭayyah)诸村，再至伊勒米(Īlmī)，再至代劳利亚(Darawliyab)，代劳利亚是阿拉伯人和罗马人两军(驻扎)相遇的地方。再至阿兰德西('Arandasī)，再至艾格莱苏斯(Aqrasūs)村，再至巴斯拉金(Bāslāqīn)

---

① 即塞浦路斯岛。

② 又叫伊格里推什(Iqriṭish)，今希腊之克里特岛。

③ 即砝码，等于4.68克重。因此，罗马的1磅等于412.2克重。

和麦拉吉纳 (Malājinah)，麦拉吉纳是国王的马厩、辎重及粮仓所在地。再至“尼基亚”湖，再从“尼基亚”湖至尼古穆迪亚，再至麦阿必尔 (al-Ma‘ābir)，再至艾尔尼亚 (al-Arniyah)，它属国王的地方。

从“赛拉麦”山路到阿姆利亚的道路

经卢厄卢阿，先至“塔尔法”河，再至“塔尔法”遗址，再至“盖纳”(Qannah) 堡，再至阿布垓尔松 (‘Abqarsūn)，再至“上”海布尔 · 凡尔尼亚(Khabr Farniyah al-A‘alā)①，再至“胡地”(al-Hudī) 国，再至菲赖格(Fīlaq) 和一个名为“法尔塔”(Fārtah) 的村庄。再至阿布莱图凯纳斯 (‘Abratu Kanās)，再至拉塔 (Lāṭah)，便到阿姆利亚 (‘Ammūriyah)。

鲁密亚的特征②及其中的奇闻逸事

鲁密亚有三个方面，即东方、南方、西方皆临海洋，仅有北方通大陆。鲁密亚的长，即从东门至西门共 28 密勒。它有两道石头城墙，两道墙之间有 60 腕尺宽的空地。内墙厚 12 腕尺，高 72 腕尺；外墙厚 8 腕尺，高 42 腕尺。内、外墙之间有一条河。河水被大铜板遮盖着，每块铜板长 46 腕尺，据说，此河名为“盖斯推塔利斯”(Qasṭīṭālis)。“金门”与“王门”之间相距 12 密勒。鲁密亚有长达 1 法尔萨赫的鸟市及从东门到西门的百货集市。西门有三根大圆柱子。在柱子之间有座拱门。大圆柱是罗马黄铜制的，是些空膛的管子，柱子的基础和顶端是铸造而成的，柱子里有商人们的店铺，柱子高达 30 腕尺。在这些柱子和商店面前，有一用黄铜制的河床，这河流横贯鲁密亚城的东、西。小海湾的水也通流到此河中。

---

① 原文中此地名残损，此译法未必准确。

② 鲁密亚，意思是“罗马的”。从下文来看，应指罗马城。然从所言东、南、西三方临海，北方通大陆的情形看，似又指亚平宁半岛，故鲁密亚又指罗马帝国之本土意大利。显然，作者是将罗马城与今意大利的亚平宁半岛的地形地貌混淆在一起了。

诸大船舶载其货物在此河里游弋，船舶可停泊在做买卖的店铺前。

从摩邻的突努斯地区来此处的艾布·伯克尔·本·欧麦尔·古莱什（Abū Bakr bn ‘Umar al-Qurashiyyū）和阿卜杜拉·本·艾比·塔利卜·古莱什（‘Abdu Aliāh bn Abī Ṭālib a-Qurashiyyū）曾对我讲：亚历山大[1]的大灯塔有366间圆形屋室。灯塔之顶端有一间礼拜寺。一个人骑马或两个人骑马并行，可不用阶梯直登到塔顶。像萨玛拉的灯塔一样，骑马的人和步行的人均可盘旋行至高处，此灯塔矗立在海滩上，海浪冲击着灯塔的根基。船只只有从它下面经过才能进入该国。

在罗马城中，有一座教堂是以圣徒白德尔斯(Baṭrs)[2]与布勒斯(Būls)[3]之名建造的。他俩就葬于此城。此教堂长300腕尺，宽200腕尺，高80腕尺，建有若干用黄铜铸造的拱门和支柱。此教堂的天花板和墙壁皆为罗马黄铜制作的。罗马城内共有1,200座教堂。罗马城的整个市场的地面皆以白色大理石铺砌而成。罗马城内有40,000所浴池，城中有一所教堂颇类耶路撒冷的圣殿，其长为1密勒。堂内有用绿色“祖母绿”石制成的祭坛，其长为20腕尺，宽6腕尺，由12尊纯金的雕像托着，每尊纯金雕像长2.5腕尺，有两只熠熠闪光的红宝石制成的眼睛，使教堂放出光彩。此教堂有28座巨大的纯金的门。除了乌木、黄杨木（Abqasiyūn）[4]和一些优质木料制成的木门外，还有1000座中空的黄铜门。木门均经过精雕细刻，价值贵重得无法计算。绕着罗马城墙还有1，200根柱子，（城墙内）住有一些修士。

① 即今埃及的亚历山大城。

② 即彼得，习称“圣彼得”。

③ 即保罗，习称“圣保罗”。

④ 是阿拉伯名词黄杨木（Baqs）的复数式，是古体的。现代阿语多不用这种古体复数式。

阿卜杜拉·本·阿慕尔·本·阿斯

('Abdu Allāh bn 'Amru bn al-'Āṣ)[①]

谈及的世界四大奇观

亚历山大的灯塔上端悬挂着的一面镜子。人坐在镜子的下方，就能隔海从镜子里看到君士坦丁堡里的人。

安达卢斯一匹铜马上的一个铜人伸出手说，没有任何人踏上过这块土地，因为他刚走上这块土地即被蚂蚁吞掉。

在阿德（'Ād）地方有一铜灯塔,其上有一铜铸的骑士。在几个"禁月"之中，水从灯塔上落下来，于是，百姓们饮用此水，用它灌溉，并将其注入到蓄水池里。当此诸"禁月"过去后，水就停止降落。

在罗马国，有一株铜树，树上有一只"苏达尼亚"（Sūdāniyyah）[②]鸟。每当橄榄成熟之际，此铜鸟发出呼哨声。于是，每只"苏达尼亚"都携带着三枚橄榄飞到铜树这里，它们是用一对爪抓着两枚橄榄，用嘴衔着一枚橄榄飞来的。它们把橄榄都投向铜"苏达尼亚"，这样，罗马人就将这些橄榄榨成油。这些油足够人们一年的食用和点灯用，一直用到下一年橄榄成熟之时。

西方道路的诸邮传驿站

从苏莱曼莱阿[③]至杰碧勒塔（Jabiltā）有 7 个驿站，再至信努有 1 个驿站,再至哈迪撒有 9 个驿站,再至毛绥勒有 7 个驿站,再至白赖德(Balad)

---

① 他是大食国首次征服埃及的军事长官阿慕尔·本·阿斯的儿子。泰伯里《历代民族和帝王史》记述伊斯兰教历 61 年事件时提及此人。

② 阿拉伯语，意思是"黑色的"。

③ 即萨玛拉城，黑衣大食王都曾于 836 年移于此，至 892 年止，王都复立于巴格达。参见〔美〕希提著《阿拉伯通史》第 556、557 页。此城在巴格达以北 60 英里的底格里斯河畔。

有4个驿站，再至艾泽莱玛（Adhramah）有9个驿站，再至奈绥宾有6个驿站，再至开凡尔图撒有6个驿站，再至莱厄斯艾因有10个驿站，再至赖盖有15个驿站，再至努垓义拉（Nuqayrah）有10个驿站，再至门比季有5个驿站，再至阿勒颇有9个驿站，再至肯奈斯林有3个驿站，再至苏窝拉有10个驿站，再至哈马（Ḥamāh）有2个驿站，再至霍姆斯有4个驿站，再至久西亚（Jūsiyah）有4个驿站，再至白尔赖伯克有6个驿站，再至大马士革有9个驿站，再至代义尔·艾尤布（Dayr Ayyūb）有7个驿站，再至约旦的首府太巴列（Ṭabariyyah）有6个驿站，再至赖郡（Lajjūn）有4个驿站，再至巴勒斯坦的首府莱姆拉（Ramlah）有9个驿站，再至吉法尔（al-Jifār）有17个驿站，再至巴鲁利亚（al-Bārūriyyah）有19个驿站，再至福斯塔特。从福斯塔特至亚历山大城有13个驿站，再至杰布·莱姆勒（Jabb al-Raml）有30个驿站。杰布·莱姆勒与白尔盖相邻接。

白尔盖位于海边的泰莱苏斯的上方。白尔盖是罗马城邦的遗址之一。同白尔盖相邻接的盖赖姆亚（Qalamyah）同泰莱苏斯相距16密勒。再后是盖尔盖什（Qarqash），盖尔盖什同盖赖姆亚相距10密勒，再后是垓拉西亚（Qarāsiyah），它与盖尔盖什相距4密勒。再至伊斯坎德利亚城，它与垓拉西亚相距12密勒。再后是塞白斯提亚（Sabasṭiyah），它与伊斯坎德利亚相距4密勒，再至位于草原上的塞陆基亚（Salūqiyah）它与海相距4密勒。再至努拜克（Nubayk）、它是山上的一座城堡。

据说，天经里谈及，自罗马人摧毁耶路撒冷以后，安拉就决心让他们每天被俘虏。以后的日子里，同罗马人邻近的民族，每天都要俘虏罗马人。先知叶尔孤白与其兄弟尔撒（‘Īṣ）严重不和。安拉向叶尔孤白启示道：你不要怕，我像保护你父亲那样保护你。而后，叶尔孤白将自己的牲畜的十分之一赠予了尔撒，以防受其侮辱。叶尔孤白的牲畜有5,500沙特（Shāt）[①]，其十分之一为550沙特。安拉启示叶尔孤白道：我的话并未使你自安，你却将你的牲畜的十分之一给了尔撒。因此，我将使尔撒的子嗣

① 沙特，原意为“羊”（兼指山羊、绵羊，公羊、母羊），此为“头”“只”之意。

统治你的子嗣550年。的确，从罗马人那次毁掉耶路撒冷之日起，以色列人一直被奴役，直至欧麦尔·本·哈塔布（'Umar bn al-Khaṭṭāb）[1]占领了耶路撒冷，并将罗马人逐出该城方止。

西方的情况讲完了。

① 大食国第二任哈里发，634—644年在位。

杰尔毕的情形

杰尔毕(Jarbiyyu)[①]是指占帝国四分之一的北方疆土。在波斯王朝时期，北方的伊索比赫勃兹（Iṣbihbadh）称为阿塞尔巴泽康·伊索比赫勃兹[②]。在这个地区里有亚美尼亚、阿塞拜疆、赖伊、都玛万德（Dumāwānd）。都玛万德的首府是舍兰巴（Shalanbah），白赫拉姆·久尔（Bahrām Jūr）[③]吟道：

狮子夸耀[④]着舍兰巴，
老虎夸耀着苔拉（Talah）。

在这个地区里还有泰伯里斯坦、鲁扬（Rūyān）、阿穆勒（Āmul）、萨利雅（Sāriyah）[⑤]、沙陆斯（Shālūs）、拉里兹（al-Lāriz）、希里兹（al-Shirriz）、

---

① 阿拉伯语意思是北方。

② 波斯萨珊王朝，为军事长官的徽号和衔阶。后于库思老一世（531—579年在位）起为地区执政官之号，于波斯帝国的东、南、西、北四面立4位（一面一位）。北方的伊索比赫勃兹所辖之地，即下文所述诸地。按泰伯里的《历代民族和帝王史》卷一，第694页的说法，北方的长官主管阿塞拜疆和可萨突厥国（Bilād al-Khazar）。大食国建立之后，伊索比赫勃兹则为泰伯里斯坦列王的徽号。本书所言，当是“阿塞拜疆王”之意。其含义随历史变迁而改变。

③ 波斯萨珊君主，于420至438年在位。

④ 波斯语词 Manam，意思是“自夸、夸耀”。

⑤ 今伊朗北方城市萨里，在里海南岸。

泰密斯 (Ṭamīs)、迪黑斯坦 (Dihistān)、开拉尔 (Kalār)、杰亮 (Jaylan)、白代什瓦尔开尔 (Badshwārkar)。泰伯里斯坦、杰亮、白代什瓦尔开尔的国王被称作吉勒·杰亮·呼罗珊 (Jīl Jaylān Khurāsān)，如穆罕默德·本·阿卜杜勒·麦利克所咏：

吉勒·杰亮·呼罗珊的大象，
照常是被涂上色彩的；
只有有权有势者的大象，
才被涂抹上色彩。

在此地区里，还有白布尔(al-Babr)，泰义赖珊(al-Ṭaylasān)、可萨突厥、亮恩 (al-Lān)、斯拉夫、艾白尔 (Abar) 诸地。

去阿塞拜疆、亚美尼亚的道路

从呼罗珊大道上的信努·苏迈义拉 (Sinnu Sumayrah) 转弯走。从信努·苏迈义拉至迪奈窝尔为 5 法尔萨赫 (有 2 个驿站)，从迪奈窝尔至赞詹 (Zanjān) 有 29 个驿站，再至麦拉嘎 (Marāghah) 有 11 个驿站，再至麦亚尼吉(al-Mayānij) 有 2 个驿站，再至艾尔代必勒(Ardabīl) 有 11 驿站，再至卧尔珊 (Warthān) 有 11 个驿站。卧尔珊是阿塞拜疆省的边陲。

阿塞拜疆的诸城镇

有麦拉嘎、麦亚尼吉、艾尔代必勒、卧尔珊、西塞尔 (Sīsar)、白尔扎 (Barzah)、萨布尔哈斯特 (Sāburkhāst)、穆罕默德·本·莱瓦德·艾兹迪 (Muḥammad bn al-Rawwād al-Azdī) [1] 的台伯里兹 (Tabrīz)、伊本·

① 意思是“在 XX” 治下的。台伯里兹即今伊朗的大不里士城。

白义司 (Ibn Ba‘īth) 治下的麦兰德 (Marand)、虎卧夷 (Khuwayyi)、库勒塞莱赫 (Kūlsarah)、舍克拉 (Shaklah) 治下的穆甘 (Mūqān)、白尔赞德 (Barzand)、艾白尔维兹 (Abarwiz)[①] 的都城兼扎 (Janzah)、伽布莱旺 (Jābrawān)、阿里·本·穆尔 (‘Ali bn Murr) 治下的奈利兹 (Narīz)、宰莱杜什特 (Zaradusht)[②] 的都城乌尔米亚 (Urmiyah)、塞赖玛斯 (Salamās)、希兹 (al-Shīz)。希兹有"艾泽尔久什奈斯" (Adhrjushnas)[③] 拜火殿，"艾泽尔久什奈斯"拜火殿在祆教僧中有巨大影响。新国王[④] 当政时，都要从麦达因 (Madā’in)[⑤] 步行前往朝拜它。还有巴杰尔旺 (Bājarwān)、塞赖格 (al-Salaq) 镇、信代巴亚 (Sindabāyā) 镇、白泽 (al-Badhdh)、乌尔姆 (Urm) 镇、布勒旺开尔吉 (Bulwānkarj)、塞拉 (Sarāh) 镇、代斯凯雅斡尔 (Daskayātwar)、玛义努哈尔吉 (Māyinuharj)。

从迪奈窝尔到白尔赞德(Barzand)的道路

从迪奈窝尔至海巴尔疆 (al-Khabārjān) 为 7 法尔萨赫，再至特卢旺 (Tall Wān) 为 6 法尔萨赫，再至西塞尔为 7 法尔萨赫，再至安德拉布 (Andrāb) 为 4 法尔萨赫，再至拜义赖甘 (al-Baylaqān) 为 5 法尔萨赫，再至白尔扎为 6 法尔萨赫，再至萨布尔哈斯特为 8 法尔萨赫，再至麦拉嘎为 7 法尔萨赫，再至台伯里兹为 9 法尔萨赫，再至麦兰德为 10 法尔萨赫，再至汗 (al-Khān) 为 4 法尔萨赫，再至虎卧夷为 7 法尔萨赫。

从麦拉嘎至库尔塞拉 (Kūrsarah) 为 10 法尔萨赫，再至赛拉 (Sarāh) 为 10 法尔萨赫，再至尼尔 (Nīr) 为 5 法尔萨赫，再至艾尔代必勒[⑥] 为 5

① 波斯萨珊王朝君主——库思老二世。死于 628 年。

② 拜火教（祆教）的创始人琐罗亚斯德。下文的乌尔米亚，是琐罗亚斯德的出生地和宣教之所。

③ 波斯语，一种圣火的名字。又译作左罗亚斯德。

④ 指崇奉祆教的波斯王朝列王。泰伯里的《历代民族和帝王史》也有相同的记述。

⑤ 波斯萨珊王朝的国都。

⑥ 即今伊朗的阿尔德比勒，位于大不里士城东北。

法尔萨赫，再至穆甘为10法尔萨赫。

从艾尔代必勒至扈什 (Khushsh) 为8法尔萨赫，再至白尔赞德为6法尔萨赫。白尔赞德曾是一片废墟，以后，艾甫慎 (Afshīn) 将此废墟变成了城市，并住于此。从白尔赞德至萨德拉斯布 (Sādarāsb) 为2法尔萨赫。在萨德拉斯布有艾甫慎的第一条堑壕。再至宰赫莱开什 (Zahrakash) 为2法尔萨赫，此处有艾甫慎的第二条堑壕。再至都鲁德 (Dū al-Rūd) 为3法尔萨赫，此处有艾甫慎的第三条堑壕。再至巴比克 (Babik)[①] 的京城白泽 (al-Badhdh) 为1法尔萨赫。侯赛因·本·代哈克 (Ḥusayn bn al-Daḥḥāk) 吟道：

他没有使白泽留下居民，
只留下像伊尔姆一样的训诫。

路又从白尔赞德通向白拉什疆 (Balāshjān) 沙漠，再至卧尔珊为12法尔萨赫，卧尔珊是阿塞拜疆省的边陲。

从麦拉嘎至兼扎 (Janzah) 为6法尔萨赫，再至穆萨巴泽 (Mūsā Abādh) 为5法尔萨赫，再至白尔扎为4法尔萨赫，再至伽布莱旺 (Jābrawān) 为8法尔萨赫，再至奈利兹为4法尔萨赫，再至乌尔米亚湖上的塞赖玛斯为6法尔萨赫，阿塞拜疆的年收入为2,000,000迪尔汗。

穆罕默德·本·侯迈义德 (Muḥammad bn Ḥumayd) 所走过的道路

他同阿塞拜疆的贩羊商们从麦拉嘎骑行至白尔扎，又至西塞尔，又至希兹，又至迪奈窝尔。希兹距迪奈窝尔为4法尔萨赫。

① 巴比克，是黑衣大食朝胡拉米教派的领袖，在大食王穆尔台绥姆时期称雄二十年。曾同大食王打仗，后失败，于837年被捕。

通往亚美尼亚之路

从卧尔珊至白尔泽阿（Bardha‘ah）有8个驿站，再至亚美尼亚的曼苏拉（Manṣūrah）有4个驿站，从白尔泽阿至台夫利斯（Taflīs或“梯夫利斯”Tiflīs）①有10个驿站。从白尔泽阿至巴布—艾布瓦布（Bāb wa al-Abwāb）②有15个驿站，从白尔泽阿至代碧勒（Dabīl或“杜碧勒”Dubīl）有7个驿站。

从麦兰德至瓦迪（Wādī）③为10法尔萨赫，再至奈舍瓦（Nashawā）为10法尔萨赫，再至代碧勒为20法尔萨赫。

从卧尔珊至代尔曼(Darmān)为3法尔萨赫,再至拜义赖甘(Baylaqān)为9法尔萨赫，再至白尔泽阿为14法尔萨赫。从白尔泽阿至白泽为30法尔萨赫。

亚美尼亚第一区有西塞疆（Sīsajān）、艾朗（Arrān）、台夫利斯、白尔泽阿、拜义赖甘、垓白拉（Qabalah）、舍尔旺（Ṣbarwān）诸地。

亚美尼亚第二区有久尔赞(Jurzān)、苏格代必勒(Sughdabīl)、巴布“卑路斯古巴兹”（Bāb Fayrūz Qubādh）④、赖克兹（Lakz）诸地。

亚美尼亚第三区有布斯富莱疆（al-Busfurrajān）、代碧勒、西拉杰·苔义尔（Sirāj Ṭayr）、白鹤莱万德（Baghrawand）、奈舍瓦诸地。

亚美尼亚第四区有希姆沙特（Shimshāṭ）、黑拉特（Khilāṭ）、嘎利垓拉（Qālīqalā）、艾尔基什（Arjīsh）、巴鸠奈义斯（Bājunays）诸地。

艾朗、久尔赞、西塞疆诸区原在可萨突厥国（al-Khazar）之内。代碧勒、奈舍瓦、西拉杰（Sirāj）、白鹤莱万德、黑拉特、巴鸠奈义斯诸区原属罗马国。尔后，波斯征服了上述地区，使之划归舍尔旺地段（Arḍ

① 今格鲁吉亚的第比利斯市。

② 即代尔班德（Darband），“巴布—艾布瓦布”的意思是“门与诸门”，是高加索山地上的诸关隘。

③ 即山谷、河谷之意。

④ 意思是“卑路斯·古巴兹”之门。

Sharwān)。舍尔旺地段有“穆萨”[①]岩石，岩石中有“动物”泉。希姆沙特有塞甫瓦·本·穆阿推勒·苏赖米（Ṣafwān bn al-Mūl'aṭṭal al-Sūlamī）的坟墓，他是安拉的使者的伙伴[②]。其坟墓距“齐亚德”要塞很近，坟墓上有一棵无人知晓其名的树，树上结一种像巴旦杏（扁桃）的果子，这果子可连皮吃，味道比蜜还甜美。古巴兹[③]建筑了拜艾赖甘城、白尔泽阿城、嘎白拉城。他还建造了赖班水坝（Suddu al-Haban）[④]。阿努什尔旺兴建了沙比朗（al-Shābirān）城、开尔开拉（Karkarah）城、“巴布—艾布瓦布”城。巴布—艾布瓦布城是建在一些山路上的宫殿，共有 360 座宫室。阿努什尔旺还兴建了白兰杰尔（Balanjar）与塞曼代尔（Samandar）。他在久尔赞地方建造了苏格代必勒城，在久尔赞还建了他的一座宫殿，称之为“卑路斯·古巴兹”门。

亚美尼亚地面还有虎卧夷，塞纳利亚（Ṣanāriyah），艾勒罢格（Albāq），钦萨勒（Kisāl），艾布哈兹（Abkhāz），“杰尔代曼”（al-Jardamān）堡，海义赞（Khayzān），舍卡（Shakkā），巴布城。

关于“艾布瓦布”（al-Abwāb）[⑤]

它是“垓卜格”山（Jabal al-Qabq）[⑥]的诸山路的路口，此诸路口上建有一些城堡，它们是巴布·素勒（Bāb Ṣūl）、巴布·亮恩（Bab al-Lān）、巴布·沙比兰（Bāb al-Shābirān）、巴布·拉兹盖（Bāb Lādhiqah）、巴布·塞姆塞黑（Bāb Samsakhī）、巴布·萨黑布·塞里尔（Bāb

---

① 穆萨，即《圣经》言及的摩西，以色列人的先知。
② 安拉的使者，专指伊斯兰教先知穆罕默德，其伙伴，也就是伊斯兰教初期的支持者，或为迁士，或为辅士。
③ 波斯萨珊王朝的第二位君主。
④ 赖班为奶的意思。
⑤ 意思是“诸门”。
⑥ 即高加索山脉。法语写作“le Caucase。”详见 1923 出版的有法文注释的《Ed-dimichqui nukhbat ad dahr fî'adschâ'ib al barr wal bahr》，第 LXV 页 Qabq 条注。Cosmographie publ, Para. Mehren。

Ṣāḥib al-Sarīr)[①]、巴布·费叶兰·沙赫（Bāb Fiyalān Shāh）、巴布·卡路南（Bāb Kārūnān）、巴布·泰百尔塞兰沙赫（Bāb Ṭabarsarānshāh）、巴布·利朗沙赫（Bāb Līrānshāh）、巴布·卢班沙赫（Bāb Lubānshah）、巴布·阿努什尔旺（Bāb Anūshrawān），其后面的塞曼代尔（Samandar）城及其以外的地方，是在可萨突厥治下。在穆萨的故事中写道："你看到了吗？当我驻足于岩石上时，就失掉了那活着的鲸鱼。"[②] 岩石是指"舍尔旺"岩，海是指"吉亮"海，村庄是指巴杰尔旺的村庄。当他在海义赞（Khayzān）村遇见了少年，就将少年杀死了。亚美尼亚年收入为4,000,000迪尔汗。

久尔疆（Jurjān）[③]与可萨突厥的都城海姆利杰（Khamllj）之间的道路

可萨突厥城在北方，我们正在谈这北方。从久尔疆至海姆利杰——海姆利杰坐落在一条河上，此河是从斯拉夫（Ṣaqālibah）国流过来的，注入久尔疆海[④]。——如果顺风，需行8天水路。可萨突厥诸城有海姆利杰、白兰杰尔、拜义达（Bayḍā'）。布合突力（al-Buḥturī）[⑤]吟道：

巴格达的荣耀在增长，
连海姆利杰与白兰杰尔的人们都有所听闻。

除巴布以外的地方，有苏窝尔王国、赖克兹（al-Lakz）王国、亮恩王国、

① 意思是"床主人"门。

② 《古兰经》山洞章，第63节：他说："你告诉我吧，当我们到达那座盘石下休息的时候，'我究竟是怎样的呢？'我确已忘记了那尾鱼——只因恶魔我才忘记了告诉你——那尾鱼已入海而去，那真是怪事。"即是此句话的出处。

③ 即今伊朗的北方城市戈尔甘，位于里海之东南岸。

④ 即里海。

⑤ 其全名叫瓦利德·本·欧拜德·塔伊（al-Walīd bn 'Ubayd al-Ṭā'ī），821—898年。黑衣大食朝的宫廷诗人。生、死于门必季城。

菲亮（Fīlān）王国、麦斯喀特（al-Masqaṭ）王国、塞里尔（Sarīr）[①] 的统治者，还有塞曼代尔城。

北方地区“杰尔毕”（Jarbiyyu）的情形讲完了。

① 雅古特《地名辞典》塞里尔（Sarīr）条言："塞里尔的君主（统治者），是个位于亮恩与巴布—艾布瓦布之间的广大帝国。只有两条路能通向它。一是去可萨突厥的道路，一是去亚美尼亚的道路。它是山间的一万八千个村庄。Isṭakhrī 说：塞里尔是帝国的名称，不是城市的名称。塞里尔人是基督徒。据说，塞里尔是一些波斯皇帝的金床。当其国倾覆时，一些波斯王，据说是巴赫兰·久尔的一些儿子们将它带走……”据此，“塞里尔的君主”是地名。塞里尔，意思是“床”。

台义曼的情形

台义曼 (al-Tayman) 是南方地区，是帝国的四分之一。其伊素比赫勃兹叫尼姆鲁兹·伊素比赫勃兹[①]。这个地区每年向和平城上缴的粮食税为 130,000 迪尔汗，上缴的集市商品、驼队商品税和造币厂的钱币共为 1,500,000 迪尔汗。

从和平城通向麦加（Makkah）的道路

从巴格达至“苦撒”桥 (Jisr Kūthā) 为 7 法尔萨赫，再至“伊本·胡拜义拉”宫 (Qaṣr Ibn Hubayrah)[②] 为 5 法尔萨赫，再至苏古·艾塞德 (Sūq Asad)[③] 为 7 法尔萨赫，再至沙黑 (Shāhī) 为 7 法尔萨赫，再至库法为 5 法尔萨赫，至此，共为 31 法尔萨赫路程。

沙漠之路

当你从库法出发，行至欧宰布 (‘Udhayb) 便到了纳季德。从纳季德行至扎特·伊尔格 (Dhāt ‘Irq) 便到蒂哈尔 (Tihāmah)。从库法出发，向

① 意思是“尼姆鲁兹国王”。
② 750—754 年间，黑衣大食第一任国王艾布·阿巴斯曾以此地为首都。
③ 意思是“狮子集市”。

你的右侧走，可至苫国，它是高原。从库法的谷地出发，经过你的左侧可至塔伊夫，它也是高原。

从库法至卡迪西亚（Qādisiyah）为15密勒，再至欧宰布为6密勒。欧宰布是沙漠的边缘。有诗为证：

喂，朋友，别睡了，别逗留，
你即可在欧宰布看到我的火。

再至穆黑撒（Mughīthah）为24密勒。穆黑撒有“天上的水”①。从欧宰布出行15密勒，则途经瓦迪西巴厄（Wādī al-Sibā‘i）②。杰利尔（Jarīr）吟道：

灾祸为每个人保证有其坟墓，
坟墓就是两侧尽是死尸的“猛兽”谷。

再至盖尔阿依（Qar‘ā’i）为32密勒，此处有数口水井，途中，当走过14密勒时曾经过“塞尔德”清真寺（Masjid Sa‘d）。再至瓦基撒（Wāqiṣah）为24密勒，瓦基撒有若干个池塘和水井。从盖尔阿依走出14密勒时曾途经泰莱夫（al-Ṭaraf）。再至亚喀巴（al-‘Aqabah）为29密勒，亚喀巴有数口水井。从瓦基撒走出14密勒时，曾途经古白义罢特（Qubaybāt）。艾尔拉比（A‘ribi）吟道：

难道最近我可回到古白义罢特？

再至嘎欧（al-Qā‘u）为24密勒，此处有一口水井。从亚喀巴走出13密勒时，曾途经杰勒哈依（al-Jalḥā’i）。再至祖巴拉（Zubālāh）为24

① 即（地面积存了）从天上降下的雨水。这是介绍水源之语。
② 意思是“猛兽”峡谷。

密勒，它是一个大的水源，从嘎欧走出14密勒时，曾途经久莱义西（al-Juraysī）。再至舒固格（al-Shuqūq）为21密勒，舒固格有若干池沼和水井，从祖巴拉走出14密勒时曾途经台纳腻尔（al-Tanānīr）。再至必湍（al-Biṭān）为29密勒，必湍即盖布鲁·伊巴迪（Qabr al-'Ibādi）[①]，此处有水塘。从舒固格走出14密勒时曾途经白尔丁（Bardīn）。再至赛尔赖必亚（al-Tha'labiyyah）为29密勒，路至此已走了三分之一，此处有若干池塘。

从必湍走出14密勒时曾途经穆亥赖必亚（al-Muhallabiya）。再至胡宰义密亚（al-Khuzaymiyyah）为32密勒，此处有若干池塘和若干水车。从赛尔赖必亚走出14密勒时，曾经过湖麦义斯（al-Ghumays）。再至艾吉夫尔（al-Ajfur）为24密勒，此处有若干池塘和水井。从胡宰义密亚走出15密勒时曾途经白特努·艾罕尔（Baṭnu al-Agharr）。再至凡义德（Fayd）为36密勒，路至此已走过一半。凡义德城内有奔腾的泉流，此地还有讲坛和市场，有若干池塘和流泉。

从艾吉夫尔走出20密勒曾途经垓拉义努（al-Qarā'in）。再至突兹（Tūz）为31密勒，突兹有若干池塘和水井。从凡义德走出17密勒时曾途经古尔奈坦（al-Qurnatān）。再至塞米拉务（Samīrā'）为20密勒，此处有若干水池和水井。从突兹走出13密勒时，曾途经富合义玛（al-Fuḥaymah）。再经哈吉尔（al-Ḥājir）为33密勒，哈吉尔有若干池塘和水井。从塞米拉务走出15密勒时，曾途经阿巴西亚（al-'Abbāsiyyah）。再至“固莱西”矿场（Ma'dinu al-Qurashiyyi）为34密勒，一般人把它叫作“奈格拉”矿场（Ma'dinu al-Naqrah），此处有若干水井。

从哈吉尔走出17密勒时，曾途经盖劳拉（Qarrawrā）。贝克尔·本·瓦义勒（Bakr bn Wā'ir）向麦加道路的主管人布施了3,000迪尔汗。

① 意思是“伊巴迪人的坟墓”。

通向麦地那（Madīnah）的道路，它是希贾兹和纳季德的城市

谁若向麦地那走，谁则要从矿场走出 46 密勒至欧赛义拉 (al-'Usaylah)，此地有若干咸水井。再至白吐努·奈赫勒 (Baṭn Nakhl) 为 36 密勒，此处有丰富的水源。再至泰莱夫 (al-Ṭaraf) 为 28 密勒，此处有“天上的水”。再至麦地那为 35 密勒，它又叫泰义巴 (Ṭaybah) [①]。绥尔麦图·安萨里 (Ṣirmatu al-Anṣārī) 吟道：

他（穆罕默德）来到这里，
宣示安拉的宗教，
他在泰义巴居住十分愉快。

阿拔斯·本·凡杜勒·阿里的一行诗：

安拉为最后一位先知赐泰义巴以吉祥。

也有人称麦地那为叶斯里布 (Yathrib)。在蒙昧时代 [②]，麦地那和帖哈麦为统治沙漠地区的波斯官吏所辖，该长官向这两个地区征收土地税。当时，麦地那的奥斯 (Aws) 族人和海兹拉吉 (Khazraj) 族人所拥有的财富乃是阿拉伯树胶的果实 (Qurayzah) 和黄金 (Naḍīr)。故此，一位辅士诗人吟道：

库思老向我们征收了土地税，
又向我们征收人丁税，
树胶果和黄金也就被上缴了。

---

① 意思是“欢乐”。
② 即伊斯兰教产生以前的历史时期。

麦地那有一处地方叫台依玛伍（Taymā'），台依玛伍有一座要塞，叫“艾布赖格·凡尔地”（al-Ablaq al-Fardi），此要塞位于苫国和希贾兹之间。此地曾由一个叫塞茂勒·本·阿迪亚·耶胡迪（al-Samawal bn 'Ādiyā al-Yahūdī）的人统治着。他为人忠实。有诗为证：

台依玛伍的艾布赖格·凡尔地有他的住所，
这就是可靠的要塞。
（他就是）永不背叛的邻居。

麦地那有一处地方叫杜麦特·兼代勒（Dūmatu al-Jandal），它距麦地那有13个站程（Marḥalah），距库法有10个站程，距大马士革有10个站程。杜麦特兼代勒的要塞叫玛利德(Mārid)。宰巴伍(Zabbā')[①]吟道：

玛利德在反叛，
艾布赖格在强大。

两位统治者在杜麦特相聚会。奥斯·本·贾比尔（Aws bn Jābir）吟道：

假如我在杜麦特，
或在法利欧（Fāri'u）[②]，
你无法逃避降临灾难的惊惧。

麦地那还有富尔厄(Fur')、祖·麦尔瓦(Dhū al-Marwah)，瓦迪古拉(Wādi al-Qurā)、麦德彦（Madyan）、海拜尔（Khaybar）诸地。麦尔哈布（Marḥab）吟道：

① 当时的一位女王。
② 法利欧是麦地那的要塞。

希木叶尔人知晓，
我是全副武装的麦尔哈布，
是一个有经验的勇士。

麦地那还有凡代克 (Fadak)、古拉 · 阿拉比亚 (Qūra ‘Arabiyyah) [①]、沃黑达 (Wahīdah)、奈米拉 (Namirah)、哈迪垓 (al-Ḥadīqah)、阿迪 (‘Ādī)、海兑莱 (Khaḍirah)、萨依拉 (al-Sā’irah)、莱合巴 (Raḥbah)、塞亚拉 (al-Sayālah)、萨雅 (Sāyah)、鲁哈特 (Ruhāṭ)、扈拉布 (Ghurāb)、艾克合勒 (al-Akḥal)、黑密亚 (Ḥimiyyah)。

安拉的使者及其家属在迁移时所经过的道路

向导带他从麦加的最低处出发，然后行至欧斯方 (‘Usfāni) 最低处的海岸，穆罕默德在这里避开大道，横越古代义德 (Qudayd) 而行，又走到海拉尔 (al-Kharrār)，又攀登至塞尼亚 · 麦拉 (Thaniyyatu al-Marah) [②]，复行至麦佳吉 (Majāj)，藏入麦德赖佳 (Madlajah)。再从麦佳吉至麦尔吉合 (Marjiḥ)，藏入祖勒 · 伽杜沃股 (Dhū al-Ghaḍwayn)，又藏至扎特 · 乞什德 (Dhāt Kishd)，再至艾吉莱德 (Ajrad)，再至祖 · 塞姆尔(Dhū Samur)，再藏至艾尔达(A‘dā)，此处叫“麦德赖佳·台尔汗”(Madlajatu Ta‘han)。再至印斯亚那 (‘Ithyānah)，又穿过嘎哈 (al-Qāḥah)，再至阿尔鸠 (al-‘Arju)，再至塞尼叶图 · 艾尔亚尔 (al-Thaniyyatu al-A‘yār)，此地在莱库巴 (Rakūba) 的右方。再至利厄布 (Ri’b)，终至固班 (Qubā) 的欧麦尔 · 本 · 欧芬 (‘Umrū bn ‘Ūf) 部族。

① 意思是“阿拉伯人的诸村庄”。
② 意思是“女人的皱纹”。

从麦地那到麦加的大道

从麦地那至舍杰拉(Shajarah)为6密勒,舍杰拉是麦地那人的聚集地。再至麦赖勒(Malal)为12密勒,此地有若干口水井。再至塞亚拉(Sayālah)为19密勒,其地有若干口水井。再至鲁维撒(al-Ruwaythah)为34密勒,此处有池塘。再至苏格雅(al-Suqyā)为36密勒,此处有一条河,一处园林。再至艾布瓦依(Abwā'i)为29密勒,此处有若干口水井。再至久合发(Juḥfah)为27密勒,久合发属帖哈麦地区,此地有水井,距海8密勒,久合发是苫国人的聚集地。再至古代义德(Qudayd)为27密勒,此地有若干口水井。再至欧斯方为24密勒,此地有若干口水井。再至白特努·曼拉(Baṭnu Marra)为33密勒,其地有泉水和一个池沼。再至麦加为16密勒。

从"奈格拉"矿场到麦加的道路

从"奈格拉"矿场至穆黑撒·马旺(Mughīthat al Māwān)为33密勒,此地有若干水池、水井和一股涓涓的溪流。从"奈格拉"矿场走出有16密勒,途经塞姆特(al-Samṭ)。再至莱白扎(al-Rabadhah)为24密勒,此地有池塘和水井。从穆黑撒·马旺走出14密勒,途经艾尔耶玛(Aryamah)。再至"白尼·苏赖义姆"矿场(Ma'dinu Banī Sulaym)为24密勒。此地有水量极少的池塘。诗人吟道:

这儿确是一个应舍弃的住所,
狼在这里号叫,
乌鸦在这里悲啼。

从莱白扎走出12密勒时,途经舍劳拉(Sharawrā)。再至塞利垃(al-

Salīlah）为 26 密勒，从“白尼·苏赖义姆”矿场走出 13 密勒时，途经库纳白因 (al-Kunābayn)。再至欧麦格（‘Umaq）为 21 密勒，此处有一池塘及若干口水井。从塞利拉井走出 12 密勒时，途经信加 (al-Sinjah)。再至乌凡依伊亚 (Ufay‘iyah）为 32 密勒，此处有一池塘和若干口水井，从欧麦格走出 15 密勒时，途经库拉厄 (al-Kurā‘)。再至密斯赖合 (al-Mislaḥ) 34 密勒，此地有若干池塘和水井，是伊拉克人的集合地。从乌凡依伊亚走出 14 密勒，途经开布拉那 (al-Kabrānah)。再至鹤木拉 (Ghamrah) 为 18 密勒，此处有若干池塘和水井。从密斯赖合走出 8 密勒，途经垓素尔 (Qaṣr)。再至扎特·伊尔格 (Dhātu Īrq）为 26 密勒，此地有一口水量充足的井。从鹤木拉走出 12 密勒时，途经奥塔斯 (Awṭās)。再至“白尼·阿米尔”果园 (Bustān Banī ‘Amir)[①] 为 22 密勒，此处有充足的水。从扎特·伊尔格走出 11 密勒时，曾途经鹤木尔·吉·钦达 (Ghamr dhī kindah)。再至麦加为 24 密勒。从“白尼·阿米尔”果园走出 11 密勒，曾途经穆沙什 (Mushash)。

从巴格达城至麦加，全程为 275 又 2/3 个法尔萨赫，也就是 827 密勒。

禁寺的范围

向麦地那大道延伸出 3 密勒，向军达 (Juddah)[②] 路延伸出 10 密勒，向也门路延伸出 7 密勒，向塔伊夫延伸出 11 密勒，向伊拉克路延伸出 6 密勒。

禁寺 (al-Masjid al-Ḥaram) 全长为 370 腕尺[③]，宽为 315 腕尺[④]。天房为 24 腕尺零一拃乘以 23 腕尺零一拃[⑤] 见方。绕着玄石 (Ḥajr) 行一周为 50 腕尺，绕天房行一周为 107 腕尺。克尔白 (Ka‘bah)[⑥] 自地面向天空的

① 意思是“阿米尔部族的果园”。
② 今阿拉伯半岛的吉达港，在红海东岸。
③ 指南北向的长度。
④ 指东西向的长度。
⑤ 拃 (Shibr) 约合 0.225 米。
⑥ 即天房，意思是“立方体”“骰子状”。

高度[1]为 27 腕尺。麦加曾为人祖阿丹所居。后来，禁寺一直受到各民族的尊重。直至安拉使先知易卜拉欣住于天房的所在地，于是，他携其子伊斯玛仪增高了天房的基础并建造了它。

麦加在纳季德(Najd)的诸省区(Mikhlāf)

有塔伊夫 (Ṭā'if)，奈季兰 (Najrān)，有诗为证：

到纳季德的克尔白对你是必然的，
直至你抵达且居住在它的诸门口。

有盖尔努·麦纳吉利 (Qarnu al-Manāzil)，有诗为证：

你怎么不去住盖尔努·麦纳吉利的大寓所？
那寓所确已盖成了。

有富图格 (al-Futuq)、欧卡兹 ('Ukāz)、宰义玛 (Zaymah)、图莱巴 (Turabah)、必沙 (Bīshah)、苔巴拉 (Tabālah)、呼杰义拉 (al-Hujayrah)、苏佳 (Thujjah)、久莱什 (Jurash)、赛拉 (al-Sarāh)。

麦加在帖哈麦的诸省区

有端坎 (Ḍankān)、阿舍姆 ('Asham)、拜义什 (Baysh)、阿克 ('Akk)。

① 阿文为厚度，即从地面往天空方向的厚度，实为高度。

从麦加到塔伊夫的道路

努麦义里 (Numayrī) 吟道：

你在麦加舒适地过冬，
麦加的避暑地在塔伊夫。

从麦加至“伊本·穆尔台菲厄”井 (Bi’r Ibn al-Murtafi‘)。再至盖尔努·麦纳吉利，它是也门人同塔伊夫人的聚会地。再至塔伊夫，谁欲从麦加走山路至塔伊夫，谁则先至阿莱发特 (‘Arafāt)，再至白特努·奈尔曼 (Baṭnu Na‘mān)，再至亚喀巴·希拉依 (‘Aqabatu Ḥirā’i)，就接近塔伊夫，下了坡，再登上小山 (‘Aqabatu Khafīfah)，最后，进入塔伊夫。

从麦加到也门的道路

从麦加至“伊本·穆尔台菲厄”井，此处有一口水井。再至盖尔努·麦纳吉利，这是一个巨大的村庄。再至富图格 (Futuq)，这也是一个大村庄。再至塞夫努 (Ṣafnu)，此地有两口水井。再至图莱巴，这是个大村庄。再至开拉 (Karā)，此地有枣椰林和泉水。再至赞雅 (Zanyah)，此地有枣椰林和泉水。再至苔巴拉，这是一个大市镇，其内有几眼泉井。再至必抄·布尔丹 (Bishah Bu’ṭan‘)，它很大，其内有蓄积之水[①]。侯迈义德·本·骚尔·海拉利 (Ḥumayd bn Thawr al-Halāli) 吟道：

我想用必沙或叶白姆白玛(Yabambamā) 的缟玛瑙获得三倍的椰枣。

① 原词 Ẓāhir, 意思是“表面的”，直译为“表面的水”。今理解为地面上的水，故译作“积水”“蓄积之水”。

再至杰塞达（Jasadā'），此地有一口水井，无人居住。再至拜纳特·哈尔布，这是一个大村庄，内有泉水和井。再至叶白姆白玛，此地无人居住。再至库特纳（Kutnah），这是一个大村庄，有若干口水井。再至苏佳（Thujjah），此地有一口水井。再至塞鲁姆·拉合（Sarūm Rāḥ），这是一个大村庄，有若干口泉井和果园，久莱什与之相距 8 密勒。再至麦赫杰拉（Mah jarah），这是一个大村庄，庄内有若干泉井。

塞鲁姆·布合与麦赫杰拉两村之间，有株叫"泰勒合图勒麦利克"（Ṭalḥatu al-Malik）[①] 的大树，它比"安莱布"（Gharab）[②] 树还大。这株大树是麦加地区与也门地区的界标。再至阿尔嘎（'Arqah），此地水量少，无人居住。再至塞耳达（Ṣa'dah）[③]，这是个大城市，市内有鞣皮制革和制造皮鞋的工厂。再至艾耳麦希雅（al-A'mashiyah），此地无人居住，有一股小泉水。再至海义旺（Khaywān），它是个大村庄，生产粒大的葡萄。村内有两个池塘，居民为欧麦尔人（'Umariyyūn）。再至艾撒菲特（Athāfit）这是座城市，有果园、庄稼 [④] 和泉井。再至萨那（Ṣan'ā'），萨那是也门的首府。拉吉兹（Rajiz）吟道：

即便旅途漫漫，
即便策杖拄弯，
即便马背磨破，
你都要去萨那。

艾布·努瓦斯（Abū Nuwās）吟道：

我们是纳印图（Na'iṭ）的主人，

---

① 意思是"国王的一株（阿拉伯）橡胶树"。
② 疑其是柳树（Ghalaf）的古代称呼。
③ 即今阿拉伯也门共和国的萨达。
④ 庄稼（Zurū'），专指大麦和小麦两种。

我们有萨那，
那儿的房屋里备有麝香。

“西拉尔”河谷 (Wādi al-Sirār) 穿过萨那。夏季，雨水汇流于此谷中，终注入西旺 (Sīwān)，形成一个湖泊。有诗为证：

不幸降至西拉尔河谷堤坝上的居民身上，
惊逃的羚羊就栖居在那里。

也门诸省

有萨那、海舍布、鲁哈巴、麦尔麦勒 (Marmal)，安拉在其《古兰经》里讲到那烧毁乐园的火，就是从这个省燃烧起来的。当时，火把天空烧得如同白昼。萨那有一处叫午木当 (Ghumdān)，是希木叶尔人塞义夫·本·锥·耶赞 (Sayf bn dhī' Yazan) 的寓所。伍麦叶·本·艾比·寒勒特·塞盖菲 (Umayyat bn Abī al-Ṣalt al-Thaqafī) 曾谈到它：

你痛快地喝，
午木当顶上有一顶冠冕，
它是你经常下榻的寓所。

还有塞耳达省。从萨那至海义旺为 24 法尔萨赫，从海义旺至塞耳达为 16 法尔萨赫。从塞耳达至麦赫杰拉 (MahJarah) 为 20 法尔萨赫，麦赫杰拉在也门第一处——“泰莱合图勒麦利克”地面的曼代合 (Mandah) 山路下，萨那与麦赫杰拉相距 60 法尔萨赫。

还有包喏 (Bawn) 省，莱义达 (Raydah) 在此省内。莱义达有废井，有安拉提及的“穆希德”宫。有海义旺省，有由高地与凹地构成的豪亮·锥·苏合义姆（Khawlān dhī Suḥaym）省[1]，豪亮·锥·苏合义姆省内有也门人崇拜的“火狱的”诸羚羊（Riyām al-Nār）[2]。萨那的右侧，有沙乞尔（Shākir）省、瓦迪阿（Wātdi'ah）、亚姆（Yām）、艾尔合布（Arḥab）、有黑尔达（al-Ḥirdah）省、海木丹（Hamdān）；有焦夫·海木丹[3]省、焦夫·穆拉德（Jawf Murād）[4]省、舍努艾（Shanū'ah）省、苏达（Ṣudā）、久耳菲（Ju'fi）；有杰斯拉（al-Jasrah）省、麦什里格（al-Mashriq）省、布尚（Būshān）、扈代尔（Ghudar）省、扈代尔内有“纳印图”[5]宫。有艾耳亮（A'lā）省、安欧姆（An'um）、麦素奈阿台因（al-Maṣna'atayn）、白纳·虎代夫（Banā Ghuṭayf）、“马里卜”村（Qaryatu Ma'rib）。奈比埃·杰厄迪（al-Nābighah al-Ja'dī）吟道：

当那暴雨形成的洪水尚未到来之际，
赛伯邑（Saba'a）或马里卜尚有人烟。

在马里卜有“苏莱曼”宫和盖希布（al-Qashīb），有“比勒盖斯”，（Bilqays）宫。伊本·锥·杰丹（Ibn dhī Jadan）吟道：

盖希布荒无人烟，
亲人们互相离散。

马里卜地面还有宫殿（Ṣirwāḥ）、大水坝（Sudd），它就是阿利姆（'Arim）。

从萨那至苏达（Ṣudā）、久尔菲（Ju'fī）、舍努艾（Shanū'ah）为42法

① 雅古特《地名辞典》卷五，第69页称作“锥·鸠莱图·豪亮”（Dhī Jurral wa Khawlāna）。
② 同上书，卷三，第110页，称作“屋室的诸羚羊”（Riām Bayt）。
③ 意思是“海木丹”洞穴。
④ 意思是“穆拉德”洞穴。
⑤ 意思是“行程极远的旅行者”“长途旅行者”，此处为宫殿的名字。见雅古特《地名辞典》专条。

尔萨赫。哈达拉毛（Ḥadramawt）省，它与海之间是沙地，从苏达至哈达拉毛为 30 法尔萨赫，从萨那至哈达拉毛为 72 法尔萨赫。

豪亮 · 里达厄（Khawlā Ridā'i）省，其内有“奈姆勒”（Wādī al-Naml）[1] 河谷，艾合窝尔（Aḥwar）省，合格勒（al-Ḥaql）省，泽玛尔（Dhamār）与萨那相距 16 法尔萨赫。有阿米尔人聚居的省（Mikhlāf Banī ‘Amir），撒特—莱达厄（Thāt wa Radā‘）、代细纳（Dathīnah）省、塞尔窝（al-Sarw）省、塞尔窝的对面是“海义里吉”（al-Khayrij）码头。有安斯（‘Ans）省、鲁艾因（Ru‘ayn）省、奈塞芳（Nasafān）、开合亮（Kaḥlān），开合亮境内有“白义怒奈”湖（Buḥayratu Baynūna）。乌姆鲁·盖斯·本·哈杰尔（Amrū al-Qays bn Ḥajar）吟道：

在鲁艾因有苏瓦萨（Suwāsah）人的房子，

人们拥挤在房子四周。

有端坎省、祖布哈（Dhubḥān）、纳非厄（Nāfi‘）省、麦素哈（Maṣḥā）、侯即尔（Ḥujr）省、白德尔（Badr）、艾汗拉（Akhallah）、苏海义布（Ṣuhayb）、赖合杰（Laḥj）省、艾布焉（Abyan）省、亚丁（‘Adan）在此省内。有白尔丹（Ba‘dān）省、莱义曼（Raymān）、苏佳（Thujjah）省、麦兹莱厄（Mazra‘）、锥 · 麦卡里布（Dhi Makārib）省、艾姆陆克（al-Amlūk）。

从萨那至泽玛尔为 16 法尔萨赫，从泽玛尔至奈塞芳与开合亮为 8 法尔萨赫，从奈塞芳至侯即尔与白德尔为 20 法尔萨赫，从侯即尔与白德尔至“亚丁”村为 24 法尔萨赫，它就是艾布焉省，从萨那至亚丁为 68 法尔萨赫。

还有苏赖夫（al-Sulaf）、艾代姆（Adam）、奈季兰（Najlān）省、奈赫布（Nahb）、杰奈德（Janad）省、塞卡西克（al-Sakāsik）省，塞卡西克是也门的终端。

---

① 意思是“蚂蚁”。

从萨那至泽玛尔为16法尔萨赫，从泽玛尔至阿勒卧·叶合希布（‘Alw Yaḥṣib）为8法尔萨赫。叶合希布是佐法尔（ẓafār）的城市，它的宫殿叫莱义丹（Raydān）。乌姆鲁·盖斯（Amrū al-Qays）吟道：

他能在莱义丹塑造了一匹高头骏马？

也门的历代诸国王住在佐法尔。从阿勒卧·叶合希布至塞侯勒（al-Sahūl）为8法尔萨赫，从塞侯勒至苏佳为8法尔萨赫，从苏佳至杰奈德为8法尔萨赫，从萨那至杰奈德为48法尔萨赫。

向左方去萨那，有锥·舍阿白音（Dhi Sha‘bayn）省、基亚迪（Ziyādiyyi）省、麦阿非尔（Ma‘āfir）省、白尼·麦吉德（Banū Majīd）省。白尼·麦吉德有最好的黄牛。有莱克卜（Rakb）省、素勒布（Ṣulb）省、奈夫德（Nafd）、伊罕尔（Īghār）、麦纳黑因（al-Manātkhīyyīn）省、麦纳黑因省里有穆宰义黑拉（al-Mudhaykhirah），它是一座坚固的城堡，锥·迈纳赫人（‘al-Dhī Manākh）居住其中，其内有希木叶尔人伊本·艾比·贾法尔·迈纳黑（Ibn Abī Ja‘far al-Manākhī）的住宅。有合木勒（Ḥamul）省、代姆斯（Damth）、舍尔阿布（Shar‘ab）、欧纳（‘Unnah）省、阿纳亚（‘Anāyah）、莱纪厄（Raji‘）、塞侯勒（al-Saḥūl）省，白尼·塞阿卜（Banū Sa‘b），乌哈扎（Wuḥāzah）省、“下”叶合碎卜（Sifl Yaḥṣib）省、“上”叶合碎卜省、古法阿（al-Qufā‘ah）省、斡锥拉（al-Wazīrah）、侯即尔（Hujr）、宰碧德（Zabīd）、宰碧德对面是罕拉菲嘎（Ghalāfiqah）海岸和曼代布（Mandab）[1]海岸。还有里麦耳（Rima‘）省、穆格拉（Muqrā）省、艾勒罕（Alhān）省、久布亮（Jublān）省，锥·舍尔赫族（Āldhī Sharh）的久布拉尼（al-Jublāni）人就住在久布亮。久不亮由两条山脉组成，一条是塔阿（al-Ṭā‘ah）山，另一条是麦尔绥叶（al-Ma‘sīyah）山。还有锥·鹫拉（Dhī Jurah）省，合格赖因（al-Ḥaqlayn）省，欧尔夫（‘Urf）省，艾贸陆特（al-Akhrūt）。

① 意思是“哭泣”。今译作曼德，红海的曼德海峡即以此为名。

从萨那至欧尔夫为 8 法尔萨赫，从欧尔夫至艾勒罕 (Alhān) 为 10 法尔萨赫，从艾勒罕至久布亮(Jublān) 为 14 法尔萨赫，从久布亮至宰碧德、里麦耳为 12 法尔萨赫。

在萨那的背面，有豪亮 (Khawlān) 省、杰戴德 (Jadad) 省、豪舍布 (Kawshab)、阿克 (‘Akk) 省、在阿克的对面是代赫赖克 (Dahlak) [①] 港。还有密赫萨厄 (Mihsā‘) 省、哈拉兹 (Ḥarāz) 省、豪赞 (Hawzan)、艾贺陆吉(al-Akhrūj) 省、麦吉奈赫(Majnah)、哈都尔(Ḥaḍūr) 省、玛金(Madhin) 省，侯姆亮 (Ḥumlān)，戴合尔 (Ḍahr) 城在侯姆亮。还有沙乞尔 (Shākir) 省，希巴姆 (Shibām)，拜特·艾格扬 (Bayt Aqyān)，麦撒尼厄 (al-Masāni‘)，锥 · 哈瓦里 (Dhī Ḥawāli) 人居住在麦撒尼厄，他们是银 · 麦高里 (Dhī Maqāri) 人的后裔，他们之中就有叶厄夫尔 · 本 · 阿卜杜 · 拉赫曼 · 本 · 库莱义布 · 哈瓦利尤 (Ya‘far bn ‘abd al-Raḥmān bn Kurayb al-Ḥawāliyu) 这个人。乌姆鲁 · 盖斯 (Amrū al-Qays) 吟道：

把拜特 · 艾格扬与侯即尔加在一起，
也供不起他们所需要的装备和资金。

他还吟道：

他放弃了诸工场的赔偿，
他统治了平原和山区。

还有瓦兑厄 (Wādi‘) 省、麦耳赖勒 (Ma‘lal)，麦耳赖勒位于萨那与希巴姆之间。从萨那至希巴姆为 8 法尔萨赫。有诗为证：

邪恶的时代一直纠缠着我，

① 即今红海的达拉克。

它在希巴姆为我设立了帐篷。

还有塞格尔（Ṣaghr）省、胡纳什（Khunāsh）省、密勒杭（Milḥān）、合凯木（Ḥakam）省、贾赞（Jāzān）、"舍尔佳"港（Marsā al-Sharjah）、哈旧尔（Ḥajūr）省、马格里布（al-Maghrib）、固代姆（Qudam）省，固代姆省与麦赫杰拉（Mahjarah）镇相对。有合雅（Ḥayyah）省、库赞（Kūdhan）、麦斯合（Maṣḥ）省、钦达（Kindah）省、塞空（Sakūn）、塞地富（al-Ṣadif）省。

诸邮传驿站

从鹤木拉（al-Ghamrah）至萨那有49个驿站，从萨那至泽玛尔有4个驿站，泽玛尔与亚丁之间有7个驿站，泽玛尔与杰奈德之间有4个驿站，萨那重马里卜有7个驿站，马里卜与安代勒（'Andal）之间，骑着骆驼走9个驿站，安代勒即哈达拉毛。

从税册的记录可以看到，也门的一些州长上缴的年税为600,000第纳尔。这个数字是此王国[①]的最高征税额。在伊斯兰时期，也门地区被划给三个州（Wulāt），第一个州在杰奈德及其诸省，此州最大；第二个州在萨那及其诸省，这个州次大；第三个州在哈达拉毛及其诸省，此州最小。

也门的诸建筑

也门人讲，当苏莱曼把比勒基斯嫁给哈姆丹国王锥·拜太尔时，魔鬼为他（拜泰尔）建造了宫殿，在石上写道："我们建造了白义努恩（Baynūn）[②]，建造了塞勒欣（Salḥīn）、绥尔瓦赫（Ṣirwāh）[③]、白义努恩·

① 即也门王国。

② 雅古特《地名辞典》卷一，第535页，白义努恩条言：它是靠近萨纳的也门的一个大城堡，由苏莱曼·本·达乌德建造。

③ 意思是"宫殿""城堡"（复数式）。

麦尔瓦赫·艾义迪（Baynūn Marwāḥ Aydīn）、欣达（Hindah）、胡奈义达（Hunaydah）、莱义达（Raydah）的凡勒素姆（Falthūm）及7座有殿堂的住所。伊本·锥·杰丹（Ibn dhī Jadan）吟道：

白义努恩已名存实亡，
塞勒欣再前面是人们盖的房。

在纳印图的宫殿上写着这样的文字，读作“这个宫殿建于我们从埃及出走的那一年”。瓦赫布·本·穆奈比赫（Wahb bn Munabbih）① 讲，建这座宫殿那一年，距今已过一千六百年。

在“舍米尔·尤尔义什·本·纳希尔·安欧姆”（Shamir Yur‘ish bn Nashir An‘um）要塞，人们发现了用希木叶尔（Ḥimyariyyah）文写的书。舍米尔·尤尔义什在其主人——太阳的帮助下建成了这座宫殿。在佐法尔（Ẓafār）的城门上可以看到这样的文句：

统治佐法尔的是谁？
是优秀的希木叶尔人。
统治佐法尔的是谁？
是邪恶的埃塞俄比亚人。
统治佐法尔的是谁？
是自由的波斯人。
统治佐法尔的是谁？
是经商的古莱什人②。
统治佐法尔的是谁？

① 瓦赫布·本·穆奈比赫（654—732年），又名艾布·阿卜杜拉（Abū ‘Abd Allāh），大食国历史学家，通晓古籍和各国历史。另说他约于728年卒于萨那，他是也门的犹太教徒，原籍波斯。

② 古莱什人，阿拉伯部族，居于麦加城一带。伊斯兰教的创始人穆罕默德即古莱什人。

是回来的希木叶尔人。

即统治权回到希木叶尔人手中。过去，埃塞俄比亚确实曾征服了也门，前后有四位国王统治着也门达 72 年之久。

从“塞尔德”清真寺（Masjid Sa‘d），再至塞勒曼（Salmān），有诗为证：

莱德曼（Radmān）的死尸，
塞勒曼的死尸，
安扎特（Ghazzāt）的死尸。

再至乌姑尔（Uqur），再至艾哈地德（al-Akhādīd），再至艾因·塞德（‘Aynu Ṣayd）[①]，再至艾因·杰迈勒（‘Aynu Jamal）[②]，再至巴士拉。

从巴士拉到麦加的道路

从巴士拉至曼杰沙尼亚（Manjashāniyah），再至侯凡依尔（Ḥufayr），再至鲁合义勒（Ruḥayr），再至舍基（Shajī），再至海莱伽务（Kharajā’），再至合凡尔（Ḥafar），再至玛维亚（Māwiyyah），再至扎特·欧舍尔（Dhāt al-‘Ushar），再至焉素阿（Yansū‘ah），再至苏迈义纳（Sumaynah），再至尼巴吉（Nibāj），再至奥塞佳（‘Awsajah），再至盖尔奈苔因（Qarnatayn），再至拉玛（Rāmah）。耶济德·本·穆凡里安·希木叶里（Yazīd bn Mufarrigh al-Ḥimyari）吟道：

在拉玛数日以后，
你割断了与权力相连的绳索了吗？

① 意思是“狩猎泉”。
② 意思是“骆驼泉”。

再至印迈拉(Immarah),再至推赫法(Tikhfah)。贾里尔(Jarīr) 吟道:

我们的骑兵有一天在推赫法,
把艾布·卡布斯家族打得惨败。

再至戴利亚(Ḍariyyah),再至杰地拉(Jadīlāh),再至凡勒佳(Faljah),再至代菲纳(Dafīnah),再至固巴(Qubā),再至迈朗(Marrān),再至斡吉拉(Wajrah),再至奥塔斯(Awṭās),再至扎特·伊尔格,再至"白尼·阿米尔"果园,再至麦加。相当于从尼巴吉(Nibāj)到奈格拉(Naqrah或奈基拉 Naqirah)的路程。

从叶麻麦(Yamāmah)到麦加的道路

从叶麻麦至伊尔德('Irḍ),伊本·穆凡里格(Ibn Mufarrigh)吟道:

在穆舍盖尔(Mushaqqar)与叶麻麦两地之间,
一只猫头鹰召唤着它的同类。

再至哈迪垓(Ḥadīqah),再至塞义合(Sayḥ),再至塞尼亚(Thaniyya),再至苏垓义拉(Suqayrā'),再至苏德(Sudd),再至塞达(Ṣadāh),再至苏莱义法(Shurayfah),再至巴士拉大道上的盖尔耶苔因(Qaryatayn),再至麦纳锥勒,前面已经提到过它。再至麦加沿海岸。

沿海岸,从阿曼到麦加的道路

从阿曼到凡尔格(Farq),再至奥凯亮('Awkalān),再至海巴赫(Habāh)

海岸,再至希合尔(Shiḥr)[①]。希合尔即“昆都尔”国(Bilād Kudur)。有诗为证：

你去希合尔，别去阿曼，
就会找到椰枣和乳香。

再至钦达(Kindah)省，再至“阿卜杜拉·本·麦兹合吉”(‘Abdu Allāh bn Madhḥj)省，再至赖合吉(Laḥj)省，再至右面的亚丁，再至麦安杜·路厄路埃(Maghāḍ al-Lu’lua)[②],再至白尼·麦吉德(Banū Majid)省,再至曼杰拉(Manjalah)，再至莱开卜(Rakkab)省，再至曼代步，再至宰碧德(Zabīd)省，再至罕拉菲嘎(Ghalāfiqah)，再至阿克省，再至希尔戴(Ḥirdah)。再至合凯木(Ḥakam),再至阿斯尔(‘Athr),再至“端坎”码头，再至西莱音(Sirrayn)，再至艾厄雅尔(Aghyār)，再至黑尔佳布(Ḥirjāb)，再至舒阿义巴(Shu‘aybah)，再至曼泽勒(Manzil)，再至军达[③]，再至麦加。

从豪亮·锥·苏合义姆去麦加的道路

从豪亮·锥·苏合义姆至贾赞(Jāzān)的欧尔什(‘Ursh)，再至必什图·布尔丹，再至瓦迪端坎，再至合勒义(Ḥalyi)，再至必什图·本·伽旺(Bīshatu Ibn Jāwān)，再至盖挠纳(Qanawnā)，努塞义布(Nusayb)吟道：

住在盖挠纳的麦加扎(Majāzah)的人啊!
你的亲人在武杰义菲尔(Vjayfir)及塞玛德(Thimād)。

再至哈塞巴(Ḥasabah),再至道嘎(Dawqah),再至欧勒耶布(‘Ulyab),

---

① 即今也门的席赫尔。
② 意思是“采珍珠场”。
③ 今沙特阿拉伯在红海海岸的吉达港。

再至耶巴 (Yabah)，有诗为证：

在盖挠纳、欧勒耶布和耶巴之间，

我的心灵在他们之间的小枕头上平静下来。

再至曼泽勒[①]，再至利司 (Līth)，再至叶赖姆赖麦 (Yalama)，叶赖姆赖麦是也门人的聚集地。再至麦赖康 (Malakān)，再至麦加。

从米昔儿到麦加的道路

从弗斯塔特至鹫波 (Jubb)，再至布窝义布 (Buwayb)，再至"本·本杜嘎"旅舍 (Manzil ibn Bunduqah)，再至阿吉鲁德 (ʻAjrūd 或"阿杰鲁德"ʻAjarūd)，再至赞巴 (Dhanbah)，再至库尔西 (Kursiyy)，再至合凡尔 (Ḥafar)，再至一落脚处，再至艾义拉 (Aylah)，再至合格勒 (Ḥaql)，再至麦德彦 (Madyan)，再至艾厄拉务 (Aghrā')，再至落脚处，再至钦拉巴 (Kilābah)，再至舍贺布 (Shaghb)，再至白答 (Badā)，再至塞尔合台因 (Sarḥatayn)，再至拜义达 (Bayḍā')，再至瓦迪古拉，再至鲁合义巴 (Ruḥaybah)，再至祖勒麦尔瓦 (Dhū al-Marwah)，再至麦尔 (Marr)，再至苏维达务 (Suwaydā')，再至祖勒·虎署布 (Dhu Khushub)，再至麦地那，再至前面已经提到的诸落脚处，再至麦加。

从大马士革到麦加的道路

从大马士革至一落脚处，再至一落脚处，再至扎特·麦纳锥勒[②]，再至塞尔鹤 (Sargh)，再至泰布克 (Tabūk)，再至穆赫代撒 (Muḥdathah)，再至艾格莱阿 (Aqraʻa)，再至久奈义纳 (Junaynah)，再至黑即尔 (Hijr)，

① 意思是"落脚处""客舍""旅店"。以下出现的曼泽勒均意译。

② 意思是"有旅舍的"。

再至瓦迪古拉。有诗为证：

如果事情已经发生，
马队已穿过瓦迪古拉，
就立即禀报艾布·伯克尔。

再至鲁合义巴（Ruḥaybah），再至祖勒麦尔瓦，再至麦尔，再至苏维达，再至祖·虎署布，再至麦地那，再至前面已经提及的诸落脚处，再至麦加。

从巴士拉到叶麻麦的道路

从巴士拉至一落脚处，再至卡最玛（Kāṭimah），拉吉兹（Rājiz）吟道：

她们和伊本·阿拔斯·本·阿卜杜勒·穆塔里布一起来到芦苇搭的茅屋。

另一人吟道：

夜里，他从卡最玛走到塞赫兰（Thahlān）的奈瓦绥夫（Nawāsif），再走到碧尼（Bīn）。

再至一落脚处，再至一落脚处，再至一落脚处[①]，再至盖尔阿依（Qar'ā'i），再至推赫法（Ṭikhfah），再至塞曼（Ṣammān），纳比埃·杰尔迪（al-Nābighah al-Ja'dī）吟道：

① 应指人们在沙漠中连续走，只有一些无地名的落脚处。因此，落脚处（Manzil）也连续出现。据此，不应译为"旅舍""客店"一类意思，也不应音译为曼泽勒。

哈鲁里亚 (Ḥarūriyyah) 是塞勒玛的住所呀!
不是迁到塞曼那边、迁到穆太塞利姆 (Mutathallim) 去了吗?

再至一落脚处,再至一落脚处,再至一落脚处,再至鹫波·土·拉卜 (Jubb al-Turāb),再至一落脚处,再至一落脚处,再至苏赖玛 (Sulaymah),再至努巴克 (Nubāk),再至叶麻麦。

叶麻麦的四野

有哈杰尔 (Ḥajar)、杰斡 (Jaww)。杰斡是黑杜利玛 (Khiḍrimah),从哈杰尔走一昼夜方到此地。伊尔德 ('Irḍ),它是一个谷地,此谷将叶麻麦从高处到低处劈为两半[①]。谷中有若干村落。

还有曼夫哈 (Manfūḥah)、窝布拉 (Wabrah)、垓尔法 (Qarfah)、鹤布拉务(Ghabrā')、穆亥舍玛(Muhashshamah)、阿麦利亚('Amariyyah)、拜义桑 (Baysān)、布尔盖图·达合克 (Burqatu Ḍāḥak)、突兑合 (Tūḍikh)、密格拉特 (Miqrāt)。乌姆鲁·盖斯吟道:

突兑合和密格拉特的遗址没有被埋没,因为南风和北风互相吹拂着它。[②]

有麦加扎,有诗为证:

居住在盖挠纳的麦加扎的人,
你的亲人却在武杰义菲尔及塞玛德。

① 可解为"从北方向南方劈成为两半"之意,大食人也有北高、南低的地理概念。
② 原注:如果只从一面吹风,沙漠即会掩埋掉城市。如果风从两面吹,便不会被掩埋。

有瓦迪·鼓廊(Wādī Qurrān)。

巴林(Baḥrayn)的诸村镇

它们是亥特(Khaṭṭ)、盖兑甫(Qaṭīf)、阿拉(Ārah)、海杰尔(Hajar)、法鲁克(Farūq)、白义努纳(Baynūnah)。纳比埃·杰厄姆吟道:

她们面前的白义努纳的野兽,
是携儿带女的野牛群。

穆舍盖尔(Mushaqqar)、扎拉(Zārah)、久瓦萨(Juwāthā)。有诗为证:

艾什纳斯(Ashnās)的损失,
不如久瓦萨和祖·高尔(Dhū Qār)战役的损失大。

萨崩(Sābūn)、达林(Dārīn)、汗巴(Ghābah)、舍波(Shanūn)。

从叶麻麦到也门的道路

从叶麻麦至海尔吉(Kharj),再至奈布阿(Nab'ah),再至麦加扎,再至麦阿丁(Ma'din)[①],再至舍夫格(Shafq),再至速尔(Thūr),再至凡赖吉(Falaj);再至帅法(Ṣafā),再至毕厄尔·阿巴尔(Bi'r al-Ābār)[②],再至奈季兰,再至黑玛(Ḥimā),再至白拉尼斯(Barānis),再至麦尔叶耳(Marya'),再至麦赫杰拉,再至前面已述及的诸旅舍,诸旅舍位于通向萨那的正路上。

台义曼地区[③]的情况讲完了。

---

① 意思是"矿场"。
② 意思是"井",此地名为"阿巴尔井"。
③ 台义曼,"南方"之意。

帝国的邮传驿站

共有 930 个驿站，邮政用牲口的饲料钱，买牲口的价钱、商埠的口粮等消费，每年共需 159,100 第纳尔。

拉赞尼亚[1]犹太商人的商道

操着阿拉伯语、波斯语、罗马语、法兰克语、安达卢西亚语、斯拉夫语的商人经陆路和海路，从东方行至西方，又从西方行至东方。他们从西方贩来奴隶、婢女、娈童、绸缎（Dībāj）、毛皮、皮革、黑貂、宝剑等，从西海中的凡哈（Fanḥah）出航，取道凡莱玛（Faramā）[2]，再负载着商品到红海（Qulzum），从凡莱玛至红海有25法尔萨赫，再从红海出发航行在东海上，抵达伽尔（Jār）和吉达，再至信德、印度、中国。然后，他们从中国携带着麝香、沉香、樟脑、肉桂及其他各地的商货返回红海，再将货物运至凡莱玛，再航行于西海中。或许，他们带着商品去君士坦丁堡，货卖给罗马人。或许，他们将商品带到法兰克王国，在那里贩卖，假如他们愿意，他们可以带着货物从法兰克出发经西海，在安塔基亚[3]（安条克）登陆，在陆地上走过三个驿站，便到达伽比亚（Jābiyah）。再航行在幼发拉底河上，直抵巴格达，再航行在底格里斯河上，再至武步拉（Ubullah）[4]。再从武步拉起航，陆续至阿曼、信德、印度及中国，所有这些道路都是彼此相通的。

---

① 拉赞尼亚（Rādhāniyyah），即“拉丁的”之意。当指操拉丁语的民族所生活的欧洲地中海地区。

② 埃及港口，濒临地中海。

③ 在今土耳其共和国境内，靠近叙利亚的海岸城市。

④ 在伊拉克的巴士拉城附近。

罗斯[1]商人的经商道路

他们是斯拉夫人种。他们将毛皮和黑狐狸皮、刀剑一类物品从斯拉夫的边远地区带到罗马海[2]，罗马人的长官向他们征收什一税，他们再行至斯拉夫河上的梯腻斯（Tinnīs），到达可萨突厥城海姆利杰。海姆利杰的首领向他们征收什一税，他们再行至“久尔疆”海[3]，然后从他们喜欢的海岸登陆，此海的直径为500法尔萨赫。也许，他们将其商货用骆驼从久尔疆驮到巴格达，斯拉夫奴隶为这些商人充当翻译，他们佯称是基督教徒，只需缴纳人丁税。

① 指基辅罗斯（Rūs）。
② 即今黑海。
③ 即今里海。中世纪时以里海南岸的久尔疆城得名。

商人们的陆路行程

其中一些商人从安达卢西亚，或者从法兰克出发，航海至"远"苏斯，再至坦佳，再至阿非利加，再至米昔儿，再经莱姆拉(Ramlah)[①]至大马士革，再至库法，再至巴格达，再至巴士拉，再至阿瓦士，再至法尔斯，再至克尔曼，再至信德，再至印度，再至中国。或者选择罗马国后面的斯拉夫国而行，再至海姆利杰，即可萨突厥城，再经过久尔疆，再至巴尔赫与河外地[②]，再至乌鲁特[③]土胡兹胡尔(Wurut Tughuzghur)[④]，再至中国。

① 西奈半岛北端的大沙漠。

② 即阿姆河以外的地方。当时，为昭武九姓胡、葛逻禄、突骑施所在地。

③ 乌鲁特，波斯语。意思是"光秃、赤裸"，此处可解为"九姓乌古斯旷野"。

④ 即九姓乌古斯，或言九姓古斯。

四大文明地区

其中，有艾卢法（Arūfā）地区，此区内有安达卢西亚、斯拉夫、罗马、法兰克、坦佳，直至米昔儿的边界；有卢比亚（Lūbiyā）地区，此区内有米昔儿、古勒祖姆[①]、老勃萨[②]、柏柏尔（Barbar）[③]，及其所辖诸地，南方的海洋，此地区没有野猪、山羊、野驴、赤鹿；有伊特尤菲亚（Ityūfiyā）地区，此区内有帖哈麦、也门、信德、印度、中国诸地；还有埃斯固提亚（Asqūtiyā）[④]地区，此区内有亚美尼亚、呼罗珊、突厥、可萨突厥。

① 即阿拉伯人对红海的称谓。
② 此名见于《新唐书·西域传》，即阿比西尼亚，今埃塞俄比亚。
③ 即《酉阳杂俎》所言之拨拔力国。
④ 或读作伊斯固提亚（Isqūtiyā）。

大地上的奇迹

在西西里岛、安达卢西亚、印度，有一种在石头里燃烧的火，但是谁若想从中取出火苗，那火苗是不会燃烧的（火苗从石中取出即熄灭）。西西里岛没有叫作“骑士”（Fursān）的巨大蚂蚁。在古尔突巴（科尔多瓦）国，因猛兽甚多而没有猴子。

在“海泽尔”海（Baḥr al-Khazar）畔的罗马国土上，有一名叫“穆斯太蒂莱”的地方，无论冬、夏，雨水连绵不断。因此，他们不能打谷、扬场，只是将谷穗收藏在家，何时需用，再将谷穗取出，用“手搓法”脱粒。然后再磨面、制饼。在罗马国里，隼鹰很多，同我们这里的乌鸦那么多，但是，这种鹰并不凶猛，虽然多，罗马人也不能用它来猎获禽兽。

在汉志（希贾兹）、也门的居民们这里，整个夏天都下雨，冬天是干旱的。萨那及其所属地区的阳历六、七、八月及九月的若干天，是在午后降雨的[①]。在那里，如果人们中午相遇、交谈，对方总是说:“请赶快在下雨之前讲完。”因为在那些日子里总是要下雨的。

安达卢西亚的两所房子是令人惊奇的。这两所房子在王城之中，奇事是在两所房子被打开时出现的。其中一所房子是历代国王的宫室，宫中藏有历代国王的 24 顶价值无算的王冠，每顶王冠上都记着它的主人的姓名、年龄及其在位年数。在此宫室中有苏莱曼 · 本 · 达乌德（Sulaymān

① 一般而言，阿拉伯地区的冬季是雨季，上述两地的气候是独特的。

bn Dā-wūd)[①] 的桌子。在另一所房子的门上，有 24 把钩锁，也就是每任国王都给这房子加上一把钩锁，但是，历任国王都不知道这房子里有什么。直至卢摘利格（Lūdharīq）王，即诸先王之后的末代国君在位之际，他说，我一定要知道这间房子里有什么。他以为这房内一定有钱财和珍宝。大主教们及教堂的书记们都聚集到卢摘利格面前。他们认为国王的这个想法很严重。他们请求他按先王们做的那样行事。卢摘利格拒绝了他们的请求，只想打开这扇屋门。众人讲道："瞧，您想在门里看见的那些钱财，我们可以聚敛在您的眼前，把钱都交给您去花，但是请您不要打开这间屋门。"然而，他拒绝了众人的请求，并打开了房门。原来，房子里存放着的是些阿拉伯人的画像，这些阿拉伯人骑着马，头上缠着缠头布，穿着鞋，他们还张着弓，搭着箭。就在这扇门被打开的当年，阿拉伯人进入了他们的国度。

古太白·本·穆斯林（Qutaybah bn Muslim）[②] 在名叫拜堪德（Baykand）[③] 的城中发现了一些巨大（像锅似的）圆形物体，攀着梯子才能登上它们。

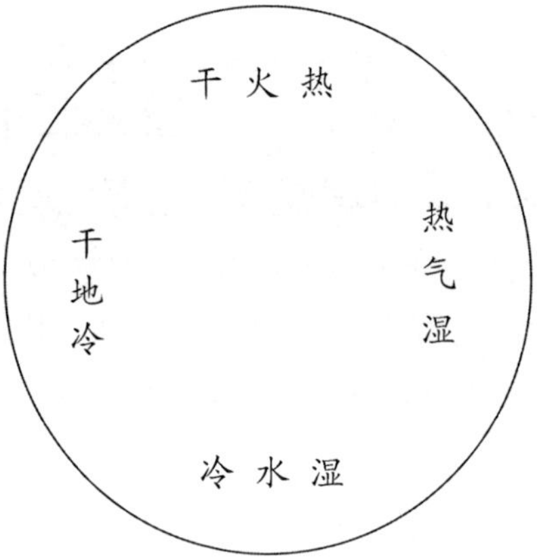

① 按翻译基督教《圣经》的习惯，可译作"大卫的儿子所罗门"。

② 《册府元龟》卷九九九所记"异密屈底波"，即其人，阿拉伯语意思是"屈底波元帅"。

③ 位于阿姆河东北岸的中亚古城，又称"商人之城"。又译作派甘德。（见珀西·塞克斯《阿富汗史》）即《隋书》提及的毕国。

上面，是一圆球，智者们在上头描绘着世界的景象，向人们显示出至高无上的安拉，巧妙地将圆球面上的四种要素综合在一起，它们彼此交错，就像图上的热与热、冷与冷混合一样，正是存在着这些矛盾，才创造出了这个世界。

安拉多受赞美!

在这个四分之一圆里，一切（事物）都是热的和湿的，他们是空气、血液、春季、小孩子、东方、南风，时间上的一点钟、两点钟、三点钟，肌体内自有的消化力，甜味，月亮、金星等星辰，黄道十二宫中的白羊宫（Hamal）、金牛宫（Thawr）、双子宫（Jawzā'）。

信赖安拉！

在这个四分之一圆里[①]，一切都是热的和干燥的，他们是火、胆汁质、夏天、青年人、南方（Tayman）、微风，时间上的四点钟、五点钟、六点钟，身体中的理智力与野蛮力，苦味，火星、太阳等星辰，黄道十二宫中的巨蟹宫、狮子宫、室女宫。

祈求安拉!

在这个四分之一圆里，一切都是冷的和干燥的，他们是土、忧郁质、秋天、成年人、北方（Jarbī）、北风，时间上的七点钟、八点钟、九点钟，抑制力，酸味，土星，黄道十二宫中的天秤宫、天蝎宫、人马宫[②]。

向安拉求助!

在这个四分之一圆里，一切（事物）都是冷的和湿的，他们是水、痰、冬天、老人、西方、西风，时间上的十点钟、十一点钟、十二点钟，脉冲力，咸味，木星、水星等星辰，黄道十二宫中的摩羯宫（Jaydi）、南鱼宫、宝瓶宫。

① 即这个圆的第一个四分之一，即第一象限。

② 一作“射者宫”。

奇异的建筑

在米昔儿，有两座金字塔，每座金字塔的高度为400腕尺，而且越高越尖。它俩均以大理石和雪花石构筑而成。金字塔底座的长边和宽边均为400腕尺，这是以国王的肘腕长为尺度的。在两座金字塔上，有穆斯奈德体撰写着医学、天文学方面的奇观。据说——只有安拉知道——这两座金字塔是国王托勒密·垓卢基建造的。上面刻写着:“我建造了这两座金字塔，谁若自称他的统治是强大的，就让他摧毁这两座金字塔。摧毁比建筑容易。”他讲，在这两座金字塔的一侧附近，还有10座比它俩小的金字塔。他讲，伊斯玛仪勒·本·耶济德·穆赫赖比——他是卢厄卢厄·安拉姆·本·图伦(Lu'lu' Ghalām ibn Tūlūn)[①]的书记员——告诉我:“我同艾布·阿卜杜拉·瓦西特(Abū 'Abdu Allāh al-Wāsiṭī)——他是艾哈迈德·本·图伦(Aḥmad bn Tūlūn)[②]的书记员——来到一座小金字塔跟前,同我们在一起的还有一些工人，我看到金字塔的一面就相当于10个骆驼圈那样大。

于是，用凿子凿它，凿开用硬石垒的第一层，又凿开下面铺的一层细沙子。接着再凿开第二层硬面，又凿开第三层……在金字塔的第三层上，有一些经人穿凿的壁孔(Kuwā)。从第三层硬石的壁孔进去，便可走到一个方庭，这个方庭的面积为40腕尺的平方。方庭中有4座拱门(Naymakhānjāt)[③]，它们分布在方庭的对面、东面、西面、南面。这四座拱门是些被关闭着的高大石门。我们打开了东面的门，看到门里有一个满盛着木乃伊的缟玛瑙质的瓮，瓮的顶部是一个肥猪的头像。

我们还看到了西面和南面的两座门里陈放的东西与东门里的一样，

① 是艾哈迈德·伊本·图伦的十七个儿子之一。

② 他于868年在埃及宣布独立，始建图伦王朝(868—905年)。公元868—884年间在位。其父是拔汗那的突厥人。

③ 此为波斯语名词，意思是，“半圆形，穹窿状”。单数形式为“Nīmkhājah”，其中Nīm为“半个”之意,Khājah意为“托盘”，合成一个词之后为“半圆”“圆屋顶”之意。此处译者翻译为“拱门”之意。

只是瓮顶的图像各有不同。在庭内，有 360 个人的雕像，这些人呈有羽毛的鸟形。于是，我打开了对面的那扇拱门，我们看见里边有一个黑色的密封的石质容器。我们需设法打开了这容器的盖子，因为，它原是用铅密封的。我们烧它，直至封铅熔化了才打开盖子。原来，容器内有一位死去的老人。老人头下枕着一块白色的缟玛瑙石板。在我们烧熔容器时，火已把老人烧坏了。

我们掀开盖在尸体上的衣服，搬起缟玛瑙石板，仔细地察看它，看到石板的一个面上有两幅金质的画像。其中，一幅画着一个人，人手里抓着一条蛇；另一幅画着骑着驴的人，人手握着权杖。石板的另一面上也画着一个人，此人骑在一只母驼上，手中握着一柄利剑。我们将这一切物品都拿了出去，并且送到艾哈迈德·本·图伦那里。他召来一位工匠修饰了这块缟玛瑙石板，我们都认出石板上画的是穆萨（摩西）、尔撒（耶稣）、穆罕默德的肖像[①]。他取来一个缟玛瑙瓮赠送给书记员艾布·阿卜杜拉，也送给我一个。我把瓮拿回家，我用棍子拨动着瓮中的木乃伊，以使他能动弹一下。我不停地拨弄它，又把木乃伊从瓮中倒出来，木乃伊的衣服相互折叠在一起。我把那衣服拨拉开，最后看到了一块牛皮。衣服就是裹在这块牛皮外的。我又把它（牛皮）拨开，它上面有一滴鲜血。我不知道这是怎么回事。只有安拉晓得了。

罗马城和亚历山大城的建筑。据说，后者用了 300 年才建成。罗马人在那里住了 70 年。城里的居民除非用黑色麻布罩在眼睛上，否则是不会在白天出门走路的，这是由于他们怕亚历山大城的雪白城墙和它的坐落在海中的一只玻璃螃蟹上的奇异的灯塔太耀眼。亚历山大城除了罗马人外，还有 600,000 犹太人，这些犹太人是罗马人的奴隶。

曼夫（Manf）是法老（Far'ūn）[②] 城，法老住在城中。此城有 70 座城门，

① 文中讲述的抓蛇者，是以色列人的先知摩西；骑驴握权杖者是基督耶稣，提剑者是穆罕默德，此三人依次是闪族先后出现的三种一神教：犹太教、基督教、伊斯兰教的先知，同时都是伊斯兰教所崇敬的先知。

② 古埃及国王的称号。曼夫，即孟斐斯。

城墙是用铁和铜制作的。城内有四条河渠，它们是从法老的宝座下流出去的。

法米亚 (Fāmiyah) 竞技场、台德木尔 (Tadmur)、白尔赖伯克、陆德 (Ludd)、大马士革的巴布 · 杰义龙 (Bāb Jayrūn) ①。

在米昔儿地面的艾因·舍姆斯 (‘Ayn Shams) ② 有两根圆厅柱，这是一些圆柱建筑遗留下来的两根，每根柱子的顶端有一个铜环。其中一个铜环下可流出水来，水顺着圆柱向下流，流到柱子的半腰处就止住，不再往下流。水不舍昼夜地流淌着，柱子的有水的部分总是湿润的和绿色的。这水不流到地面上去，这柱子是扈什汗克 (Hūshhank) ③ 的建筑。

罗马人说，在用石头的建筑中，最出色的要属“鲁哈”教堂 (Kanīsatu al-Ruhā)；在用木料的建筑中，最出色的是门比季的教堂，它全是用枣木制作的。在安塔基亚的固斯扬 (Qusyān) 城，是大理石建筑中最壮观的。霍姆斯的教堂是用石头搭成的建筑中最杰出的。我以为，在用灰泥和砖头的建筑中，要数库思老在麦达因的宫殿最辉煌。布合突力曾吟道：

建造奇美的宫殿，
成了杰勒斯 (Jals) 的游览地。
其城垣巍峨而令人夸耀，
比莱杜瓦和固德斯的山巅还高。
真不知这宫殿是人为精灵居住其中而造，
还是精灵为人类而造。

还有海窝尔奈格 (Khawarnaq)，它就是位于库法的白赫拉姆 · 久尔 ④。有诗为证：

① 意思是“杰义龙”门，是大马士革城的城门之一。
② 意思是“太阳泉”。
③ 古代波斯传说中的世界上第二位国王。
④ 白赫拉姆·久尔，是波斯萨珊王朝皇帝，即巴赫兰五世。这里是以其名字称宫殿。

盖哈唐（Qaḥṭān）人建立了自己的光荣，
他们称之为白赫拉姆·久尔。
他们的宫殿叫海窝尔奈格，
他们认出自己王国的形象和色彩。

用石的建筑，没有比沙兹莱旺·图斯苔尔（Shādhrawān Tustar）更坚固、更为壮观的，因为它是用岩石盖成的，柱子是铁的，钩缝用的是铅。

希布达兹（Shibdāz）凹地是山中的洞穴。还有雅朱者—马朱者的废墟。

雅朱者（Yājūj）—马朱者（Mājūj）壁垒的特征

塞拉姆·突尔久曼（Sallām al-Turjumān）告诉我，瓦西格·比拉（al-Wāthiq bi Allāh）[①] 在梦中看到了左勒盖尔奈英（Dhū al-Qarnayni）[②] 建造的横在我们与雅朱者—马朱者之间的壁垒坍塌了。于是，他要派人到那个地方去了解壁垒的情况。于是，艾什纳斯（Ashnās）[③] 进言道："在我们这儿，再没有比塞拉姆·突尔久曼更合适的人了，因为他会讲 30 种语言。"塞拉姆继续讲道：因此，瓦西格·比拉召见了我，对我讲："我想请你去壁垒那里，目睹之后把有关的情况带给我"。瓦西格派给了我 50 名精壮的小伙子，给了我 5,000 第纳尔、10,000 迪尔汗，给我的这 50 个随从每人 1,000 迪尔汗，并给了我们可用一年的给养。瓦西格还下令给我们每个

① 全名为：艾布·贾法尔·哈伦·瓦西格·比拉·本·穆尔台绥姆，黑衣大食王，（842—847 年在位），文学家兼诗人。

② 左勒盖尔奈英，意思是"双角王"。是亚历山大大帝菲利浦·马其顿的绰号。

③ 又称作"艾什纳斯·图尔基"（Ashnās al-Turkiyyi），意思是"突厥人艾什纳斯"。他于伊历 215 年（830 年）为黑衣大食王马蒙（Ma'mūn）攻打"三得斯"（Sands）要塞。后为瓦西格·比拉的宰臣，伊历 230 年（844 年）去世。

人配备了毡帽、毛皮，给我们缝制皮革用的顶针，还有木制的马鞍子。他还给我们 200 头驮粮食和饮用水的骡子。我们持着瓦西格的文书，从苏莱曼莱阿 (Surra man raā) ① 出发，来到亚美尼亚的君主伊斯哈格 · 本 · 伊斯玛仪勒 (Isḥāq bn Ismāʻīl) 这里。他住在我们必须经过的台夫利斯 ②。

伊斯哈格为我们的事给塞里尔 (Sarīr) 的君主写了信，塞里尔的君主又为我们给亮恩 (Lān) 的国王写了信，亮恩的国王又为我们给菲亮沙赫 (Fīlām Shāh) ③ 写信，菲亮沙赫又为我们给可萨突厥的君主苔尔汗 (Tarkhān) 写了信。我们在可萨王那里住了一日一夜，又继续走。他派出 5 位向导与我们同行。我们从可萨王那里走了 26 天，来到艾尔杜 · 苏达 (Ardu Sudā')④,这是个臭气熏天的地方。我们在进入该地之前就已准备了醋，嗅嗅它便可抵御那令人恶心的气味。我们在这段臭地里走了 10 天，后来我们走到一些被毁了的城市。在这些废城中，我们一直走了 20 天。我们打听这些城市的情形，百姓们告诉我们，这些城市是在雅朱者—马朱者攻打之后被捣毁的。我们来到一些靠山地的城堡，壁垒就坐落在这山地的支岔上。这些城堡中住着一些百姓，这些人说阿拉伯语和波斯语，是穆斯林，他们诵读《古兰经》，有乡塾和清真寺。他们问我们从何而至，我们告诉他们：我们是“信士的长官” (Amir al-Mu'minīn) ⑤ 的使者。他们对“信士的长官”这一称呼感到奇怪，我说，就是这样叫的。他们又问:“信士的长官是个老人呢，还是个年轻人？”我们回答道：“是位年轻人。”他们又感到惊讶。他们问：“现在他在哪里？”我们讲：“他住在伊拉克的一个城市，这城叫苏莱曼莱阿。”他们讲：“我们第一次听到这些情况。”这些城堡间的相互距离为 1 法尔萨赫至 2 法尔萨赫。

我们来到一座叫作“伊卡” (Īkah) 的城市。此城方圆 10 法尔萨赫，有几扇铁门。门是由上向下吊着的。城中有一些田庄和手磨，它们位于城

① 意思是“见者喜”。黑衣大食王的陪都。
② 即今格鲁吉亚的首都第比利斯。
③ 意思是“菲亮王”。
④ 意思是“黑色的土地”。
⑤《唐书》作“瞰密莫末腻”。

的入口处。左勒盖尔奈英率领着他的军队曾于此城驻扎，此城与壁垒之间有3天行程，其间有一些城堡和村镇。在第三天，我们走到壁垒跟前。这是一座环形山，据说，雅朱者—马朱者居于其内。雅朱者与马朱者是两种人，雅朱者人比马朱者人身材高些，他们身高1腕尺——1.5腕尺。我们来到一座上面有城堡的高山上。壁垒是左勒盖尔奈英建造的，它是两山间的隘口，两山相距200腕尺；它又是一条可以出没于地底下的通道，壁垒底部挖掘有深30腕尺的坑道，左勒盖尔奈英是用铁和铜建成它的，坑道两端直通地面，并升到山谷两侧的山面护堡上，每个护堡宽25腕尺，高50腕尺，底部10腕尺处是门。每扇门皆用掺了铜的铁坯垒筑而成。每块铜铁坯为1.5腕尺见方，厚为4乌斯巴①。"代尔万德"（Darwand）②是铁制的，它的两端架在两个护堡上，长120腕尺。"代尔万德"是固牢在每个护堡上的，它固着在每个护堡上的部分长10腕尺，宽5腕尺。在"代尔万德"上面有一个用铜铁坯造的建筑物，它一直延伸到山顶。极目望去，它高约60腕尺。在此建筑之上，有若干铁制的高台，高台的每一面有两只角，两只角勾在一起。每个高台长5腕尺，宽4腕尺。每个"代尔万德"上面各有37个高台。铁门是（两扇）对开的，而且是悬吊式的，每扇门宽50腕尺，高75腕尺，厚5腕尺。两扇门屹立在与"代尔万德"同高的转动槽中。从门前，或者从山上吹来的风一点儿也透不进门，它好像天生就那么密实。门上有一个7腕尺长，1庹(Bā')③厚的圆柱形钩锁，两个人还合围不过来，钩锁高出地面25腕尺。从钩锁处再向上5腕尺处，有一道闩，它比钩锁还长。钩锁有两个锁簧，每个锁簧有2腕尺长，门闩上挂着一把长1.5腕尺的钥匙。这把钥匙有12个齿（Dandānkah），每个齿颇似乳钵（Dastaj）。钥匙的圆周为4拃（Shibr）长，它被吊在一串焊在铁门上的锁链上。锁链长8腕尺，圆周为4拃，锁链的链环像弩炮

① 1乌斯巴等于3.12厘米。

② 波斯名词。现代的意思是"（门插销的）挂钩"，又作"悬挂者"解，此处似指一种城防设备。

③ 1庹为两臂水平伸直的情形下，两手之间的长度，约等于5市尺。

上的铁环，门槛宽为10腕尺。不把两个护堡下面的部分算在内，仅与地面相触的那段门槛就长达100腕尺。

在护堡下面另有5腕尺长的门槛，此腕尺为黑腕尺①。大门处有两个要塞，每个要塞的面积为200腕尺的平方。在这两个要塞的门上有两株树，两要塞之间有一口清泉。其中一个要塞里放置着一部建筑机器，壁垒就是以它为工具，并用铁锅和铁勺子为器材铸造成的。每个"迪克丹"(Dīkdān)②有4只形同制肥皂的锅一样的锅子。那里还有一些剩余的铁坯，它们狼藉地锈在一起。这些城堡的长官每52天骑乘而来。他们是相互接替地管理这座门的，这如同哈里发们相互继位一样。每次有3个人陪伴长官而来，每个人的颈上戴着一根铁棒。门有阶梯，长官逐阶上到最高一阶，于是，他在日出时第一次敲打钩锁，可听到大黄蜂窝般的喧闹声，过一会儿就静止下来。中午时，第二次敲打钩锁，长官将耳朵贴在门上可以听到后面发出的喧闹声甚于第一次，一会儿又静下来。晡时，再一次敲打钩锁时，后面的声响更为哗然。他一直坐到黄昏才离去。他敲门锁的目的是让门后面的人听见，使他们认为这里有人看守。使他们知道，门这边没有发生什么变化。离此不远，有一座很大的城堡，它的面积是10法尔萨赫乘以10法尔萨赫，即100平方法尔萨赫。塞拉姆继续讲道：我向走到近前的那些城堡居民问道："这个门难道就没有一点儿毛病？"他们说："这门只有一道裂缝，它横着，像一条极细的线。"我问："你们不感到担心吗？"他们讲："不！这个门厚达5腕尺，而且是以亚历山大的肘腕为尺度的。"

1亚历山大腕尺与黑腕尺相比较，则等于1.5黑腕尺。他(塞拉姆)讲："我走近门，从靴中拔出刀，在门的裂缝处刮下一块相当于半个迪尔汗银币大小的铁，用手巾把它紧紧包起来，以便让瓦西格·比拉观察。这门的右侧那扇的最高处，有用第一种文字③书写的话，字是用铁浇铸成的，上面

① "黑腕尺"究为多少，尚难确考。
② 波斯语名词，意为"(支锅用的)铁支架"。
③ 应指《古兰经》文字，即阿拉伯文。

写道："当我的主的应许降临的时候，他将使这壁垒化为平地。我的主的应许是真实的。"① 我们看到那建筑上有很多金黄色的铜砖坯，还有很多黑色的铁砖坯。在山中，有一地坑，门就是在这儿浇涛的。一个放锅的地方，铜就是掺到这些锅里的。还有一个熔化铅、铜的地方，有一些形状很像圆形的锅，每只锅有三只耳朵，耳朵上拴着一些锁链和铁吊钩，就是用这样的一些锅才把铜（水）铺倒在城墙上。我向这里的人问道："你们见到过一个雅朱者—马朱者人吗？"他们讲，有一次，他们在山上看到过一些。当时，黑风猛烈地刮着，把他们刮到这边来了。用眼睛看去，他们有一拃半大。从这座山的外侧看，此山没有山脊也没有山脚，没有庄稼、青草、树木和其他一切。它是"穆斯兰退合"（Muslanṭiḥ）山，光秃秃地矗立着。

在向导的指引下，我们走到呼罗珊省，其国王叫赖布（al-Lab）。我们从这里出发，又到了一个国王的居处，此王叫苔巴努焉（Ṭabānūyan），他是征收土地税的官长。我们在他那里住了一些天，又从那里出发，走了 8 个月才到达撒马尔干。我们走到艾斯比沙卜（Asbīshāb）②，又涉过巴尔赫河，又走到舍鲁塞纳(Sharūsanah)③，又到了布哈拉，又走到提尔米兹，然后，我们到达奈义萨布尔（Naysābūr）。去时，我的随从中死去和患病的有 22 人，死人的尸体被死者的衣服裹着埋葬掉。病人被安置在一些村庄里调养。返回时，又死去了 14 人。当我到达奈义萨布尔时，手下只剩下 14 个人了。一些要塞的长官为我们添加了足够的给养。我们来到阿卜杜拉·本·塔希尔（'Abd Allāh bn Ṭāhir）④ 那里，他赠我 8,000 迪尔汗，给我的随从每人 500 迪尔汗。在即将到达赖伊的那段路程上，他另外给我的每头牲口每天的草料钱为 5 迪尔汗，给我们每人每天 3 迪尔汗的膳

① 见马坚译《古兰经》山洞章，第 98 节。

② 即新、旧《唐书》所言"白水城"（或作"白水胡城"），今天哈萨克斯坦的奇姆肯特。

③ 即唐代的东曹国。

④ 黑衣大食的呼罗珊省总督、诗人。其父是塔希尔王朝的创建者塔希尔·本·侯赛因，伊历 206 年（821—822 年）为呼罗珊总督，翌年去世。马蒙委任其子泰赫拉·本·塔希尔继任其职。伊历 214 年以后，泰赫拉去世。马蒙遂委任阿卜杜拉·本·塔希尔继任呼罗珊总督一职，住在奈义萨布尔。至伊历 230 年（844—845 年）去世，秉政 14 年，享年 47 岁。（见《叶尔孤比史》下卷，第 456—480 页）。

食费。我们用来驮东西的骡子只活下来 23 头。终于，我们回到了苏莱曼莱阿。我谒见了瓦西格·比拉，向他禀报了我们所经历的事情，并取出我从门上刮下的铁供他察看。他赞美安拉，传令颁赏。他赏给每个去壁垒的人 1000 第纳尔。我们往壁垒去，用了 16 个月的时间，回程用了 12 个月另若干天。

塞拉姆·突尔久曼将此事完整地告诉了我，并口述给我他书中所言的内容，此书是他为瓦西格·比拉撰写的。

各地的奇迹

凡是走进吐蕃的人，都会毫无缘故地、持续不断地愉快地大笑。直至他离开吐蕃时方能停止这大笑。凡是进入中国尽头的那个叫作新罗的地方的穆斯林，均因那里盛产黄金，土田良美而定居在那里，并且绝不离开那里了。谁在毛绥勒住一年，他就会发现自己的体力会明显地变强了。谁住在阿瓦士城一年，谁就会发现自己的智力在明显地减退。在阿瓦士见不到任何一人的脸面会是红扑扑的。流行在阿瓦士的热病从未消失过。贾希兹 (Jāhiz)[①] 提到过，阿瓦士的一些接生婆告诉他，她们接生的一些初生婴儿中，间或出现一些患热病的。阿瓦士收捕它的山里的蛇。这山就坐落在城郊住宅之间，俯视着阿瓦士城。这里的住房中有许多有剧毒的黄色小蝎子。屋内的所有香料，两个月后尽皆变质（由蝎子之毒引起）。在安塔基亚也有这种事。谁若进入赞吉(al-Zānj)[②] 就一定会患上疥癣，谁若是在麦绥撒山区的夏季延长了封斋的时间，谁就会因胆变成黑色而暴怒，或许他会癫狂起来。谁若住在巴林，他的肝脾就会变大。有诗为证：

① 黑衣大食朝作家，全名为欧麦尔·本·巴赫尔（'Umaru bn Bahr，约 775—869 年)，生、卒于巴士拉。

② 今非洲东部桑给巴尔一带沿海地区。

谁住在巴林，
谁的脾就变大；
他大腹便便受到羡忌，
其实他是空着肚皮。

巴林产一种生椰枣，名叫纳比吉（Nabij），当用它酿酒喝时，其原来的白色汁液就会变色，最后变成黄色。谁到过“安拉的使者”城[①]（安拉为他祈祷），谁就会闻到一种奇异的香味。法尔斯地面的设拉子也有一种扑鼻的芳香。

一些哲人讲道：地球上的天然最好的地方有赖伊，因为它有苏尔（Surr）与塞尔班（Sarbān）两地[②]；后来建造得最好的是久尔疆；众所周知最好的是泰伯里斯坦；改造得最好的是奈义萨布尔；地球上最悠久而又最年轻的城市是君代萨布尔（Jundaysābūr），此地有若干条优良的河流，还有木鹿（Marw），那里有宜人的莱锥格（al-Razīq）和马疆（Mājān）、姑塔（Ghūṭah）[③]，姑塔有两个谷地，谁盘桓在那里吃上40天洋葱，谁的脸就会长出雀斑。好地方还有奈绥宾，那里有黑尔玛斯（Hirmās）、塞义迈拉（Ṣaymarah）及其他两座城堡；还有巴士拉，那里有两条河[④]；还有法尔斯，那里有舍耳布·白旺（Sha‘b Bawwān）；还有高地舍赫莱祖尔（Shabrazūr）；还有巴开尔哈（Bākarkhā），那里的果园一个接一个；还有在米亚努的河流；还有麦达因、苏斯、图斯台尔（Tustar）、图斯台尔位于杜杰义勒（Dujayl）、麦斯鲁甘（Masruqān）、麦赫鲁邦（Mahrūbān）、巴西扬（Bāsiyān）这四条河谷之间。还有纳哈万德（Nahāwand）[⑤]、伊斯白罕、巴勒赫。最圣洁最美好的高地，是粟特山中的撒马尔罕。侯代因

① 即麦地那城。
② 这是两个风光美好的市场。
③ 姑塔在大马士革郊区。木鹿当另有一个。
④ 当指幼发拉底河与底格里斯河。如今，巴士拉仅邻一条河。
⑤ 《新唐书》（卷二二一下）称“你诃温多城”。

·本·曼吉尔里高希（Ḥudayn bn al-Mandhir al-Riqāshī）曾这样比喻它：它像天空，它的宫殿如繁星；它的河流似银河；它的城垣若太阳。古巴兹[①]国王讲："麦达因、萨布尔（Sābūr）、艾莱疆、赖伊、纳哈万德、侯勒旺、玛塞白赞（Māsabadhān）诸城，乃是我的帝国内出产最佳的水果之地。"

水流变化的奇事

有一小股溪流从也门的山中涌出，顺着山的一侧流下，当溪水将要流到地面之际，水流突然凝固了，变成了白色的也门明矾[②]。另外，阿塞拜疆的一河谷中的水，流着流着就变成了石头，最后变成了岩石的薄片。

山脉的奇事

麦加与麦地那两城之间有一"阿尔鸠"（'Arju）山，此山一直向苫国移动，并同霍姆斯地面的黎巴嫩相连，与大马士革的塞尼尔（Sanīr）相连，它继续移动，与安塔基亚、麦绥撒（Maṣīṣah）山相连，"麦绥撒"山在当地人那里叫卢卡姆（Lukām）。"阿尔鸠"山继续与麦赖推亚[③]的群山、希姆沙特、卡利垓拉（Qālīqalā）相连，直至"海泽尔"海。"海泽尔"海有"巴布—艾布瓦布"[④]城，当地人称之为垓卜格（Qabq）[⑤]。

---

① 全名为：古巴兹·本·卑路斯（Qubādh bn Fayrūz），波斯萨珊王朝第十八代君主。

② 意思是"白色的绿矾（硫酸铁）"，绿矾当为绿色，非白色。故译作明矾。

③ 今土耳其共和国的玛拉提亚。

④ 雅古特《地名辞典》卷一，第303页，"巴布—艾布瓦布"言："伊素塔赫里讲：巴布—艾布瓦布是城市，海水拍打着它的墙，诸船舶能在城中抛锚，它就是海的码头。"又言："巴布—艾布瓦布在'泰伯里斯坦'海（里海）上，此海就是'可萨'海。它是一座比艾尔代比勒（Ardabīl）城还大的城。其面积为2平方密勒。"

⑤ 即高加索。

库思老受到的限制

库思老在五个方面受到阻拦。往苫国去只能走到希特（Ḥīt）；往汉志去只能走到欧宰布；往法尔斯去不能越过塞利菲（Ṣarifīn）；往突厥国去只能走到侯勒旺；往可萨突厥和亮恩（Lān）去，不能越过巴布—艾布瓦布。其情形是：那些地方的人是抗拒他的命令的。

诸河的源流

杰义哄（Jayhūn）[①] 即巴尔赫河，发源于吐蕃的群山中，流经巴尔赫、提尔米兹、海萨塞克（Khasāsak），海萨塞克是开尔当（Kardān）的首府，那里有一些村镇。杰义哄再流经阿穆勒（Āml）、海拉姆里（Harāmrī）、费莱布尔（Firabr）、花剌子模，终注于久尔疆（JurJān）海的开尔丹（Kardan）[②] 湖。

米赫朗（Mirān）即信德河，源出于希基南（Shiqinān）的群山中。信德河是杰义哄的一个支流，只是它流入印度帝国的一些地方，经过曼苏拉（Manṣūrah）城，在印度国的几条河汇合于其中之后，终注入东方的大海。

富拉特河发源于卡利垓拉，流经罗马国，很多泉水复又充盈了它。接着，希姆萨特（Shimshāṭ）的河，即艾尔塞纳斯（Arsanās）河也汇入富拉特河，此后，富拉特河流到开姆赫（Kamkh），复流至2密勒以外的麦赖推亚（Malaṭiyyah），再流至杰碧勒塔（Jabiltā），再流至苏迈义萨特。富拉特河在苏迈义萨特始可载舟与木筏子。再流至塞瓦杜，河水的一部分于巴格达郊区分成数条河渠流入迪吉拉河。富拉特河的另一部分流入库法，穿过库法郊区，于麦达因的下方地区注入迪吉拉河。

---

① 即今阿姆河。

② 即咸海。开尔丹即开尔当。为花剌子模的一个县或属区，咸海因之得名。中世纪，咸海又称“花剌子模”湖。

迪吉拉河，源自阿米德（Āmid）山地之中，流过塞勒塞拉（Ṣalsalah）山地。尔后，亚美尼亚的诸泉水充盈了它，再流经白赖德（Balad）。此后，船和木筏可行驶其中，两个扎布河[①]、奈赫莱旺、塞拉坦（Sarātān）诸河又汇入迪吉拉河，迪吉拉河复注入白塔义合（Baṭā'iḥ）[②]，再注入伍步拉的迪吉拉河，终注入东海。

艾莱斯（al-Rrass）[③]，即亚美尼亚河，其源在卡利垓拉，它流经艾烂（Arrān）。至此，艾烂河汇入其中。艾莱斯河又流至卧尔珊，又流至两海交接处。安拉曾提及两海交接处[④]，艾莱斯又同库鲁（Kurru）河汇流，在艾莱斯与库鲁两河之间有拜义赖甘（Baylaqān）城。（此城使河分流为二。）过了此城，河水复合成一条，终注于久尔疆海。

伊斯比泽陆泽（Isbīdhrūdh）河源于西塞尔城的城门处，沙黑鲁兹（Shāhirūdh）河源于赖伊的塔赖甘（Ṭalaqān）城，这两条河汇合成一条，终注于久尔疆海。

两条扎布河源于亚美尼亚山中，大扎布河在哈迪撒（Ḥadīthah）处注入迪吉拉河，小扎布河在信努（Sinnu）处注入迪吉拉河。伊本·穆凡里格吟道：

那告密者活着自己对自己负责，
他做奴仆被安拉处死在扎布。

奈赫莱旺，发源于亚美尼亚山地。流经巴布·塞勒瓦（Bāb Ṣalwā），此处，被叫作塔麦拉（Tāmarā）。盖瓦推勒（水）（al-Qawāṭīl）使它充盈，当水流至巴吉斯拉（Bājisrā），才叫作奈赫莱旺。以后，在下游的杰布勒（Jabbul）处注于迪吉拉河。

---

① 即今伊拉克境内的大扎布、小扎布河。
② 意思是“大干河”，“大沙河”。
③ 今阿拉斯河，自西向东地流入里海。
④ 见《古兰经》山洞章，第60、61节。

哈布尔（Khābūr）河发源于莱厄斯·艾因（Ra's 'Ayn），因黑尔玛斯（Hirmās）河的汇入而水量充盈。在垓尔基西亚处注入富拉特河。黑尔玛斯源自图尔·阿卜丁（Ṭūr 'Abdīn），流入哈布尔河。

白利赫（Balīkh）河源于哈朗（Harrān）地面的艾因·扎赫巴纳（'Aynu al-Dhahbānah）[①]，在富拉特河的下游处的赖盖图·奥佳（al-Raqqatu al-'Awjā'）注于富拉特河。

塞尔萨尔（Tharthār）河源于黑尔玛斯河，流经合杜尔（Ḥaḍr），终注于迪吉拉河。

米昔儿的尼罗（Nil）河发源于也门的"月亮"山（Tabal al-Qamar），再注入赤道以南的两个湖泊。再绕经努巴（Nūbah）流入米昔儿，一支经迪姆亚特（Dimyāṭ）注入罗马海，另一支穿过弗斯塔特（Fusṭāṭ），也注入罗马海。

阿瓦士的杜杰义勒河的河源在伊斯法罕地面，此河终注入东海。

君代萨布尔（Jundaysābūr）河也发源于伊斯白罕，扎布拱桥坐落在此河上，此河终注入阿瓦士的杜杰义拉河。苏斯河（Sūs）发源于迪奈窝尔，也注入阿瓦士的杜杰义勒河。麦斯鲁甘（河）容纳了沙兹莱旺·图斯台尔（Shādhrawān Tustar）上方的杜杰义拉河，终注于东海。

宰林鲁泽（Zarīnrūdh）发源于伊斯白罕河谷，灌溉着17个村庄（Rustāq），此河在伊斯白罕地面的尽头处渗入沙漠。在距其渗入地点60法尔萨赫的克尔曼境内又流出地面，并浇灌着克尔曼的土地，终注入东海，对它的一般描述是，这条河是被截断的，河中有一些沙洲，后复于克尔曼出现。

塞义哈（Sayḥān）[②]，即艾泽纳（Adhanah）河，发源于罗马国，终注入罗马海。

杰义哈（Jayhān）[③]，即麦绥撒河，发源于罗马国，后注入梯纳特（Tīnat），

① 意为"扎赫巴纳"泉。
② 今土耳其境内的塞汉河。
③ 今土耳其境内的杰汉河。

瓦迪·赞合（Wādī Zanḥ）水汇入麦绥撒河，使河水涨溢，终注入“苫国”海。

乌伦德（Urund），即安塔基亚河，发源于大马士革地面，与陆路相邻接，它向南折流入罗马海。

白莱达（Baradā），即大马士革河，发源于大马士革，它灌溉着姑塔[①]，终注入大马士革湖。

古卧义格（Quwayq），即合赖布河，发源于名叫苏奈亚布（Sunayāb）的村庄。这村庄与达比格（Dābiq）相距7密勒。再流出18密勒到达合赖布。再流出12密勒到肯奈斯林，再流出12密勒到麦尔吉·艾哈麦尔（Marj al-Ahmar），终至艾吉玛（Ajmah）[②]处泛溢成泽。从其发源地至潮湿泽地，河流全长42密勒。

在拜特·麦格迪斯（今耶路撒冷）的（朝拜的）正向上（哈杰尔，Ḥajar）……[③]

奉至仁至慈的安拉之名！

一些同商业各地有交往的可信的人告诉我：杰义哄河，即巴尔赫河以外的诸河水和一些像杰义哄河一样的大河……舍尔……[④]（这些河）有一条位于沙什（Shāsh）王国前端的[⑤]被叫作“坎开尔”（Kankar）的河；有被称作“突厥”（Turk）的河[⑥]；有称之为“塞亚瓦特”（Sayāwāt）的河；有称之为“怛拉扎卜”（Ṭarāzāb）的河[⑦]；还有其他一些河流。一些突厥国的大舟在这些河里航行，能到达中国的边陲。这些河的流向皆是从东向西。同各地贸易有关系的河流，还有塞莱赫斯（Sarakhs）诸河，它们源自一些泉水和奈义萨布尔、赖伊，其流域以伊拉克地面为界，流向位于平原前端的卡迪西亚的第一个旅舍。

---

① 大马士革郊区的著名园林风景区。

② 原文中此词模糊，今据德文注释拼成。

③ 原文有此省略号。

④ 原文有此省略号。

⑤ 指沙什（石国）疆域中最靠近大食国的地方。

⑥ 即突厥河。

⑦ 波斯语地名，意思是“怛逻斯”河。波斯语、回鹘语均将“水”读作“阿卜”（Āb），“阿卜”又作海、河解。怛拉扎卜即今塔拉斯河。

这些河都是由西向东流的。其中有侯勒旺河，艾尔代必勒(Ardabīl) 河、杜碧勒 (Dubil) 河，奈赫莱旺河、迪吉拉河、富拉特河以及这些河的众多支流。又据说，杰义哄河发源于中国的山地及中国的后面，于发源地分成两大支流。其流水在诸巨石、山岩中穿流，船只无法行驶其中，没走惯的人也不能涉渡。此河水经过分流地点——其中一支流入信德，另一支成了杰义哄河，之后，再流出三天半，在杰义哄河上有一个去突厥的渡口。突厥人称此渡口为希基南(Shikīnān)①。他们从胡泰兰(Khuṭṭalān)② 城整装来到一客栈，人们称之为“富拉”客栈 (Ribāṭ Fulān)。从胡泰兰城至此，整整是 1 法尔萨赫路程。

他们再走到大河河畔上的一座山前。除了那些异教徒外，没有其他人能翻越过这座山的山梁。这些异教徒是惯于穿越此山的。商人找到这些异教徒，雇佣他们，请他们在翻越这座山的山顶时肩负着商人们的货物和行李。这些人于清晨 ③ 便向山上登行，每人背着 30 麦纳 ④ 的物品。当攀登到山顶之后就歇歇脚，这些商人看到，在他们与希基南 (Shikinān) 人之间，矗立着一些经过镌刻的路标，在山的这一面就有这类标记为他们所见。看到这些路标后，他们深信，曾有一些商人到过这山顶，这条山的山路仅有人的一步宽窄。商人们下山时，一位异教徒走来，把他们引到河边。商人们看见，这些异教徒拥有一些经过渡河训练的驼队，还有一些保镖。商人与他们讨价还价，在双方满意之后遂订下 (租用) 合同。然后，他们骑着负载着物品和行李的骆驼渡过河去。过了河，各个商人各奔前程，他们或有去中国的，或者前往木尔坦 (Multān) ⑤。

---

① 希基南，即今帕米尔之锡克南(Shighnan)。又译作舒格楠 шугиаи，见商务印书馆 1959 年出版的《中亚细亚》，〔苏〕穆尔扎也夫著。在苏联边城霍罗格 Xopor 一带。霍罗格东南附近有舒格楠山。《西域记》曰尸弃尼，《新唐书》曰识匿，或曰瑟匿。

② 胡泰兰，即《西域记》珂咄罗，《新唐书·西域传》骨咄，《册府元龟》卷九九九骨吐，其地在中亚，位于瓦赫什 (Baxw, P.) 与喷赤河之间，其主城为库利亚布 (Куляб)。

③ 原文此字缺一字母，大约是“清晨”之意。

④ 1 麦纳重两磅。相当于每人背 45 市斤重物。

⑤ 今巴基斯坦中部城市。

据说，这河水曾流经金子山，在金子山的巨岩中穿流，从岩石里冲刷出黄金，这些金子很像费尔斯（Firs）①，有鱼鳞大小。此河渡口下游处有一个村镇，叫窝赫德（Wakhd）②，它有一条通向维什吉尔德（Wishjird）③的通道。维什吉尔德又叫“巴赫舒”（Bākhshū）河，巴赫舒位于杰义哄附近。因而，那里的居民从巴赫舒来到杰义哄河畔。他们把“毛山羊皮”放在河岸的上游，并在皮子的四周钉上木桩。然后，有一个人跳进岸边的河水中，把河水泼洒进皮中，另一人再把皮上的水擦干，使其毛披散着。这河水是混浊而沉重的，因此当他们看见皮毛的根部会挟满了沙子和黄金时，便将它收起来，放在地上，在阳光下照晒，当晒干后，这些人就在地上铺上垫子，然后抖动毛皮，他们就是这样获得金子的。据说，巴尔赫的金子是质地最好、最纯的，颜色是赤红的。

在一座被称作胡泰兰的城中，有1,000多眼泉，其中的两眼泉，一眼在低门处，一眼在高门处。高门处的泉水叫“欧勒雅·纳兹库勒”（‘Ulyā Nāzkūl）④。胡泰兰城即哈里斯·本·艾塞德·伊本·阿姆·达乌德·本·艾比·达乌德·本·阿巴斯（Ḥārith bn Asad ibn‘ Amm Dāwūd bn Abi Dāwūd bn ‘A-bbās）的王国，他曾打败了卑路斯（Fayrūz）。

艾布·凡杜勒·拉义杜·伊本·哈里斯·本·艾塞德（Abū al-Faḍl Rā’iḍ Ibn al-Ḥārith bn Asad）讲道：胡泰兰驮马的品种因这些泉水而被誉为良种。在一位叫贝克（Bayk）的国王的时代，他有很多种马，这些牲畜牧放在牧场里，在正午的炎热里，这些牲畜在这眼泉边的树荫下午睡。

① 大食国行用的小铜钱。

② 窝赫德即窝赫什（Wakhsh），雅古特《地名辞典》言：“它是巴尔赫地面上胡太兰人的地方，是一个与珂咄罗相邻接的县（Kūrah）。后来与珂咄罗（胡泰坳）合为一个县，位于阿姆河上”。《西域记》曰镬沙，《新唐书·地理志》曰沃沙。此地当在今塔吉克斯坦的瓦赫什河（Вахш, p.）一带。

③ 村镇名，位于阿姆河上。又为梯尔梅兹（怛没）与数瞒（Shūmān）一侧的小城，当在杜尚别南面。雅古特《地名辞典》卷五，第353页，读作瓦什杰尔德（Wāshjard）。

④ 欧勒雅（‘Ulyā）是阿拉伯语形容词，意思是“高的”。纳兹库勒是当地地名，不是阿拉伯名词。

牧人将它们聚集在泉水边。泉源宽大，相当于400腕尺乘以400腕尺，静静地流淌着清澈的溪水。有一天，牧人在睡眼惺忪时看到，在驮马群里有一匹特别高大的驮马，牧人从未亲眼看到过这样高大的马。于是他偷偷地仔细观察它，看它究竟是一种什么样的马。近晡时[①]，这匹马潜入泉水，牧人疑惑不解。但他继续如此，仍然到泉边憩息以便观察。有一天，这匹驮马又从它藏身的泉眼中出来了，与它一同出水的还有一匹母驹和很多匹驮马。它们在牧场中总是同牧人的驮马混在一处，以致习惯同它们在一起。这匹大驮马使牧人放牧的国王的一匹母驹受孕了。

后来生下了一批身高体壮、体形良好的马驹。牧人看到这一切之后高兴万分，遂将此事禀告于主人。于是，国王也大为高兴。他率领着他的众管家和护卫，在狩猎途中顺道来到他的驮马牧场。当他抵达牧人的畜栏时，就命令自己的驯马人套这些马驹中的一匹，即泉水中那匹种马的仔畜。于是，驯马人用马套套住了其中的一匹，给它配上了鞍子，并骑上它。这匹马驹如同在天、地之间飞行，容易驾驭，驰骋轻盈。当马驹降落后，配在它身上的鞍子被卸下来时，这些驮马除了生下小驹的母马外，全部离开了牧场，回到泉水里，直到现在，它们再也没有从泉水中出现。留在这些泉水处的，只有胡泰兰种的驮马了。

讲故事的人告诉我，有一个商人叫阿卜杜拉·舍赫希（'Abdu Allāh al-Shakhshī），是巴尔赫及其附近地区的名人，他曾买到一匹胡泰兰泉水处的牲口，高3黑腕尺，长也是3黑腕尺。

传说中的离奇的故事

一座叫钦斯[②]的城市，距撒马尔罕有2日行程。这两城之间有一高大的屏障。钦斯城外有几座雪山，其上每年的积雪能清楚地辨认出来。倘若某人有锐利的目光，他就能从每年的积雪中数出过去共积了多少年的雪，

① 晡时，即午后3点至5点。
② 即渴石，怯仕州。

在各年的积雪层之间有一条由灰尘形成的红线，这红线是在每年夏季消暑的日子里形成的。在那些天之中，是不会下雪的。在这些雪中，有一种像大象一样的白色大蛆虫。它们出生于……[①]，再伸展到……从它里面流出很多的水来。由于积雪消融而使水漫延、上涨到山地上，这山地被称作……[②]（在）山地中有眼很大的泉源，名叫海什塔当·代尔（Hashtādān dar）[③]，从中流出很多的水，这水流至撒马尔罕被叫作“吉尔特”（Jīrt）河，它就是“布哈拉”河[④]。

有人告诉我，他因有事来到那里，那里有他的一个朋友，他便向他打听这眼泉的奇迹。那人便告诉他，泉水中有水居民，他们是安拉创造的长得非常好的像人类一样的生物。这个村镇中的一个牧羊人，赶着他的羊来到泉水边。一些牧人也跟着他来了，只是不靠近它。那个牧人弹起弦琴，吹起管笛，……[⑤]泉中人浮出水面来倾听那牧人的演奏，欣赏着他的歌唱。有一天，牧人多次弹奏弦琴之后就在泉边睡着了。这时，诸泉中人突然出现在水面上，将那牧羊人强行抓到他们那里。过了一天一夜，牧人一直没有回到他的家人那里。他的家人为他而悲伤。于是，他们来到泉水处找寻牧羊人的踪迹。这时，他们发现，这个牧羊人正在水面上绕行。原来，泉中人强迫他吹管笛，弹弦琴。牧人的家长向泉中居民哀求，请他们释放了牧人。但是，泉中居民没有答应他的要求。这些（家）人没有一个敢进入这眼泉去救那牧人。他们在那里等了8天，8天过后，他们再也没有见到那牧人以及与他在一起的泉中人。随之产生的在泉中居民中的牧人的情形也就销声匿迹了。

海沙姆·本·穆罕默德（Hashām bn Muḥammad）说起过，一些诚信的人向海沙姆·本·穆罕默德谈到下凡卢佳（al-Fallūjah）人哈米德·

① 原文此处漏字。
② 原文此处漏字。
③ 波斯地名，意思是“第八十座门”。代尔（Dar），意思是“门”。
④ 即流经撒马尔罕和布哈拉的泽拉夫森（Зеравшан）河。
⑤ 原文此处漏句。

伊本·白赫兰·代赫甘（Hamid ibn Bahrā Da-hqan）[1]。向我讲述的人在四座雄伟而奇特的城市中居住过。在其中的第一座城市中，从前有一幅城市全貌图。当代赫甘为居民缴纳税款之事而动怒时，他就凿开地图上的河流，（那么，居民住地的）河流将所到之处尽皆淹没。这些居民无法阻止住这向自己袭来的河水，直到他们缴纳了赋税。当代赫甘在地图上堵住诸河流时，那么，他们住地的河流也就被截住了。在第二座城市中有一个水池子。假如国王想为吃饭而召集众人，最受宠的一个侍臣端出国王最爱喝的酒，将它倒在这个池子中，使之完全混合在一起。然后众掌酒人拿起酒壶，凡酒杯中被斟入一些……

（《道里邦国志》至此结束）

① 代赫甘，波斯名词，意思是“首领”。

附：《税册》及其编写

巴格达作家——艾布·法尔吉·古达玛·本·贾法尔（Abu al-Farj Qudāmah bn Ja'far al-Kātib al-Baghdādī），卒于伊历320年）撰。

第一章[1]　关于通往东、西各方的邮政、邮传驿站、道路的记载（Diwān）

艾布·法尔吉说：邮政需要单独机构和各方面的有效簿册。目的是使其主持人成为每项事情的执行者，在执行中使其达到预期效果。他负责将各方面来的邮件和消息呈报给哈里发，或将材料加以汇集整理。他还要负责对驿站的诸邮差、签发者、整理者的事务进行监督，负责管理他们的薪金，对各地地图的绘制者给予奖励。这一机构的主持人必须要么是本人绝对可信，要么是取信于在位的哈里发，因为这个机构的工作不仅只是翻阅文件，而且要事事留心。这个机构所需要的规章，类似我们在别处所阐释过的规章，用它来规范该机构的工作和其他事项。至于除此以外的有关道路、驿站和通往各地的道路的情况，我们（在别处）均未提及，而对于这一机构的主持人来说，他应该在无须查阅别的资料的情况下就对此有所了解。这样，当哈里发一旦询问他关于其手下的人员、军队必须涉及道路知识的情况时，他就会有现成、准确的材料回答哈里发，而无须费力再去查询。现在，我们应该开始述及这方面的情况，述说诸地名、旅舍及道路的“密勒”和“法尔萨赫”等里程，论及水上、山中和平原上的栈居或其建筑等。我们从和平城通往麦加的道路开始，麦加是最大的一个修道院和安拉的最古老的住宅；然后是通往也门的道路，再后是通往邻近地区的道路和这些地区的名称。

---

① 原文作“第十一章”，疑是误写，现改为“第一章”。

从和平城至奈赫鲁麦利克（Nahr al-Malik）[1]上的“苦撒”桥（Jisr Kūthā）为7法尔萨赫，从“苦撒”桥至“伊本·胡拜义拉”宫（Qasr Ibn Hubayrah）[2]为5法尔萨赫，从“伊本·胡拜义拉”宫至苏古·艾塞德（Sūq Asad）[3]为7法尔萨赫，从苏古·艾塞德至萨黑（Sāhī）为5法尔萨赫。从萨黑至库法城为5法尔萨赫。从库法城至卡迪西亚为15密勒，从卡迪西亚至欧宰布为6密勒。欧宰布是阿拉伯人与波斯人的位于陆地边界上的战场。欧宰布有从卡迪西亚通到欧宰布的两堵墙。每堵墙的两侧都长着椰枣。出门的人从欧宰布出行，可进入沙漠地区。从欧宰布至穆黑撒为14密勒，穆黑撒有一些池塘。从穆黑撒至盖尔阿依（Qar‘ā’i）为32密勒，盖尔阿依是旅舍，有若干口井。从盖尔阿依至瓦基撒（Wāqiṣah）为24密勒，瓦基撒有若干个池塘和水井。从瓦基撒至亚喀巴为29密勒，此处有若干水井和旅舍。从亚喀巴至嘎欧（Qā‘u）为24密勒。

从嘎欧至祖巴拉（Zubālah）为24密勒，祖巴拉是个人烟稠密的地方。从祖巴拉至舒固格为18密勒，此地有若干池塘。从舒固格至盖布鲁·伊巴迪为29密勒，此地有若干池塘。从盖布鲁·伊巴迪至塞尔赖必亚为29密勒，从塞尔赖必亚至胡宰义密亚为33密勒，此地有一峡谷，谷中有水。胡宰义密亚是一座城市，环城有围墙，城内有演讲坛、澡堂和池水。胡宰义密亚一名的来由是胡宰迈曾在这里修建了许多供牲畜饮用的水渠，此地原名祖鲁德，此地的沙漠是红色的。从胡宰义密亚至艾吉夫尔（Ajfur）为24密勒，从艾吉夫尔至凡义德（Fayd）为36密勒，凡义德有总督的屋室，有人工渠、庄稼和演讲坛。从凡义德至突兹（Tūz）为33密勒，突兹有若干池塘、水井和艾布·杜赖夫（Abū Dulaf）建筑的要塞。

从突兹至塞米拉务（Samīlā’）为16密勒，塞米拉务有若干池塘。从

① 意思是“王河”。此河将幼发拉底河和底格里斯河连通。

② 此地因人的名。伊本·胡拜义拉是前朝（白衣大食）的伊拉克总督。黑衣大食王艾布·阿巴斯（Abu al-‘Abbās）于750—754年之间，曾从库法迁王都于此处，后又迁走。

③ 意思是“狮子”市场。

塞米拉务至哈吉尔为23密勒，此地有若干水池、水井。从哈吉尔至“奈基拉”矿场为27密勒，此地有若干水井和池塘，从奈基拉至穆黑撒·马旺（Mughīthatu al-Māwān）为27密勒。从穆黑撒至莱白扎（Rabadhah）为24密勒，它有丰富的水源和一座讲坛。从莱白扎至“白尼·苏赖义姆”矿场为19密勒，此地有水井和若干池塘。从“白尼·苏赖义姆”矿场至欧麦格为26密勒，从欧麦格至乌发伊雅（Ufā'iyah）为32密勒，此处水很少。从乌发伊雅至密斯赖合（Mislaḥ）为34密勒，此地水量丰富。从密斯赖合至鹤木拉为18密勒，此地水很多，是转弯向也门去的岔道口。从鹤木拉至扎特·伊尔格为26密勒，此地水很多，从这里开始进入了圣地。我们再回到奈基拉。从奈基拉至欧塞义拉（'Usaylah）为46密勒，此地甚乏水。从欧塞义拉至白吐努·奈赫勒（Baṭnu Nakhl）为36密勒，此地有丰富的水源和大量的椰枣。从白吐努·奈赫勒至泰莱夫（Ṭaraf）为22密勒，从泰莱夫至麦地那为35密勒。

再讲从麦地那至麦加之路。从麦地那至舍杰拉为6密勒，舍杰拉有若干口水井、池塘，却没有旅舍，从此处即将进入圣地。从舍杰拉至麦赖勒（Malal）为12密勒，此地有若干口水井。从麦赖勒至塞亚拉为19密勒，此地有水源，有鸢和茶隼出卖。从塞亚拉至鲁维撒（al-Ruwaythah）为34密勒，此处有沼泽地。从鲁维撒至苏格雅（Suqyā）为36密勒，此地有树林和流水。从苏格雅至艾布瓦依（Abwā'i）为29密勒，此地有若干水井和农田。从艾布瓦依至久合发（Juḥfah）为27密勒，此处有若干水井，它是个海港。从久合发至古代义德（Qudayd）为26密勒，此地有若干洪水水井。从古代义德至欧斯方为24密勒，此地有若干水井。从欧斯方至布特努·曼莱（Butnu Marra）为16密勒，此地有椰枣、谷物、一个活水池塘。布特努·曼莱是一个有很多人和房舍的大村镇，距此城4密勒处，有先知的妻子——蒙梅娜（Maymūnah）的坟墓；从此坟墓再行6密勒便到了“阿伊莎”（'Ā'ishah）[①] 清真寺。从此清真寺再

① 阿伊莎，伊斯兰教先知穆罕默德的妻子之一。

行6密勒至麦加，麦加人认为从这里开始为禁地，此镇乃是禁寺的边界。从布特努·曼莱至麦加为16密勒。从麦加通往塔伊夫的路有3个站程，从麦加先至“伊本·穆尔台菲厄”井，再从“伊本·穆尔台菲厄”井至盖尔努·麦纳吉利（Qarnu al-Manānāzil），这是一个村镇，也门人以此地为圣地，从此村向右转弯即达塔伊夫（Ṭā‘if）。谁若从麦加至塔伊夫，则需先行至阿拉法特，再从“阿拉法特”山翻越到布特努·奈尔曼（Buṭnu Na‘mān），这是山地，也有人称布特努·奈尔曼为奈厄曼·塞哈布（Na‘mān al-Sahāb）[①]，这是由于此山上总有云彩缭绕。再从此地登上山路，登上山顶便可俯视塔伊夫城。然后顺着山坡下来，再走一段平缓易行的山路，此山路叫泰伊姆·塔伊夫（Tan‘īm al-Ṭā‘if）。若从鹤木拉转弯去也门，则需先从鹤木拉至杰戴德（Jadad）为12密勒，此地是个邮传驿站，是商队分道扬镳的地方。这里，除了有一口水井、枣椰树林、庄稼，就再没有其他什么了。骆驼可在这里饮水，这里是领袖奥斯曼·本·阿凡[②]所喜欢的地方。从杰戴德至富图格（al-Futuq），再从富图格至图莱巴（Turabah）。图莱巴是个大村镇，此地有几股奔流的泉水，有谷物，它又是马赫迪[③]的情妇的专有村庄。从图莱巴至赛夫鲁（Ṣafru），它是旅舍，其中两间为邮政官所用，赛夫鲁位于沙漠之中，有两口甜水井。再从赛夫鲁至凯拉（Karā），它是个旅舍，镇中有枣椰林、甜泉，这里只有邮政官的住所、商队的客栈。它位于山谷中，盛产椰枣。再从凯拉至兰亚（Ranyah），也是一些沙漠中的旅舍，有大枣椰树，巨大的甜水泉。周围是一些祈祷用的建筑。再从兰亚至苔巴拉（Tabālah），这是一个拥有众多盖斯族木达尔人（Muḍariyyatu Li-Qays）的大村镇。村内有一个讲坛，几眼泉水和几口水井。再从苔巴拉至必什图，这是一个人口众多的大村镇，其峡谷中有几股澄清的泉水，还有几眼盖斯族木达尔人挖的井。再从必什图至久塞达（Jusadā’），这是盖斯族的阿拉伯人的

① 塞哈布，意思是“云彩”。
② 大食国第三代王。
③ 黑衣大食第三代王，《册府元龟》称之为“迷地”。

旅舍。再从久塞达至白纳特·合尔姆（Banāt Ḥarm），此地是个大村镇，有很多屋舍、庄稼、泉水、甜水井。再从白纳特至叶白姆白迈，此地是沙漠中的房屋，其地有一口甜水井，却没有人住，其周围住着一些海司厄姆(Khath'm)族阿拉伯人，叶白姆白迈与久莱什(Jurash)相距14密勒。再从久莱什至库司巴（Kuthbah），库斯巴是个大村镇，有些房屋、宫室和沙漠中的几口井，库司巴与久莱什两地相距8密勒。再从库司巴至苏佳（Thujjah），这是个邮政所，苏佳有口水井，商队客居于此。它属宰碧德（Zabīd）地区，这一带住着阿拉伯人。

再从苏佳至舍鲁姆·拉合（Sharūm Rāḥ），它是沙漠中的大村镇，此地有很多葡萄园的泉水，这里住着一支哈姆达人，人们又说他们是哈姆达人的旁系。再从舍鲁姆·拉合至麦赫杰拉，这是一个巨大的山村，有很多山泉，住着很多人。在麦赫杰拉与舍鲁姆·拉合两地间有一株树，叫“王”树（Ṭalatu al-Malik）[①]，这株树是也门与希贾兹两地的分界。这树像“阿拉伯树”，只是比它更粗大些。先知以此树将也门和麦加两地分开。再从麦赫杰拉至阿尔伽（'Arqah），阿尔伽是胡良族（Khulān）阿拉伯人在山地的住处，这里有水源，水量时而少，时而多。阿尔伽是也门的第一个去处，到了这里，就到了塞耳达[②]地区。从阿尔伽至塞耳达，塞耳达是个大镇子，镇内有演讲坛、清真寺和许多客商。也门的制革匠们在这里从事熟皮、制靴的工作，这里的客商大多是巴士拉人。这些巴士拉人从巴士拉到此的途径是，先经过莱钦巴（Rakībah），再到塞耳达的。塞耳达地区又分成若干个省[③]，有很多村镇。

再从塞耳达至艾耳迈希雅（A'mashiyah），这是个山地旅舍，没有人烟，那里的水流源自一株树下的小泉眼，旅舍附近有哈木丹人的居住区。再从艾耳麦希雅至海义旺（Khaywān），这是一个大村镇，镇内有清真寺、演讲坛、很多居民，此地出产大串大串的山葡萄，这里的水是靠天下雨，

① Ṭalḥat 是一种大树。
② 今也门的萨达。
③ 也门地区的省（专称为 Mikhlāf）是相当小的，仅相当于现在一般地方的县。

居民是白钦勒 (Bakīl)[①] 人。再从海义旺至艾撒菲特 (Athāfit)，这是个大村镇,镇内有演讲坛,居民是杰什姆 (Jashm) 人。该镇每逢聚礼日[②] 赶集。此地产谷物、葡萄，有饮用的池水。再从艾撒菲特至莱义达 (Raydah)，这是个大村镇，镇内有演讲坛，居民很多，还有一些葡萄园、庄稼、泉井，在峡谷中有牧场，此地分成若干个省。再从莱义达至萨那，它是也门的首府，这是一条用密勒来计程的道路，这道路四通八达。人们可以从麦加出发到毕厄尔 · 黑扎 (Bi'ral-Hidhā)，这是个旅舍，有一口水井。再从毕厄尔 · 黑扎至一个有人烟的大村镇，也门人以此地为圣地，其山谷中有奔流的涧水，它就是盖尔西亚 (Qalshiyyah)，又叫作盖尔努 (Qarnu)，再从盖尔努走上山坡。

我们写完了从库法到麦加的道路，再讲从巴士拉到麦加的路。

先从巴士拉至侯凡依尔，再至玛维亚，再至扎特 · 欧舍尔 (Dhāt al-'Ushar)，再至焉素阿 (Yansū'ah)，再至苏迈义纳 (Sumaynah)，再至尼巴吉 (Nibāj)，再至奥塞佳 ('Awsajah)，冉至垓尔奈因，再至拉玛 (Rāmah)。尼巴吉有去奈格拉的道路，拉玛有通往印迈拉的道路。再至戴利亚 (Ḍariyyah)[③],再至杰地拉,再至凡勒佳(Faljah),再至代菲娜(al-Dafīnah)，再至固巴 (Qubā)，再至迈浪 (Marrān)，再至斡吉拉 (Wajrah)，再至奥塔斯 (Awṭās)，再至扎特·伊尔格，再至“伊本·阿米尔”果园，再至麦加。

再谈从米昔儿到麦加的道路。按我们的叙述顺序，它的沿途有这样一些地方：福斯塔特、“布窝义布”深井 (Jabb al-Buwayb)、伊本 · 麦尔温的住所白义代玛 (Baydamah)、阿吉鲁德、鲁自义巴、库尔西、黑素啱、“艾义拉”旅舍、舍尔夫 · 白耳勒 (Shaf al-Ba'l)、麦德彦 (Madyan)、艾厄拉务(Aghrā')、“钦拉巴” (al-Kilābah) 旅舍、舍贺布(Shaghb)、白搭(Badā)、塞尔合台音 (Sarḥtayn)、拜义达 (Bayḍā')、宽大的瓦迪古拉、祖 · 麦尔瓦 (Dhu al-Marwah)、苏维达务、海舍布、麦地那。若择海岸之路而行，则

---

① 也门的部族之一，散居在萨达（塞耳达）与萨那城之间。

② 穆斯林每周五的主麻。

③ 根据原文顺序，应指从拉玛至戴利亚，不指印麦拉至戴利亚。

先至舍尔夫·白耳勒，再至塞拉（Ṣalā），再至奈布克（Nabk），再至祖巴（Ẓubah），再至奥尼德（‘Awnīd），再至窝吉赫（Wajh），再至曼胡斯（Mankhūs），再至白赫拉，再至艾合萨（Aḥsā’），再至焉白厄（Yanba‘），再至麦斯伍亮（Mas’ulān），再至伽尔（Jār），从伽尔至麦地那有两天路程。

从大马士革至麦加路上所经过的村镇。从大马士革至扎特·麦纳维勒，再至塞尔鹤（Sargh），再至泰布克（Tabūk），再至穆赫代撒，再至艾格莱厄，再至久奈义纳，再至黑山尔（Hijr），再至瓦迪古拉，再至麦地那。

从叶麻麦至麦加的道路。先从叶麻麦至伊尔德（‘Irḍ），再至哈迪垓（Hadīqah），再至塞义合（Sayḥ），再至塞尼亚·欧嘎（Thaniyyah ‘Uqa’），再至苏垓义拉（Suqayrā），再至苏德（Sudd），再至麦拉拉（Marārah），再至苏维嘎（Suwayqah），再至巴士拉道路上的垓尔耶苔因（Qaryatayn）。叶麻麦另有一条道路，即经过玛尼司（Mānis），巴哈一宰赖夫（Bahah Zalaf），“焦喏”（Jawn）人的麦撒赫（Maṣāh）旅舍。最后经过巴士拉道路上的玛维亚（Māwiyyah）。

从萨那到麦加沿路上的村镇。从萨那至鲁哈巴，再至“拉菲达”村（Qaryat Rāfidah），再至海义旺，再至塞耳达，再至奈达赫（al-Naḍah），再至盖塞巴（Qasabah），再至苏佳，再至库斯巴，再至白纳特·合尔姆（Banāt Ḥarm），再至久塞达（Jusaydā’），再至必沙，再至苔巴拉，再至塞夫鲁（Safrū），再至富图格，再至“伊本·阿米尔”果园，再至麦加。

至于从豪亮（Khawlān）省通往麦加的道路，则从豪亮出发，先至维·苏合义姆。再至欧尔什（‘Ursh），再至必沙，再至端坎，再至合勒义（Ḥalyi），再至耶巴（Yabah），再至伊本·贾旺（Ibn Jāwān），再至欧勒耶布（‘Ulyab），再至利司（Līth），再至曼泽勒，再至叶赖姆赖麦，再至麦赖康，再至麦加。

从阿曼到麦加去，则沿着海岸而行，途经的村镇有凡尔格（Farq）、奥凯亮（‘Awkalān）、“米纳赫”（Mināh）海岸、“希合尔”地[1]、“钦达”（Kindah）诸省、“阿卜杜拉·本·麦兹合吉”（‘Abdu Allāh bn Madhḥaj）

① 又作“希合尔”国。地（Bilād），也可当国家之意。即今阿曼苏丹国西南沿海的席赫尔市。

诸省、“赖合吉”（Laḥj）省、艾布焉、亚丁、麦安杜路厄路唉（Maghāḍ al-Lu’lu’）[1]、“白尼·麦吉德”省、曼杰拉、莱开卜—曼代布省、里麦耳—宰碧德（Rima‘ Zabīd）省、“阿克”（‘Akk）省、黑尔达（Ḥirdah）、“合凯木”（Ḥakam）省、阿斯尔（‘Athr）。谁若想走大道，谁则要从阿斯尔走到欧尔什（‘Ursh），再经过大道上的诸省；谁若想沿着海岸走。谁就从阿斯尔先到“端坎”码头，再至“合勒义”码头，再至西莱音（Sirrayn），再至艾尔雅尔（Aghyār），再至黑尔佳布（Hirjāb），再至舒阿义巴（Shu‘aybah），再至一旅舍，再至军达，再至麦加。

从叶麻麦到巴士拉的道路上，途经的村镇有努巴克（Nubāk）路上的落脚处，苏赖玛（Sulaymah）、“鹫波·土拉卜”旅舍、塞曼的三个旅舍，泰甫哈（Ṭafkhah）、盖尔阿依、卡最玛（Kāẓimah）的三个镇，巴士拉镇。

从叶麻麦至也门沿途的村镇，先后是海尔吉（Kharj），奈布阿（Nab‘ah），麦佳扎，麦阿丁，舍夫格，速尔（Thūr），凡赖吉（Falaj），帅法（Ṣafa），毕厄尔·阿巴尔（Bi’r al-Ābār），奈季兰，黑玛（Ḥimā），白拉尼斯（Barānis），麦尔叶厄（Marya‘），麦赫杰拉。

谁想从阿曼到巴士拉去，则需途经塞白哈（Sabakhah），塞白哈在阿曼和巴林之间。再经过卡塔尔，欧垓义尔，“海杰尔”（Hajar）海岸，合麦杜（Ḥamaḍ），胡赖义伽（Khulayjah），麦厄莱斯（Ma‘ras），阿刷（‘Aṣā），密盖尔（Miqqar），扎布垓（Zābūqah），阿尔凡佳（‘Arfajah），哈都撒（Ḥadūthah），阿巴丹（‘Abādān）。

我们讲了从各个方向到麦加的道路，又讲了通向南方如也门及其四周的叶麻麦、阿曼、巴林及与这些地方相邻接的诸地的道路。接下来，我们再讲讲通向东方诸省的道路。

东方诸省是阿瓦士、法尔斯、伊斯白罕、克尔曼、锡斯坦及与之相连的地区。我们从和平城讲起，从和平城至开勒瓦扎（Kalwādhā）为2法尔萨赫，再至麦达因（Madā’in）为5法尔萨赫，再至希布·白尼·库

① 意为“采珍珠场”。

玛 (Sīb Banī Kūmā) 为 7 法尔萨赫，再至奈厄曼尼亚 (Na‘māniyah) 为 4 法尔萨赫，再至杰布勒 (Jabbul) 为 5 法尔萨赫，再至“萨布斯”河为 7 法尔萨赫，再至凡姆 · 绥勒合 (Fam al-Ṣilḥ) 为 5 法尔萨赫，再至瓦西特 (Wāsiṭ) 为 7 法尔萨赫，这样，从瓦西特至和平城共 50 法尔萨赫[①]。从瓦西特至鲁萨法 (Ruṣāfah) 为 10 法尔萨赫，再至卡塔尔为 12 法尔萨赫，再至奈赫鲁麦厄给勒为 6 法尔萨赫，再至巴士拉城为 4 法尔萨赫。这样，从瓦西特至巴士拉的路程为 50 法尔萨赫[②]。从巴士拉至伍步拉(Ubullah) 为 4 法尔萨赫，从伍步拉至白扬 (Bayān) 为 5 法尔萨赫，从白扬至“马赫迪”要塞 (Ḥiṣn Mahdī)，走旱路为 6 法尔萨赫，经“杰迪德”河 (Nahr-Jadīd) 走水路则为 8 法尔萨赫，从“马赫迪”要塞至苏格 · 艾尔比阿 (Sūq Arbi‘ā’i) 为 4 法尔萨赫。从苏格 · 艾尔比阿至穆合勒 (Muḥawal) 为 6 法尔萨赫，从穆合勒至道拉布 (Dawlāb) 为 8 法尔萨赫。

从道拉布至苏古 · 阿瓦士 (Sūq al-Ahwāz) 为 2 法尔萨赫。这样，从巴士拉至苏古 · 阿瓦士为 36 法尔萨赫。从苏古 · 阿瓦士至杰维路勒 (Jawīrūl) 为 2 法尔萨赫，从杰维路勒至艾宰姆 (Azam) 为 4 法尔萨赫，从艾宰姆至塞纳毕勒 (Sanābil) 为 4 法尔萨赫，从塞纳毕勒至“侯巴拉”村 (Qaryatu al-Ḥabarā) 为 3 法尔萨赫，从“侯巴拉”村至艾因 (‘Ayn) 为 3 法尔萨赫，从艾因至拉麦 · 霍尔木兹 (Rāma Hurmuz) 为 4 法尔萨赫，从拉麦 · 霍尔木兹至瓦迪 · 米勒合 (Wādī al-Milḥ) 为 4 法尔萨赫，从瓦迪 · 米勒合至祖图 (Zuṭṭ) 为 2 法尔萨赫，从祖图至哈布兰 (Khāburān) 为 3 法尔萨赫，从哈布兰至穆斯台拉合 (Mustarāḥ) 为 2 法尔萨赫，从穆斯台拉合至代赫利赞 (Daḥlizān) 为 2 法尔萨赫，从代赫利赞至萨库纳里斯坦(Kunāristān) 为 3 法尔萨赫，从库纳里斯坦至奈萨义勒(Nasāyl) 为 3 法尔萨赫，从奈萨义勒至艾莱疆为 5 法尔萨赫，从艾莱疆城至达信 (Dāsīn) 为 7 法尔萨赫。从达信至班德格 (Bandaq) 为 6 法尔萨赫，从班德格至汗 · 合玛德 (Khān Ḥammād) 为 6 法尔萨赫，从汗 · 合玛德

① 不应是 50 法尔萨赫，据原文看，实为 42 法尔萨赫。估计是作者计算有误。

② 不应是 50 法尔萨赫，据原文看，实为 32 法尔萨赫。估计是作者计算有误。

至艾姆兰（Amrān）为9法尔萨赫。从艾姆兰至努班代疆（Nūbandajān）为6法尔萨赫，从努班代疆至凯尔康（Karkān）为5法尔萨赫，从凯尔康至海拉拉（Kharārah）为5法尔萨赫，从海拉拉至呼亮（Khullān）为5法尔萨赫，从呼亮至久窝义姆（Juwaym）为4法尔萨赫，从久窝义姆至设拉子为5法尔萨赫。这样，从阿瓦士至设拉子全程为102法尔萨赫。

从设拉子至伊素苔赫尔为12法尔萨赫，从伊素苔赫尔至吉亚达巴德（Ziyādābād）为8法尔萨赫，从吉亚达巴德至久巴难（Jūbānān）为4法尔萨赫。从久巴难至"阿卜杜·拉赫曼"村为6法尔萨赫，从"阿卜杜·拉赫曼"村至"阿斯"（Ās）村为7法尔萨赫，从"阿斯"村至刷海克（Ṣāhak）为6法尔萨赫，从刷海克至塞尔麦甘（Sarmaqān）为9法尔萨赫，从塞尔麦甘至布什特海姆（Bushtkham）为10法尔萨赫，从布什特海姆至比曼德（Bimand）为10法尔萨赫。从比曼德至西莱疆为4法尔萨赫，西莱疆是克尔曼的首府。这样，从设拉子至西莱疆为76法尔萨赫。

从西莱疆至古希斯坦（Quhistān）为6法尔萨赫，从古希斯坦至里巴特·考麦赫（Ribāṭ Kawmakh）[①]为8法尔萨赫，从里巴特·考麦赫至萨赫维（Sāhwī）为6法尔萨赫，从萨赫维至艾姆西尔（Amsīr）为4法尔萨赫，从艾姆西尔至海纳布（Khanāb）为6法尔萨赫，从海纳布至胡白义拉（al-Ghubayrā）为4法尔萨赫，从胡白义拉至库尔姆（Kūrm）为8法尔萨赫，从库尔姆至开什克（Kashk）为8法尔萨赫。从开什克至拉因（Rā'iyn）为10法尔萨赫，从拉因至达尔金（Dārjīn）为8法尔萨赫，从达尔金至拜姆（Bamm）为12法尔萨赫。从拜姆至奈尔玛希尔（Narmāsir）和沙漠为8法尔萨赫，从奈尔玛希尔至锡斯坦为100法尔萨赫。这样，从克尔曼的首府西莱疆起，经过一些沙漠和大道到锡斯坦的全程为188法尔萨赫。

谁若从设拉子到伊斯白罕，谁就要从设拉子先至奈义萨布尔，路程为7法尔萨赫。再从奈义萨布尔至马因（Mā'īn）为7法尔萨赫。再从马因至亚喀巴·乞萨（'Aqabatu al-Kīsā）为3法尔萨赫，从亚喀巴至胡斯坎

① 意思是"考麦赫"客栈。此地在古波斯国本土。里巴特为阿拉伯名词，故真实地名应是"考麦赫"。

(Khuskān) 为7法尔萨赫。从胡斯坎至垓素拉因 (Qaṣrāyn) 为5法尔萨赫，从垓素拉因至伊素苔赫兰 (Iṣṭakhrān) 为7法尔萨赫，从伊素苔赫兰至海瓦里什 (Khawārish) 为6法尔萨赫。从海瓦里什至塞拉义·玛斯—末禄赫 (Sarāyi Mās wa Marwah)[①] 为4法尔萨赫，从玛斯—末禄赫至开禄 (Karw) 为7法尔萨赫。从开禄至汗 (Khān) 为9法尔萨赫。从汗至伊斯白罕为7法尔萨赫。这样，从设拉子至伊斯白罕的全程为70法尔萨赫，谁若想从阿瓦士行至伊斯白罕，则需先从苏古·阿瓦士行8法尔萨赫至阿斯开莱·穆克莱姆 ('Askara Mukram)，再至麦亚尼吉 (Mayānij) 为7法尔萨赫。从麦亚尼吉至意泽杰 (Īdhaj) 为3法尔萨赫，从意泽杰至叶尔雅义勒[②]为4法尔萨赫。从叶尔雅义勒至鲁斯塔吉尔德 (Rustājird) 为7法尔萨赫，它是山路上的一个要塞，再至舍利勒 (Shalīl) 为5法尔萨赫，从舍利勒至胡齐斯坦 (Khuzistān) 为9法尔萨赫，从胡齐斯坦至艾尔白喝舍达巴德 (Abrahshat Abādh) 为4法尔萨赫，从艾尔白喝舍达巴德至开利尔坎 (Karīrkān) 为7法尔萨赫，从开利尔坎至巴布坎 (Bābkān) 为7法尔萨赫，从巴布坎至汗 (Khān) 为7法尔萨赫，从汗至伊斯白罕城为7法尔萨赫。这样，从阿瓦士经意泽杰道路至伊斯白罕全程为75法尔萨赫。

我们讲完了通往阿瓦士、法尔斯、克尔曼、锡斯坦及与之相连的通向伊斯白罕和法尔斯的诸道路。接着，我想讲从和平城通往东方的一些主要的区、省的道路。我们也是从和平城讲起，从和平城至奈赫莱旺为4法尔萨赫。从奈赫莱旺至义尔·巴兹玛 (Dayr Bāzmā) 为4法尔萨赫，再至代斯凯拉 (Daskarah) 为8法尔萨赫，从代斯凯拉至杰卢拉为7法尔萨赫，从杰卢拉至哈尼金 (Khāniqīn) 为7法尔萨赫，从哈尼金至垓素尔·希林 (Qaṣr Shīrīn)[③] 为6法尔萨赫，从垓素尔·希林至侯勒旺为41法尔萨赫，从侯勒旺至马德鲁斯坦 (Mādrūstān) 为

① 意思是“金刚石与燧石”宫。塞拉义，波斯名词，意思是“宫殿”“宫室”。

② 原文中此词缺损。

③ 现今此地名为席林堡。垓素尔，宫殿之意。

4 法尔萨赫，从马德鲁斯坦至麦尔吉·基勒阿 (Marj al-Qil'ah)[①] 为 6 法尔萨赫，从麦尔吉·基勒阿至垓素尔·耶济德[②] 为 4 法尔萨赫。从垓素尔·耶济德至祖拜义迪亚 (Zubaydiyyah) 为 6 法尔萨赫。从祖拜义迪亚至海什卡利什 (Khashkārīsh) 为 3 法尔萨赫。从海什卡利什至垓素尔·阿慕尔[③] 为 4 法尔萨赫。从垓素尔·阿慕尔至盖尔米欣 (Qarmīsīn) 为 3 法尔萨赫。这样，从盖尔米欣至侯勒旺为 30 法尔萨赫。从盖尔米欣至甘塔莱图·马利亚 (Qanṭaratu Maryam)[④] 为 5 法尔萨赫。从甘塔莱图·马利亚至麦斯海纳 (Maskhanah) 为 4 法尔萨赫。从麦斯海纳至垓素尔·赖素斯 (Qaṣr al-Laṣūṣ) 为 6 法尔萨赫。从垓素尔·赖素斯至埃塞达巴泽 (Asadābādh)[⑤] 为 7 法尔萨赫。从埃塞达巴泽至宰尔凡拉尼亚 (Zarfarāniyyah) 为 6 法尔萨赫。从宰耳凡拉尼亚至哈马丹城为 3 法尔萨赫。这样，从盖尔米欣至哈马丹城为 31 法尔萨赫。

谁想从盖尔米欣行至纳哈万德 (Nahāwand)，则需先从盖尔米欣行至杜坎 (Dukkān)，其行程为 7 法尔萨赫。再从杜坎至垓素尔·赖素斯为 9 法尔萨赫。从垓素尔·赖素斯至开合拉斯 (Kaḥrās) 为 5 法尔萨赫。从开合拉斯至纳哈万德为 4 法尔萨赫。这样，从盖尔来欣至纳哈万德共为 25 法尔萨赫。

谁想从纳哈万德行至哈马丹，则要从纳哈万德行 6 法尔萨赫路至拉卡赫 (Rākāh)，再从拉卡赫至迪曼 (Dīman) 为 5 法尔萨赫，从迪曼至哈马丹为 7 法尔萨赫。这样，从纳哈万德至哈马丹共为 18 法尔萨赫。

开尔杰是伊罕林的首府。谁想从纳哈万德至开尔杰，要先从纳哈万德至拉卡赫为 6 法尔萨赫，再从拉卡赫至久拉布为 8 法尔萨赫，再从久拉布至开尔杰为5法尔萨赫。这样，从纳哈万德至开尔杰共为19法尔萨赫。

伊罕林的首府是开尔杰。谁想知晓从哈马丹至伊罕林的道路，谁则

① “碉堡”牧场之意。
② 意思是“耶济德”的宫殿。
③ 意思是“阿慕尔”宫。
④ 意思是“马利亚”拱桥。
⑤ 意思是“狮子城”。

应从哈马丹行至塔斯凡丁（Ṭāsfandīn），其行程为5法尔萨赫，再从塔斯凡丁至久拉布为7法尔萨赫。从久拉布至开尔杰为5法尔萨赫。这样从哈马丹至开尔杰全程为17法尔萨赫。若从哈马丹至开尔杰，经过“塞瓦赫”（Sawāh）镇行至开尔杰，则须从哈马丹至久尔（Jūr）为5法尔萨赫，再从久尔至汗达布（Khandāb）为7法尔萨赫，再从汗达布至塞尔班（Sa'bān）为7法尔萨赫，从塞尔班至开尔杰为9法尔萨赫，这样，走完全程为28法尔萨赫。谁想从开尔杰行至伊斯白罕，则须从开尔杰至海尔玛巴泽（Kharmābādh），行程为7法尔萨赫，再从海尔玛巴泽至艾布基萨（Abuqīsah）为7法尔萨赫，再从艾布基萨至杰尔巴泽甘（Jarbādhqān）为6法尔萨赫。再从杰尔巴泽甘至盖努兰（Qanūrān）为8法尔萨赫。再从盖努兰至麦尔吉—宰赫尔（Marj wa Zahr）为7法尔萨赫。再从麦尔吉—宰赫尔至马莱宾（Mārabīn）为4法尔萨赫，再从马莱宾至艾兹米兰（Azmīrān）为12法尔萨赫，再从艾兹米兰至伊斯白罕为3法尔萨赫。这样，从开尔杰至伊斯白罕的全程为54法尔萨赫。

我们再提哈马丹以及从哈马丹通向东方各地的道路。从哈马丹至代尔奈瓦（Darnawā）为5法尔萨赫。从代尔奈瓦至布宰奈吉尔德（Būzanajird）为5法尔萨赫，从布宰奈吉尔德至宰莱赫（Zarah）为4法尔萨赫。再从宰莱赫至泰兹拉（Ṭazrah）为4法尔萨赫，再从泰兹拉至艾萨畏拉（Asātwirah）为4法尔萨赫，再从艾萨畏拉至鲁泽赫—布斯沓（Rūdhah wa Būstah）为3法尔萨赫。从鲁泽赫—布斯沓至达乌达巴德（Dāwdabādh）为4法尔萨赫。从达乌达巴德至苏塞奈金（Sūsanaqīn）为3法尔萨赫。从苏塞奈金至代鲁泽（Darūdh）为4法尔萨赫，从代鲁泽至萨瓦（Sāwah）为5法尔萨赫，从萨瓦至穆什库叶赫（Mushkūyah）为8法尔萨赫，从穆什库叶赫至古斯塔纳（Qusṭānah）为8法尔萨赫。从古斯塔纳至赖伊（Rayyi）为7法尔萨赫。这样，从哈马丹至赖伊为64法尔萨赫。

从赖伊至穆凡达拉巴泽（Mufaḍḍal Abādh）为4法尔萨赫。从穆凡达拉巴泽至艾甫莱义丁（Afraydīn）为6法尔萨赫。从艾甫莱义丁至卡斯

布 (Kāsb) 为 8 法尔萨赫。从卡斯布至胡瓦尔 (Khuwār) 为 6 法尔萨赫。从胡瓦尔至垓素尔 · 密勒合 (Qaṣr al-Milḥ) 为 7 法尔萨赫。从垓素尔 · 密勒合至拉斯 · 凯勒布 (Rās Kalb) 为 7 法尔萨赫。从拉斯 · 凯勒布至塞莱贺 (sarkh) 为 4 法尔萨赫。从塞莱贺至西姆南 (Simnān) 为 4 法尔萨赫。从西姆南至阿胡林 (Ākhūrīn) 为 9 法尔萨赫，从阿胡林至“达叶赫”村 (Qaryatu Dāyah) 为 4 法尔萨赫。从“达叶赫”村至古密斯 (Qūmis) 为 4 法尔萨赫。从古密斯至哈达达 (Ḥaddādah) 为 7 法尔萨赫。从哈达达至库兹斯坦 (Kūzstān) 为 4 法尔萨赫。从库兹斯坦至白泽什 (Badhash) 为 3 法尔萨赫。从白泽什至密麦德 (Mīmad) 为 12 法尔萨赫。从密麦德至海夫台代尔 (Haftadr) 为 7 法尔萨赫。从海夫台代尔至埃塞达巴泽为 7 法尔萨赫。从埃塞达巴泽至白赫曼巴德 (Bahmanābādh) 为 6 法尔萨赫。从白赫曼巴德至扈思老吉尔德 (Khusrawjird) 为 6 法尔萨赫，从扈思老吉尔德至侯赛义纳巴德 (Ḥusaynābādh) 为 4 法尔萨赫，从侯赛义纳巴德至信开尔地尔 (Sinkardir) 为 5 法尔萨赫，从信开尔地尔至必什堪德 (Bīshkand) 为 5 法尔萨赫，从必什堪德至奈义萨布尔为 5 法尔萨赫。这样，从赖伊至奈义萨布尔的全程为 134 法尔萨赫。

从奈义萨布尔至白黑斯 (Bahīs) 为 4 法尔萨赫。从白黑斯至合木拉 (Ḥamrā') 为 6 法尔萨赫。从合木拉至图斯(Tūs) 的穆塞垓布(Muthaqqab) 为 5 法尔萨赫。从穆塞垓布至努甘 (Nūqān) 为 5 法尔萨赫。从努甘至麦兹都兰 · 亚喀巴 (Mazdūrān al-‘Aqabah) 为 6 法尔萨赫。从麦兹都兰 · 亚喀巴至奥钦纳 (Awkīnah) 为 8 法尔萨赫，从奥钦纳至塞莱贺斯 (Salakhs) 城为 6 法尔萨赫，从塞莱赫斯至“奈贾尔”宫 (Qaṣr al-Najār) 为 3 法尔萨赫。从“奈贾尔”宫至乌什吐尔买杭克 (Ushturmaghāk) 为 5 法尔萨赫。从乌什吐尔买杭克至台赖斯塔纳 (Talastānah) 为 6 法尔萨赫。从台赖斯塔纳至丹达奈甘(Dandānaqān) 为 6 法尔萨赫。从丹达奈甘至叶努吉尔德 (Yanūjird) 为 5 法尔萨赫。从叶努吉尔德至木鹿(Marw) 城为 5 法尔萨赫。这样，从奈义萨布尔至木鹿为 70 法尔萨赫。

木鹿城有两条大道。其中一条通向沙什 (Shāsh)、突厥国。另一条通向吐火罗斯坦。从木鹿至库什米汗（Kushmīhan）为5法尔萨赫，库什米汗是沙漠中的通往扈兹（al-Ghuzz）[①]的大村镇。从库什米汗到迪旺（Dīwān）[②]为6法尔萨赫，迪旺有一个驿站，从迪旺至泰赫麦赖吉（Ṭahmalaj）为2法尔萨赫，它是驿站的所在地。从泰赫麦赖吉至曼帅夫（Manṣaf）为4法尔萨赫，曼帅夫是驿站的所在地。从曼帅夫至艾合萨（Aḥsā'）为8法尔萨赫，此处是驿站的所在地。从艾合萨至"奥斯曼"河（Nahr 'Uthmān）为3法尔萨赫，此处有一个驿站。从"奥斯曼"河至欧玹义尔（'Uqayr）为3法尔萨赫，此地有驿站。从欧玹义尔至阿穆勒（Āmul）城为5法尔萨赫。这样，从木鹿至阿穆勒全程为36法尔萨赫。

从阿穆勒城至巴尔赫河河口为1法尔萨赫。涉渡者从此处渡河，再行1法尔萨赫路即达"阿里"村（Qaryatu 'Ali）。从沙漠中的"阿里"村至"乌姆·贾法尔"要塞（Ḥiṣnu Umm Ja'far）为6法尔萨赫。从"乌姆·贾法尔"要塞走出沙漠，再抵拜坎德（Baykand）为6法尔萨赫。从拜坎德至"布哈拉围墙"的门（Bāb Ḥā'iṭi Bukhārā）为2法尔萨赫，从这门行至名叫玛斯停（Māstīn）的村庄为1.5法尔萨赫，从玛斯停至布哈拉为5法尔萨赫。这样，从阿穆勒至布哈拉城全程为22.5法尔萨赫。

再从布哈拉至舍尔贺（Shargh）为4法尔萨赫。从舍尔贺至泰瓦维苏（Tawāwīsu）为3法尔萨赫。从泰瓦维苏至库克（Kūk）为3法尔萨赫。库克是一个镇子，突厥王（Malik al-Turk）是在这里征集进行侵袭的军旅地。与库克相连的南面是些高山，经过这些山可通往中国。再从库克至开尔米尼亚（Karmīniyah）为4法尔萨赫，从开尔米尼亚至代布西亚（Da'būsiyah）为5法尔萨赫，从代布西亚至莱班兼（Rabanjan）为5法尔萨赫，从莱班兼至宰尔曼（Zarmān）为6法尔萨赫，从宰尔曼至"阿勒盖麦"宫（Qaṣr al-'Alqamah）为5法尔萨赫，从"阿勒盖麦"宫至撒马尔罕城为2法尔萨赫。这样，从布哈拉城至撒马尔罕城全程为37法尔萨赫。从撒马尔罕至巴尔开特（Bākat）为4法尔萨赫，从巴尔开特至

① 即古斯人。

② 迪旺，波斯语名词，意思是"行政机关""办公地"。

扈舒凡寒（Khushūafaghan）为4法尔萨赫，扈舒凡寒位于“盖泰旺”沙漠之中。从扈舒凡寒至浮尔奈麦泽（Fūrnamadh）为5法尔萨赫，浮尔奈麦泽是一些群山。从浮尔奈麦泽至沙漠中的扎敏（Zāmīn）为4法尔萨赫，扎敏是两条道路的岔口，一条通向沙什，另一条通向拔汗那。

再谈沙什大道。从扎敏至沙漠中的哈窝塞（Khāwaṣ）为6法尔萨赫，从哈窝塞至“沙什”河为5法尔萨赫。渡河时，从河畔上的住所至白纳乞特（Banākit）为4法尔萨赫。再从白纳乞特至“突厥”河（Nahr Turk）上的吉难吉克特（Jīnānjikt）为4法尔萨赫。渡过“突厥”河可见到左侧的塞图尔克特（Satūrkt）。从塞图尔克特至白尼奈开特（Banūnakt）为3法尔萨赫，从白尼奈开特至“沙什”城为2法尔萨赫。从“沙什”城至墙内的军营（Mu'askar）为2法尔萨赫，从军营至鹤尔凯尔德（Gharkard）为5法尔萨赫。从沙漠中的鹤尔凯尔德至艾斯比沙卜（Asbīshāb）为4法尔萨赫。从艾斯比沙卜至沙拉布（Shārāb）为4法尔萨赫，沙拉布在沙漠中。沙拉布有两条大河，一条叫“玛瓦”（Māwā），另一条叫“尤兰”（Yūran）。从沙拉布乘小船（Rakawāt）至白杜贺开特（Badūkhkat）为4法尔萨赫，从白杜贺开特乘小船至台姆塔吉（Tamtāji）为5法尔萨赫，台姆塔吉位于沙漠中，在此沙地中有一条大河和苇塘。从台姆塔吉乘小船至巴尔伽吉（Bārjāj）为4法尔萨赫。巴尔伽吉是一个很大的丘，环绕此丘有一千眼泉，诸泉之水汇流到同一条河里，此河是向东方流去的。人们称这条河为“白尔库阿布”（Barkūāb），意思是高下倒置的水，这是由于它是从低处向高处流的。

再从巴尔伽吉至“白尔库阿布”河上的旅舍为6法尔萨赫。“白尔库阿布”河的两岸，生聚着大片的灌木林、柽柳和密林，在那密林里可以猎捕到黑色的松鸡。经这个旅舍涉渡过此河，便抵河的右岸。从渡口至沙窝格尔（Shāwaghar）为3法尔萨赫，沙窝格尔是出产磨刀石石料的石头山。从沙窝格尔至久维克特（Juwīkt）为2法尔萨赫，久维克特在荒野上，没有建筑物。从久维克特至“塔拉兹”（Ṭarāz）[①]城为2法尔萨赫，此处有牧草和建筑物。从“塔拉兹”城至“下”努舍疆（Nūshajān al-Asfal）为3法尔萨赫，从“下”努舍疆至群山中的开苏里巴斯（Kaṣrī Bās）为2法尔萨赫。开苏里巴斯在群山的右侧，群山的左侧有一处叫古姆(Qumm)。古姆是块热地(Jarmiyyah)，它是葛逻禄(Kharlukhiyyah)国的第一个去处，古姆位于塔拉兹与其北方的库亮（Kūlān）之间。古姆的后面是沙子与砾石积成的沙漠，砾石中有蛇。从古姆至开义玛克（Kaymāk）[②]国的边界线有2法尔萨赫。从开苏里巴斯至库勒烧伯（Kūl Shawb）为4法尔萨赫，库勒烧伯在开苏里巴斯的边缘上，库勒烧伯右侧有座山，山中出产大量的水果、熟枣和山菜，从库勒烧伯至这一边缘上的库亮（Kūlān）为4法尔萨赫。这样，从“塔拉兹”城至沙漠中的库亮全程为15法尔萨赫，此沙漠及其边缘也被称作库亮。

从库亮至富裕的“白尔钦”（Barkī）村为4法尔萨赫。从白尔钦至沙漠中的艾斯白拉(Asbarah)[③]为4法尔萨赫，它位于库亮沙漠的边缘上。从艾斯白拉至努兹开特（Nūzkat）为8法尔萨赫，努兹开特是一个大村镇。从努兹开特至胡兰杰旺（Khuranjawān）为4法尔萨赫，胡兰杰旺是一个大村镇。从胡兰杰旺至久勒（Jūl）为4法尔萨赫，久勒是一个大村镇。从久勒至萨利贺（Sārigh）为7法尔萨赫，萨利贺是一个大村镇。从萨利贺至“突厥可汗”村(Qaryatu Khāqān al-Turkiyyi）为4法尔萨赫。从“突厥可汗”村至开义尔米布拉卧（Kayrmibrāw）为2法尔萨赫。从开义尔米布拉卧至“奈瓦契特”（Nawākit）城为2法尔萨赫。从“奈瓦契特”城至班吉客特（Banjīkt）为2法尔萨赫，班吉客特是一个大村镇。班吉客特附近还有一个村庄，奈瓦契特是一大城市，此城有通向努舍疆的道路，名叫鲁凯布，到努舍疆只需1法尔萨赫。从班吉客特至素牙卜

① 我国史称“怛逻斯”，公元751年大食与唐军争夺之地。此地名在波斯语中意思是“装饰品”“服饰”。

② 我国史称“吉蔑”。波斯语意思是“乳皮”。

③ 即阿史不来城。

(Sūyāb)[1] 为 2 法尔萨赫。素牙卜乃是两个镇，一个叫“库巴勒”(Kubāl)，另一个叫“萨虎尔 · 库巴勒”(Sāghūr Kubāl)。从萨虎尔 · 库巴勒出发，驼队要在有牧草和水源的路上行走 15 天方可到达努舍疆，突厥邮差用 3 天即可跑完此路。这个努舍疆是“上”努舍疆，它是中国的边界。

我们经过 3 个驿站折回撒马尔罕。撒马尔罕乃是两条道路的岔口，一条通向沙什，一条通向拔汗那。我已讲完通向中国边界的“沙什”之路。现在谈通向拔汗那之路。这条通向拔汗那的道路的起点是撒马尔罕中的扎敏。从扎敏至萨巴特(Sābāṭ) 为 2 法尔萨赫，萨巴特是一个大村镇，道路于萨巴特分成两条，其中，一条通向拔汗那。从萨巴特至开尔克特(Karkt) 为 3 法尔萨赫，开尔克特是个大村镇。从开尔克特至鹤陆克 · 安达兹(Ghalūk Andāz) 为 3 法尔萨赫，鹤陆克 · 安达兹是位于几个大村镇中间的一个村镇。从鹤陆克 · 安达兹至“沙什”河上的呼兼德（俱战提 Khujandah）为 4 法尔萨赫。道路于此城复分作两条，一条通向拔汗那，另一条通向沙什、银矿 (Maʿdin al-Fiḍḍah)。通向拔汗那之路是从呼兼德出发，先至一名叫刷姆葛尔 (Ṣāmghar) 的村镇为 5 法尔萨赫，它很大，位于荒野中，从刷姆葛尔至哈吉斯坦 (Khājistān) 为 4 法尔萨赫。哈吉斯坦是驻屯卫戍部队的地方，其内有碉堡，有一个大盐池，沙什、呼兼德及其他地方的食盐均出自此地。哈吉斯坦附近有一座山，此山同银矿的山相连。从哈吉斯坦至一名叫土尔木甘(Turmuqān) 的村镇为 6 法尔萨赫，从土尔木甘至巴布 (Bāb) 为 3 法尔萨赫，巴布是拔汗那诸城中的一座大城。从巴布至拔汗那城为 4 法尔萨赫，拔汗那也叫艾贺希克特(Akhsīkt)。这样，从撒马尔罕至拔汗那全程为 35 法尔萨赫。

我们再讲述萨巴特的岔路口。从萨巴特至舍鲁塞纳 (Sharūsanan) 城为 7 法尔萨赫，其间，前 2 法尔萨赫是坦途，后段路是一个山谷及几个村庄，此诸村庄或左或右地分布在山梁上。在上路之前，有河水从这两条道路

---

① 《大唐西域记》素叶水城（唐代史籍多称作碎叶）。在波斯语、回鹘语中 Āb 为水、河流之意。素叶 (Sūya) 与水 (Āb) 联诵，即为素牙卜。此地为唐朝安西都护府四大军镇之一。

上穿流而过，这水是从城[①]里流出来的。

我再谈呼兼德处的岔路口，先讲通向沙什银矿的道路。从呼兼德出发，先在河中航行，再步行至废址，废址有一眼泉井。据说，此处有一个观象台。再从废址至银矿峡谷谷口的“穆赫难”宫（Qaṣr Mūhnān）为2法尔萨赫。

我再讲沙什城，以便明了从沙什城出发，行走在拔汗那道路上的里程。从沙什城至银矿为7法尔萨赫，从银矿至哈吉斯坦为8法尔萨赫。从哈吉斯坦至“沙什”河上的土尔木甘，土尔木甘与几个村镇相邻，再从土尔木甘至巴布为3法尔萨赫。巴布是拔汗那最富有的大城市之一。巴布城位于“沙什”河上。由于人们很害怕突厥人，因此，他们不住在土尔木甘，而是用一天一夜的时间走过若干法尔萨赫路，住到巴布城。从巴布至艾贺希克特，即拔汗那城为4法尔萨赫。

从拔汗那至“上”努舍疆之路。从拔汗那至固巴（Qubā）为10法尔萨赫，固巴是座城市，从固巴至窝什（Uwsh）[②]为7法尔萨赫，固巴是个大村镇。从窝什至尤兹坎德（Yūzkand）为7法尔萨赫，尤兹坎德是“胡尔特斤·都赫甘”（Khūrtakīn al-Duhqān）[③]城。从尤兹坎德至亚喀巴（‘Aqabah）[④]为1天行程，通往亚喀巴的道路横在几个与“胡尔特斤·都赫甘”城相连延的村镇之间。亚喀巴是一个很难走过的高地，下雪时是不通行的。从亚喀巴至群山中的艾特巴什（Aṭbāsh）为1天行程。此山地有上坡和下坡，艾特巴什是一座在高屏障[⑤]上的城市，它位于吐蕃(al-Tubbat)、拔汗那、努舍疆之间。从艾特巴什至“上”努舍疆，至少要艰难地走过6个驿站，两地间的路，一段要经过一些小山，另一段要走过一个草场，走过一些没有村落的泉源。谁想走这条路，就要携带好他的必需品。过路人走此路，

① 从上下文看，城是指萨巴特。

② 原文写此词未标元音（母音），故可读作 Ūsh（乌什），Uwsh（窝什），Awsh（奥什）三种。参照雅古特《地名辞典》，卷一，第281页专条，应读作 Uwsh（窝什），今多译作奥希。

③ 意思是“领袖胡尔特斤”。波斯名词。

④ 意思是“山路”，阿拉伯名词。又有屏障之意。实际上，从此亚喀巴起，山路已在帕米尔高原范围之内。

⑤ 原词为阿拉伯语，当指帕米尔高原（葱岭）。

很少能坐车，从“上”努舍疆至土胡兹胡尔·汗甘 (Tughuzghur Khāqān) 地界为6天行程，土胡兹胡尔·汗甘就是“土胡兹胡尔”王[①]。

我再谈从塔拉兹至开义玛克 (Kaymāk) 之路。从塔拉兹至开瓦开特 (Kawākat) 地面的两个村镇，这是人烟稠密的两个地方，从此地至“开义玛克”王的地界，需骑快马行80天路。骑乘者仅需带好自己的口粮，因为走这段路，虽然要经过广阔的沙漠，但是沙漠中有丰富的饲草和泉水。饲草大多是青苜蓿。

我再讲木鹿，讲清楚从木鹿到吐火罗斯坦及其周邻地区的道路。从木鹿城出发，行至一名叫发兹 (Fāz) 的村镇为7法尔萨赫。从发兹至位于沙漠路上的马赫迪·阿巴德 (Mahhdī Abādh)[②] 为6法尔萨赫，从马赫迪·阿巴德至叶海亚·阿巴德 (Yaḥyā Abādh) 为7法尔萨赫，它是峡谷中央的旅舍，此处有商人旅舍和驿站。从叶海亚·阿巴德至垓利奈因 (Qarīnayn) 为5法尔萨赫，垓利奈因是沙漠中的村镇，位于河谷之畔。此河谷又在一大丘之上。垓利奈因的居民是些袄教僧，他们靠租赁毛驴营生。驴子被雇佣到各地去，人们称他们为“……拉空 (Rakūn)”[③]。从垓利奈因至埃塞达巴泽为7法尔萨赫，从埃塞达巴泽至豪赞 (Ḥawzān) 为5法尔萨赫。从豪赞至垓素尔·艾合奈芙 (Qaṣr al-Aḥnaf) 为4法尔萨赫，这是一个在峡谷中的村镇，因艾合奈甫·本·盖斯(al-Aḥnaf bn Qays)[④] 得名。从垓素尔·艾合奈芙至“上”木鹿 (Marw al-A'lā)[⑤] 城为5法尔萨赫。再穿过这座城便至一名为垓素尔·阿姆鲁 (Qaṣr 'Amrū) 的地方为1法尔萨赫。垓素尔·阿姆鲁位于山间的某岔道上。从末禄·鲁泽至艾莱斯堪 (Araskan) 为5法尔萨赫。从艾莱斯堪至埃斯拉布 (Asrāb) 为7法尔萨赫，它很

① 意思是“九姓古斯”可汗。
② 阿巴德，或为阿巴泽，波斯地名，意思是“有人烟的”，“人口稠密的”，又作镇、城解。
③ 原文此词第一个字母缺损，无法断定究竟为何意。
④ 大食国战将，伊历31年在伊本·阿米尔麾下，他征服了呼罗珊的巴尔赫、木鹿、塔赖冈（多勒键）、久宰疆（胡实健）等地，以木鹿鲁泽为基地。见伊本·艾西尔《历史大全》卷二，第124—127页。
⑤ 即木鹿鲁泽，与木鹿城比较，它在阿姆河的上游，故名“上木鹿”。

小，它的屋舍都是一些建在山间的坑道（似的）。从埃斯拉布至坎加巴泽（Kanjābādh）为6法尔萨赫，它是塔赖冈（Ṭālaqān）诸区中的一个村镇。从坎加巴泽至塔赖冈为6法尔萨赫，从塔赖冈至开斯哈（Kasḥān）为5法尔萨赫，它是位于两山之间的大村镇。从开斯哈至艾尔黑焉（Arghiyan）为1法尔萨赫，它是有人烟的村镇，位于“木鹿”谷中。再至一不难行走的土屏，以后是山中的一段石路，共为4法尔萨赫，屏障内有一用石头砌成的泉井，总地讲，这段路不难行走。

从艾尔黑焉至垓素尔·扈特（Qaṣr Khūt）为5法尔萨赫，这是一个位于沙漠中且人口稠密的村镇，是发莱亚布（Fārayāb）地面的头一个去处。从垓素尔·扈特至发莱亚布城约为2法尔萨赫，再至一名为嘎欧的沙漠，沙漠长为5法尔萨赫。从发莱亚布至嘎欧为9法尔萨赫。嘎欧位于沙漠之中，进出此地多要登坡和下坡。嘎欧是一有住家的平地，平地上有一些商人客栈，还有一些水井。嘎欧归久宰疆①区的政权统治，久宰疆也位于沙漠之中。从嘎欧至荒野上的舒布尔甘（Shubūrqān）为9法尔萨赫，它储藏着很多给养品，人口众多，其内有讲坛，舒布尔甘属久宰疆政权所辖。从舒布尔甘至西德拉（Sidrah）为6法尔萨赫，西德拉属巴勒赫（Balkh）区所辖，此地人以马车（Duwa）②为住宅。这里除了一个邮传驿站和若干个商旅客栈外，别无他物。在波及木鹿四郊及吐火罗斯坦的呼罗珊地震之年，即（伊历）203年，西德拉的一眼泉井因地震而大量喷涌，遂成了个很大的泉源，泉水在旷野里流淌，此旷野是个与木鹿和阿穆勒相连的沙漠，沙漠上多是些沙子和芦苇，此泉水的流淌使沙漠中原先长树的地方变成了村庄，这些村子里种植着很多庄稼和树木。从西德拉至代斯台吉尔德（Dastajirdh）③为5法尔萨赫，它是一个水源充足、人口众多的村镇。从代斯台吉尔德至欧德（‘Ūd）④为4法尔萨赫，它是一

① 原文字缺损。
② 原词为al-Duwwa，波斯语名词，意思是“车”“马车”。
③ 其中的吉尔德，意思是“村庄”，波斯语地名。
④ 雅古特《地名辞典》言此地位于鹤悉那（今加兹尼）与赫拉特之间。

个大村镇。从欧德至建筑群中的巴勒赫城为3法尔萨赫。从巴勒赫城至西亚吉尔德（Siyājird）为5法尔萨赫，它是一个大村镇。从西亚吉尔德至沙漠中的“巴勒赫”河为7法尔萨赫。“巴勒赫”河即杰义哄河。此河来自提尔米兹（(Tirmiz)[①]城的城根。河水拍击着矗立在岩石上的城墙，从提尔米兹（城至塞尔曼疆（Ṣarmanjān）为6法尔萨赫，从塞尔曼疆至达莱赞吉（Dārazanjī）为6法尔萨赫，这是个人口众多的村镇。从达莱赞吉至一名为布兰吉（Buranjī）的村镇为7法尔萨赫。从布兰吉至塞安尼扬（Ṣaghāniyān）[②]为5法尔萨赫，它很大，人口众多。从塞安尼扬城经过拉什特（Rāsht）道路，便行至大村镇包奈扎（Bawnadhā）为3法尔萨赫，从包奈扎至“海穆朗”（Hamūrān）村为7法尔萨赫，从海穆朗至有人居住的村镇艾班·开斯旺（Abān Kaswān）为8法尔萨赫，从艾班·开斯旺至舒曼（Shūmān）[③]为5法尔萨赫。从舒曼出发，经过一些建筑物来到瓦什吉尔德为4法尔萨赫，从瓦什吉尔德至拉什特（Rāsht）需行四天路程。拉什特位于两山间，是呼罗珊省（Balad）于此方向上最边远的地方，它与拔汗那相邻接，拉什特有突厥人向内袭击的入口。

我再提及巴勒赫城，讲从此城通向“上”吐火罗斯坦的道路。从巴勒赫城至窝拉里（Walārī）为5法尔萨赫。从窝拉里至塞瓦希（Sawāḥī）为3法尔萨赫，从塞瓦希至荒野上的胡勒姆（Khulm）[④]城为3法尔萨赫。从胡勒姆城至白哈尔（Bahār）为7法尔萨赫，白哈尔是沙漠中的住家，那里除了一口水井外，再没有其他水源，水要一级一级才能流到那里。从白哈尔至艾尔开纳叶古勒（Arkanāyaqūl）为5法尔萨赫，据说它是沙漠中的屋舍。从艾尔开纳叶古勒至有建筑的嘎里杜（Qariḍ）为7法尔萨赫，它位于巨岩之间，与巴勒赫河相距18法尔萨赫。

我已讲述了通向麦加及其附近的也门等地的诸道路，又讲述了通向

---

① 即怛没。

② 即石汗那。

③ 即《新唐书·地理志》所言之数瞒城，在今杜尚别附近。

④ 即昏磨城，见《新唐书·地理志》。

东方地区的诸道路。现在，再讲述通向北方及其周邻地区的诸道路。

首先，这条路是转向阿塞拜疆地区的。从信努·苏迈义拉（Sinnu Sumayrah）至迪奈窝尔（Dīnawar）为5法尔萨赫，从迪奈窝尔至胡尔疆（Khūrjān）为9法尔萨赫，从胡尔疆至特卢旺（Tall Wān）为6法尔萨赫，从特卢旺至西塞尔为7法尔萨赫，在西塞尔有两条道路，一条路通向拜义赖甘（Baylaqān）为10法尔萨赫，从拜义赖甘至白尔扎（Barzah）为8法尔萨赫。另一条旱路[1]，则是从西塞尔至安德拉布（Andrāb）为4法尔萨赫，从安德拉布至拜义赖甘为5法尔萨赫，从拜义赖甘至白尔扎为6法尔萨赫。从白尔扎至萨布尔哈斯特（Sārkhāst）为8法尔萨赫，从萨布尔哈斯特至麦拉嘎（Marāghah）为7法尔萨赫，从麦拉嘎至迪赫[2]·胡尔甘（Dihkhurqān）为11法尔萨赫，从胡尔甘至台伯里兹[3]为9法尔萨赫。从台伯里兹至麦兰德（Marand）城为10法尔萨赫，从麦拉嘎至库勒塞拉（Kūlsarah）为10法尔萨赫，从库勒塞拉至赛拉（Sarāh）为10法尔萨赫，从赛拉至尼尔（Nayr）为5法尔萨赫，从尼尔至艾尔代比勒（Ardabīl）为5法尔萨赫，从艾尔代比勒至汗·巴比克（Khān Bābik）为8法尔萨赫。从汗·巴比克至白尔赞德（Barzand）为6法尔萨赫。从白尔赞德至白喝拉布（Bahlāb）为12法尔萨赫。从艾尔代比勒至穆甘（Mūqān）为4法尔萨赫。我们打算从白尔扎出发至梯夫利斯（Tiflīs），需行2法尔萨赫，从梯夫利斯至伽布莱旺（Jābrawān）为6法尔萨赫，从伽布拉旺至奈利兹为4法尔萨赫，从奈利兹至乌尔米亚（Urmiyah）为14法尔萨赫，从乌尔米亚至塞赖玛斯（Salamās）为6法尔萨赫，从麦兰德（Marand）至伽尔（Jār）为4法尔萨赫，从伽尔至虎卧夷（Khuwayyi）为6法尔萨赫。谁想从这条路去亚美尼亚，则需经过麦兰德山谷中的塞里（Sarī），行程为10法尔萨赫，从山谷至奈舍瓦为10法尔萨赫，从奈舍瓦至代碧勒（Dabīl）为20法尔萨赫。谁想从卧尔珊（Warthān）至

① 原文此词意思是“旱、干旱”。也有其他含意，如“冬季、雨季”等。

② 迪赫，波斯语词，意思是“村庄”。此地实为“胡尔甘”村。

③ 今伊朗西北部的大不里士城。

白尔泽阿(Bardha'ah)，则须从卧尔珊至古玛姆(Qūmām)，行程为3法尔萨赫，再至拜义赖甘为7法尔萨赫，再至白尔泽阿为3法尔萨赫。

下面，让我讲从和平城通向西方诸地的道路，这要从往东方的山路接着讲，以使其和从东方到北方的道路衔接起来。为此，要先讲通向毛绥勒的道路。从和平城至白尔丹(Bardān)为4法尔萨赫，从白尔丹至欧克白拉('Ukbarā)为5法尔萨赫，从欧克白拉至巴合姆沙(Bāḥamshā)为3法尔萨赫，从巴合姆沙至卡迪西亚为7法尔萨赫，从卡迪西亚至开尔赫(Karkh)为5法尔萨赫，从开尔赫至杰碧勒塔(Jabiltā)为7法尔萨赫，从杰碧勒塔至苏代嘎尼亚(Sūdaqāniyah)为5法尔萨赫，从苏代嘎尼亚至巴利玛(Bārimmā)为5法尔萨赫，从巴利玛至“信努”(Sinnu)城为5法尔萨赫，从信努至哈迪撒(Ḥadīthah)为12法尔萨赫，哈迪撒位于旷野之中，小扎布河在哈迪撒的中央流过。从哈迪撒至泰赫曼(Ṭahmān)为7法尔萨赫，从泰赫曼至毛绥勒为7法尔萨赫，从毛绥勒至白赖德(Balad)为7法尔萨赫，它是座城市。从白赖德至巴阿义纳撒(Bā'aynāthā)为7法尔萨赫，从巴阿义纳撒至白尔垓义德(Barqa'īd)为6法尔萨赫，从白尔垓义德至艾泽莱玛(Adhramah)为6法尔萨赫，从艾泽莱玛至特勒凡拉沙(Tall Farāshah)为3法尔萨赫，从特勒凡拉沙至奈绥宾(Naṣībīn)为4法尔萨赫，奈绥宾有两条路的岔口，其中向右侧的一条路通向与我提到过的东方诸路相连接的北方地区，另一条路通向西方的主要地区。

我就从奈绥宾向右侧去的道路谈起。从奈绥宾至达拉(Dārā)为5法尔萨赫，从达拉至开凡尔图撒(Kafartūthā)为7法尔萨赫，从开凡尔图撒至垓素尔·白尼·纳兹厄(Qaṣr Banī Nāzi')为7法尔萨赫，从垓素尔·白尼·纳兹厄至阿米德(Āmid)为7法尔萨赫，从阿米德向右侧行，至麦亚法里金(Mayāfariqīn)为5法尔萨赫，从麦亚法里金至艾尔赞(Arzan)为7法尔萨赫，艾尔赞也是一座与亚美尼亚接壤的城市。从阿米德向北去赖盖的道路，从阿米德至希姆沙特(Shimshāṭ)为7法尔萨赫，希姆沙特同罗马国的几个关口接近。从希姆沙特至特勒久富尔(Tall Jūfar)为5

法尔萨赫。从特勒久富尔至杰尔南（Jarnān）为6法尔萨赫，杰尔南是一个有很多人口和一些市场的村镇。从杰尔南至巴姆垓达（Bāmqadā）为5法尔萨赫，此地有一个集市，人口少。从巴姆垓达至久拉布（Jullāb）为7法尔萨赫，这是位于河上的殷富的村镇。从久拉布至鲁哈（Ruhā）为4法尔萨赫，鲁哈位于山麓，是罗马人的城市。从鲁哈至哈朗（Ḥarrān）为4法尔萨赫，哈朗是座城市，从哈朗至特勒麦合拉（Tall Maḥrā）为4法尔萨赫，从特勒麦合拉至巴杰尔旺（Bājarwān）为7法尔萨赫，从巴杰尔旺至赖盖为3法尔萨赫。

至于从奈绥宾至赖盖的道路，则需先从奈绥宾至达拉，行程为5法尔萨赫，达拉是山麓上的城市。从达拉至开凡尔图撒为7法尔萨赫，从开凡尔图撒至阿拉达（‘Arrādah）为3法尔萨赫，阿拉达是个旅舍。从阿拉达至莱厄斯·艾因（Ra’s ’Ayn）为4法尔萨赫，它是座城市，城中有若干个水泉，从莱厄斯·艾因至加路德（Jārūd）为5法尔萨赫，从加路德至“麦斯赖迈”城堡为6法尔萨赫，这是个镇，镇内有水槽（Sihrīj）从城堡至巴杰尔旺为7法尔萨赫。从巴杰尔旺至赖盖为3法尔萨赫。

从白赖德向左[1]通往垓尔基西亚（Qarqīsiyā）、信伽尔的道路，就是沿着富拉特河而行的道路，从白赖德至特勒艾耳凡尔（Tall A‘far）为5法尔萨赫，这是个大村镇。从特勒艾耳凡尔至信伽尔为5法尔萨赫，这是个罗马人的城市。从信伽尔至艾因·吉巴勒（‘Aynu al-Jibāl）为5法尔萨赫。从艾因·吉巴勒至苏凯义尔·阿拔斯·本·穆罕默德（Sukayr al-‘Abbās bn Muḥammad）为9法尔萨赫，艾因·吉巴勒是哈布尔河上的城市，从苏凯义尔至富代音（Fudayn）为5法尔萨赫，从富代音至玛基信（Mākisīn）为6法尔萨赫，玛基信是哈布尔河上的城市。从玛基信至垓尔基西亚为7法尔萨赫，它是富拉特河、哈布尔河上[2]的城市。

从赖盖至诸关口（Thaghūr）的道路。首先从赖盖至艾因·鲁米亚（‘Aynu al-Rūmiyah）为6法尔萨赫。从艾因·鲁米亚至特勒阿布达（Tall

① 可作“向北”解。
② 即两条河流交汇处。

‘Abdā）为 7 法尔萨赫。从特勒阿布达至塞鲁吉(Sarūj）为 7 法尔萨赫。从塞鲁吉至穆宰尼亚 (Muzaniyyah）为 6 法尔萨赫。从穆宰尼亚至苏迈义萨特 (Sumaysāt）为 6 法尔萨赫，它是位于苫国 (Shām）一侧的富拉特河上的城市。从苏迈义萨特至“曼苏尔”堡 (Ḥiṣnu Manṣūr) 为 6 法尔萨赫，它是座垒有石墙的关口。从“曼苏尔”堡至险峻山路上的麦赖推亚 (Malaṭiyyah)[①] 为 10 法尔萨赫，麦赖推亚也是座关口。从麦赖推亚至一名叫开麦赫 (Kamah）的城市为 4 法尔萨赫。开麦赫是一座关口，敌人占领着它。向左方去锥白吐拉 (Zibaṭrah）为 4 法尔萨赫，敌人占领着它。从银白吐拉至哈戴斯 (Ḥadadh）为 4 法尔萨赫，哈戴斯是一个在敌方的关口。从哈戴斯至麦尔阿什 (Mar‘ash）为 5 法尔萨赫，它是个关口，在其后，除了敌人的建筑群以外，什么也没有。

我重又讲述和平城，以便阐明从和平城出发，顺着富拉特河的道路通向西方诸地的道路。从和平城至塞义赖欣 (Saylaḥīn）为 4 法尔萨赫，从塞义赖欣至安巴尔 (Anbār）为 8 法尔萨赫。安巴尔有一条位于旷野上的从白记斯 (Bajis）通来的道路，这条路在莱布 (Rabb）同一条从安巴尔过来的道路相交了。从安巴尔至莱布为 7 法尔萨赫。从莱布至希特 (Hīt) 为 12 法尔萨赫。从希特至纳雾撒 (Nāwūsah）为 7 法尔萨赫。从纳雾撒至窝撒 (Wasah）为 7 法尔萨赫。从窝撒至富合义玛 (Fuḥaymah）为 6 法尔萨赫。从富合义玛至旷野中的奈赫亚 (Nahyah）为 12 法尔萨赫，若走富拉特邮传道路至奈赫亚则为 6 法尔萨赫，从奈赫亚至达兹基 (Dāzqī) 为 6 法尔萨赫，从达兹基至富尔达 (Furḍah）为 6 法尔萨赫。道路在富尔达分成两条，一条路通向旷野，另一条路沿着富拉特河的道路从富尔达至瓦迪西巴厄[②] 为 5 法尔萨赫，从瓦迪西巴厄至“伊本·久迈义厄”湾 (Khalīj Ibn Jumay‘) 为 5 法尔萨赫，从“伊本·久迈义厄”湾至发什 (Fāsh) 为 6 法尔萨赫。从发什至垓尔基西亚、再至“塞义德”河 (Nahr Sa‘īd) 河口共为 8 法尔萨赫，从“塞义德”河河口至杰尔丹 (Jardān）为 14 法

① 今土耳其境内的马拉提亚。
② 意思是“猛兽峡谷”。

尔萨赫，从杰尔丹至穆巴拉克（Mubārak）为11法尔萨赫，从穆巴拉克至赖盖为8法尔萨赫。这样，在富拉特河上，从和平城至赖盖的全程为126法尔萨赫。

至于旷野之路，则是从富尔达处分出的，要从富尔达至盖姆拉推（Qamraṭī）为3法尔萨赫，从盖姆拉推至阿瓦弥勒（‘Awāmil）为9法尔萨赫，从阿瓦弥勒至盖塞巴（Qaṣabah）为8法尔萨赫，从盖塞巴至阿里尔（‘Arīr）为9法尔萨赫，从阿里尔至鲁萨法（Ruṣāfah）为8法尔萨赫，从鲁萨法至赖盖为8法尔萨赫。这样，走旷野之路而不走富拉特之路，从和平城至赖盖全程为127法尔萨赫又1密勒。

从鲁萨法起始的大马士革道路，先从赖盖行至鲁萨法为8法尔萨赫。鲁萨法有两条路，一条经旷野通向大马士革，另一条经过一些建筑群通向霍姆斯(Ḥimṣ)。经过建筑群的这条路则是从鲁萨法至宰拉阿(Zarrā‘ah)为40密勒，从宰拉阿至盖斯苔勒（Qasṭal）为36密勒，从盖斯苔勒至塞赖密亚（Salamiyyah）为30密勒，从塞赖密亚至霍姆斯为24密勒，从霍姆斯至舍姆辛勒舍阿尔（Shamsīn al-Sha‘r）为18密勒，从舍姆辛至嘎拉（Qārā）为22密勒，从嘎拉至奈布克（Nabk）为12密勒，从奈布克至古苔义法（Quṭayyifah）为20密勒，从古苔义法至大马士革为24密勒。

至于从鲁萨法起始的经旷野到大马士革的道路，则是从鲁萨法至废墟为35密勒，此废墟叫白吐拉米亚（Baṭlāmiyā），从白吐拉米亚至欧宰布（‘Udhayb）为24密勒。从欧宰布至尼赫雅（Nihyā）为20密勒，从尼赫雅至垓尔耶台因(Qaryatayn）为20密勒，从垓尔耶台因至杰鲁德(Jarūd）为36密勒，从杰鲁德至大马士革为30密勒。

从塞赖密亚①到大马士革，需走一条叫奥塞特（al-Awsaṭ）②的道路，从塞赖密亚至凡尔阿亚（Far‘āyā）为18密勒。从凡尔阿亚至玛务·舍利克（Mā’ Sharīk）为20密勒。从玛务·舍利克至塞代德（Sadad）为18密

① 今叙利亚境内的塞累米亚。
② 意思是“中间的”。

勒，从塞代德至奈布克[①]为 35 密勒。

再讲述从霍姆斯经“比高厄”（Biqā‘）路去大马士革。从霍姆斯至久西亚（Jūsiyah）为 13 密勒，从久西亚至伊阿实（Ī‘āth）为 20 密勒。从伊阿实至白尔莱伯克（Ba‘labakk）[②]为 3 密勒，从白尔莱伯克向左至名叫莱米（Ramī）的山上为 50 密勒。谁若从白尔莱伯克经“代拉杰”（Darāj）道路到太巴列（Ṭabariyyah），则需从白尔莱伯克至艾因·吉尔（‘Aynu al-Jir）行程为 20 密勒。从艾因·吉尔至垓尔敖努（Qar‘ūnu）为 15 密勒[③]，垓尔敖努是峡谷里的房舍，从垓尔敖努至一名叫欧尤努（‘Ūyūn）[④]的村镇，从欧尤努至开凡尔赖义利（Kafar laylī）共为 20 密勒，从开凡尔赖义利至太巴列为 15 密勒，在这条路上有久布·优素福（Jubb Yūsuf）[⑤]。若选择从大马士革通向约旦群山的道路，则先从大马士革走上正道至库斯瓦（Kuswah）为 12 密勒。从库斯瓦至贾希姆（Jāsim），行程为 24 密勒。从贾希姆至艾菲格（Afīq）为 24 密勒，从艾菲格至太巴列为 6 密勒，自太巴列起，通向莱姆拉（Ramlah）的道路分成两条，一条从太巴列到正道上的赖郡（Lajjūn）为 20 密勒。另一条路，先至拜义桑（Baysān）为 16 密勒，再至赖郡为 18 密勒。再从赖郡出发，经瓦迪阿拉（Wādī ‘Arā）至盖兰索瓦（Qalansuwah）为 20 密勒，在瓦迪阿拉之[⑥]内有猛兽，从盖兰索瓦至莱姆拉为 24 密勒。

从莱姆拉至米昔儿。从莱姆拉至诸村镇与建筑群之间的艾兹杜德（Azdūd）为 12 密勒，从诸村镇与建筑群之间的艾兹杜德至加沙（Ghazzah）为 20 密勒。从加沙至诸果园之间的莱凡合（Rafaḥ）为 10 密勒，其中 6 密勒多的路是在沙碛中。从莱凡合至沙漠中的阿里什（‘Arīsh）为 24 密勒。路从阿里什分成两条，一条是吉法尔（Jifār）路，它是沙漠；另一条是海

---

① 今叙利亚境内的奈伯克。
② 今黎巴嫩境内的巴勒贝克。
③ 原文此处无“密勒”字样，仅有数字。
④ 意思是“诸泉水”。
⑤ 即“优素福”深井。指以色列人的“先知”优素福（约瑟）被扔进去的那口深井。
⑥ 即“阿拉”峡谷。

岸之路。至于吉法尔路，从阿里什出发，先至窝拉打(Warrādah)为18密勒，从窝拉打至白高拉（Baqārah）为20密勒。从白高拉至凡莱玛（Faramā）为24密勒。至于海岸之路，则是从阿里什至麦赫赖撒（Makhlaṣah）为21密勒。从麦赫赖撒至垓素尔·黑素努·拿撒勒（Qaṣr Ḥiṣnu Nāsārā）[1]为24密勒，在垓素尔有甜水和枣椰林。从垓素尔至凡莱玛（Faramā）为24密勒。从凡莱玛至米昔儿（Miṣr）的京城弗斯塔特（Fusṭāṭ）的道路有不同的两条，即冬季路和夏季路。夏季路从凡莱玛至久尔吉尔（Jurjīr）为30密勒，从久尔吉尔至法固斯·汗兑拉（Fāqūs Ghāḍirah）为24密勒。从汗兑拉至"古萨阿"清真寺（Masjid Quṣā'ah）为18密勒。从"古萨阿"清真寺至毕勒毕斯（Bilbīs Bilbays）为21密勒，从毕勒毕斯至米昔儿为24密勒。冬季路，从凡莱玛至麦尔绥德（Marṣad）[2]，从麦尔绥德至汗兑拉为34密勒，此后，两条路重合为一条路。

至于从弗斯塔特至白尔盖（Barqah）、阿非利加及西方所有地区，则从弗斯塔特至扎特·塞拉西勒（Dhāt al-Salāsil）为24密勒。从扎特·塞拉西勒至台尔怒特（Tarnūt）为30密勒。此后，道路从台尔怒特转向亚历山大城（Iskandriryah）。从台尔怒特至考姆·舍利克（Kawm Sharīk）为22密勒。从考姆·舍利克至拉菲嘎（Rāfiqah）为24密勒，再沿着尼罗河而行，从拉菲嘎转向"亚历山大"海岸，从拉菲嘎至盖尔塔萨(Qartasā)为30密勒，从盖尔塔萨至钦尔遥（Kiryawn）为24密勒，从钦尔遥至亚历山大城为24密勒，从亚历山大至艾布米纳（Abūmīnah）为20密勒，从艾布米纳至扎特·侯玛姆（Dhāt al-Ḥumām）为18密勒，我们再提台尔怒特，它是从扎特·塞拉西勒出发所要前往的目的地。

从台尔怒特至曼白尔（Manbar）为30密勒，从曼白尔至麦萨里斯（Masāris）为24密勒。从麦萨里斯至艾尔迈萨（Armasā）为12密勒，从艾尔迈萨至扎特·勒侯玛姆为20密勒。至此，原先的两条路，即"亚历山大"路与"白尔曼"路，变成为一条道路。从扎特·勒侯玛姆

① 意思是"基督徒城堡"宫。

② 意思是"天文台""现象台"。

出发，要带着饮用水行走在旷野里，再沿着“罗马”海而行，走到合尼亚（Ḥaniyyah）[①]，这是座罗马拱桥，是坐落在路旁的遗迹。从扎特·勒侯玛姆至罗马拱桥为34密勒。从拱桥至垓素尔·阿就兹（Qaṣr al-‘Ajūz）为30密勒，这是个名叫塔侯那（Ṭahūnah）[②]的村镇。从塔侯那至开纳义苏·焦（Kanā’is al-Jawn）[③]为24里，开纳义苏·焦位于建筑群中。从开纳义苏·焦至久布奥塞吉（Jubb al-‘Awsaj）为30密勒，从久布奥塞吉至西凯图·勒侯玛姆（Sikkatu al-Ḥumām）[④]为30密勒。从西凯图·勒侯玛姆至垓素尔舍玛斯（Qaṣr al-Shammās）[⑤]为25密勒。

从垓素尔舍玛斯至黑尔白图·高姆（Khirbatu al-Qawmi）[⑥]为15密勒。从黑尔白图·高姆至“艾布·合利玛”遗址（Kharā’ib Abī Ḥalīmah）为35密勒。从“艾布·合利玛”遗址至亚喀巴为20密勒，从此处再至一名叫麦阿德（Ma‘d）的村镇为35密勒，从麦阿德至莱布斯（Rabūs）为30密勒，从莱布斯至凡尔玛（Farmah）为6密勒，凡尔玛是座城市，总督下榻其中。从凡尔玛至一名叫“沙黑代义尼”的宫殿，再至瓦迪塞杜尔（Wādī al-Sadūr）为20密勒，瓦迪塞杜尔林木交相掩映，从瓦迪塞杜尔行至一名叫巴厄（Ba‘）的村镇为24密勒。从巴厄至奈达玛（Nadāmah）为24密勒，从奈达玛至白尔盖（Barqah）为6密勒。

至于走旱路，则从垓素尔·鲁姆（Qaṣr al-Rūm）至麦尔吉·谢赫（Marj al-Shayḥ）为20密勒，从麦尔吉·谢赫至合云·阿卜杜拉（Ḥayyu ‘Abdu Allāh）为30密勒。从合云·阿卜杜拉至吉亚德·塞黑尔（Jiyād al-Saghīr）为30密勒，从吉亚德·塞黑尔至杰巴布·密德安（Jabāb al-Mīd‘ān）为35密勒，从杰巴布·密德安至瓦迪麦黑勒（Wād Makhīl）为35密勒。从瓦迪麦黑勒至久布·合利曼（Jubb Ḥalīmān）为35密勒。从瓦迪麦伽尔至

① 意思是“拱桥”。
② 意思是“磨坊”“磨粉厂”；另可作“磨”解。
③ 意思是“焦”的诸教堂。
④ 意思是“侯玛姆”驿站。
⑤ 意思是“舍玛斯”宫。
⑥ 意思是“高姆”废墟。

塔凯尼斯特（Tākanīst）为 25 密勒，它是基督教徒的村镇。从塔凯尼斯特至奈达玛（Nadāmah）为 25 密勒，从奈达玛至白尔盖为 15 密勒。白尔盖是座城市，位于生椰枣一样红色的沙漠中，距白尔盖 6 密勒远是山地。这样，从亚历山大至白尔盖……[1]

从白尔盖至麦立梯亚（Malītiyah）为 15 密勒。从麦立梯亚至垓素尔恩斯勒（Qaṣr al-'Aṣl）为 29 密勒，从垓素尔恩斯勒至奥白兰（Awbarān）为 12 密勒。从奥白兰至苏陆格（Sulūq）为 30 密勒。从苏陆格起，道路分成两条，一条路通向西卡（Sikkah），另一条是通向海岸之路。海岸之路，则先从苏陆格至白尔塞麦特（Barsamat）为 24 密勒，从白尔塞麦特至白勒白德（Balbad）为 20 密勒，从白勒白德至艾杰达比雅（Ajadābiyah）为 24 密勒，至于西卡之路，则从苏陆格至西卡为 30 密勒，从西卡至宰义图纳（Zaytūnah）[2]为 20 密勒，从宰义图纳至艾杰达比雅为 24 密勒。在艾杰达比亚，西卡之路与海岸之路又合为一条路。

我重提一下麦立梯亚（Malītiyah），从白尔盖至麦立梯亚为 15 密勒。从此地向前行是陆路，从麦立梯亚至安巴尔（Anbār）为 24 密勒。从安巴尔至瓦迪艾尔拉布（Wādī al-A'rāb）为 30 密勒。路又从"舍基格·凡赫米"旅舍（Manzil Shaqīq al-Fahmiyyi）转向苏陆格。从"舍基格·凡赫米"旅舍至苏陆格为 35 密勒。至苏陆格处，两条路又合成一条通往艾杰达比雅的道路。

我再提一下麦黑勒（Makhīl），我曾讲其左侧有通向阿非利加的道路。从麦黑勒至久布吉拉瓦（Jubb Jirāwah），再至台姆立斯（Tamlīs）为 20 密勒，从台姆立斯至瓦迪麦苏斯（Wādī Masūs）为 35 密勒，从瓦迪麦苏斯至……[3]从杰力拉布鲁瓦（Jarīrābuluwā）至艾杰达比雅为 24 密勒，路至此分成两条，一条通向阿非利加，另一条通向德拉布卢斯

① 原文此处漏字句。
② 是濒临地中海的城市。
③ 原文此处缺字句。

(Ṭarabūlus)[①]。再从艾杰达比雅至合云·奈即瓦（Ḥayyu Najwah）为20密勒。从合云·奈即瓦至塞白哈·曼胡萨为30密勒，从塞白哈·曼胡萨至垓素尔阿图什（Qaṣr ‘Aṭish）为34密勒。从垓素尔阿图什至耶胡迪耶台音（Yahūdiyatayn）为24密勒，它是海堤上的两个村镇。从耶胡迪耶台音至盖布鲁·伊巴迪为34密勒。从盖布鲁·伊巴迪至苏尔特（Surt）为34密勒。从苏尔特至盖尔奈因（Qarnayn）为18密勒，从盖尔奈因至麦安姆大什（Maghamdāsh）为20密勒，从麦安姆大什至古素尔·侯桑（Quṣūr Ḥussān）[②]为30密勒。

从古素尔·侯桑至曼帅夫（Manṣaf）为40密勒，从曼帅夫至台窝尔安（Tawarghā）为24密勒，从台窝尔安至莱胡安（Raghūghā）为24密勒，从莱胡安至卧尔达萨（Wardāsā）为18密勒，从卧尔达萨至穆赫台那（Muḥtanā）为22密勒，从穆赫台那至瓦迪莱姆勒（Wādī al-Raml）为20密勒，从瓦迪莱姆勒至德拉布卢斯为24密勒，从德拉布卢斯至一名为塞布拉（Sabrah）的城市为24密勒，塞布拉已成为废墟。从塞布拉至毕厄尔杰玛林（Bi’r al-Jamālīn）为20密勒，从毕厄尔杰玛林至垓素尔代莱格（Qaṣr al-Daraq）为30密勒。从垓素尔代莱格至巴代尔贺特（Bādarkht）为24密勒,从巴代尔贺特至凡瓦拉（Fawwārah）为30密勒，从凡瓦拉至嘎比斯（Qābis）为30密勒，嘎比斯是座城市。从嘎比斯城至“宰义图纳”井（Bi’r Zaytūnah）为18密勒。从“宰义图纳”井至库沓纳（Kutānah）为24密勒。从库沓纳至耶斯（al-Yas）为30密勒，从耶斯至凯鲁万（Qayrawān）[③]城城门为24密勒。凯鲁万即阿非利加城。

我已讲述完通向东、西、南、北诸方的道路。这里,不妨讲讲邮传驿站。此诸驿站备有背负旅行袋的人员[④]，制作一（地）图供邮递之用。我现在讲述从和平城通往东、西方的道路。和平城是东、西方之路的中点。

---

① 今利比亚的的黎波里市。
② 意思是“侯桑”诸宫殿。
③ 今突尼斯的凯鲁万城，或译作凯鲁万。即唐代摩邻的首府。
④ 当即背着邮包的邮递员。

从和平城至麦达因有 3 个驿站，从“麦达因”驿站至杰尔杰拉雅有 8 个驿站，从杰尔杰拉雅至“杰贝勒”驿站有 5 个驿站，从杰贝勒至瓦西特（Wāsiṭ）城有 8 个驿站。瓦西特是进入“迪吉拉”区的第一处，从“麦鲁玛”——它是同瓦西特相邻的迪吉拉（河）的第一区——驿站至巴泽宾（Bātdhbīn）有 3 个驿站。从“巴泽宾”驿站至代义尔玛布纳（Dayr Mābnah）有 13 个驿站，代义尔玛布纳是同阿瓦士省相连的迪吉拉区的末尾处。从代义尔玛布纳至奈赫鲁梯林有 4 个驿站。从奈赫鲁梯林至苏古·阿瓦士(Sūq al-Ahwāz) 有 3 个驿站。从苏古·阿瓦士至布尔疆(Burjān) 有 14 个驿站，布尔疆是阿瓦士省末尾处。从布尔疆至“艾莱疆”驿站仅有 1 个驿站，从“艾莱疆”驿站至努班代疆（Nūbandajān）有 17 个驿站，从努班代疆至“设拉子”驿站有 12 个驿站，从设拉子至“伊素苔赫尔”驿站有 5 个驿站，从巴泽宾转向巴士拉路上的驿站，巴士拉城内有整编好的军队[①]，从巴泽宾至阿布德斯(‘Abdas) 有 5 个驿站，从阿布德斯至“穆达尔”（Madhār）西卡有 8 个驿站。从穆达尔至巴士拉有 3 个驿站。巴士拉城中有为邮差备用的牲口。

与山地相邻的东方诸驿站。从和平城至代斯凯拉（Daskarah）有 10 个驿站，从代斯凯拉至杰卢拉(Jalūlā) 有 4 个驿站，从杰卢拉·窝基厄(Jalūlā al-Waqī’）至侯勒旺城有 10 个驿站，从侯勒旺至奈绥拉巴泽（Nasīrābdh）有 9 个驿站，奈绥拉巴泽是这一地区的末尾处。从奈绥拉巴泽至盖尔玛欣（Qarmāsīn）有 6 个驿站，从盖尔玛欣至浑达泽（Khundādh）有 10 个驿站，浑达泽是迪奈窝尔（Dīnawar）地区的末尾处，从浑达泽至哈马丹城有 3 个驿站。从哈马丹城至穆什库叶赫（Mushkūyah）有 21 个驿站，穆什库叶赫是哈马丹地区的末尾处，接着的是“赖伊”地。

从侯勒旺至舍赫莱祖尔（Shahrazūr）有 9 个驿站，从侯勒旺至西莱旺（Sīrawān）城有 7 个驿站，从西莱旺城至信努·苏迈义拉有 4 个驿站，从信努·苏迈义拉至迪奈窝尔有 2 个驿站。从迪奈窝尔至亚兹德吉

① 原词 Fayūj，应是 Fa’ūj，其中，字母 Alif 取代了字母 Yā’。意思是“军团”“军队”。

尔德（Yazdjird）有 18 个驿站，亚兹德吉尔德是迪奈窝尔地区的末尾处。接下去是赞詹（Zanjān）。从“亚兹德吉尔德”西卡至赞詹有 11 个驿站，从赞詹至麦拉嘎有 11 个驿站，从麦拉嘎至麦亚尼吉（Mayānij）有 2 个驿站，从麦亚尼吉至艾尔代比勒（Ardabīl）有 11 个驿站，从艾尔代比勒至“卧尔珊”西卡有 11 个驿站，“卧尔珊”驿站是阿塞拜疆地区的最后一个驿站，从“卧尔珊”驿站至“白尔泽阿”城有 8 个驿站，从“白尔泽阿”驿站至曼苏拉（Manṣūrah）有 4 个驿站，从白尔泽阿至穆太卧开利亚（Mutawakaliyyah）城有 6 个驿站，从穆太卧开利亚城至梯夫利斯有 10 个驿站，从白尔泽阿至巴布——艾布瓦布有 15 个驿站，从白尔泽阿至代碧勒（Dabīl）有 9 个驿站。

转向古姆（Qumm）、伊斯白罕（Iṣbahān）道路的诸驿站，从都尔（Dūr）至古姆有 3 个驿站，从古姆至伊斯白罕有 47 个驿站，从古姆城至“鲁德”（Rūd）驿站有 13 个驿站，鲁德是古姆地区的末尾处。接下去是伊斯白罕。

转向纳哈万德的道路。从迪奈窝尔地区的玛泽兰（Mādharān）至纳哈万德有 3 个驿站。

从鲁卡德（Rukād）转向加兹温（Qazwīn）的道路，从鲁卡德至加兹温有 1 个驿站。

通向西方诸地的道路。从巴格达至白尔丹（Bardān）有 2 个驿站，从白尔丹至欧克白拉（‘Ukbarā）有 4 个驿站，从欧克白拉至苏莱曼莱阿[①]有 7 个驿站，从苏莱曼莱阿至杰碧勒塔（Jabiltā）有 7 个驿站，从杰碧勒塔至信努有 10 个驿站，从信努至哈迪撒（Hadīthah）有 9 个驿站，从哈迪撒至毛绥勒有 7 个驿站，从毛绥勒至白赖德地区的第一处有 1 个驿站，从毛绥勒地的末尾处至“白赖德”驿站有 3 个驿站，从白赖德至艾泽莱玛（Adhrarmah）有 9 个驿站，从艾泽莱玛至奈绥宾有 6 个驿站，从奈绥宾至开凡尔图撒（Kafartūthā）有 3 个驿站，从开凡尔图撒至莱厄斯·艾因（Ra’s ‘Ayn）有 10 个驿站，从莱厄斯·艾因至赖盖（Raqqah）

① 即萨马拉城，在伊拉克。

有 15 个驿站。

从赖盖至奈基拉 (Naqīrah) 有 10 个驿站，奈基拉是迪亚尔穆达尔[①]地区的末尾处，从奈基拉至门比季有 5 个驿站，从门比季至合赖布[②]有 9 个驿站，从合赖布至肯奈斯林有 3 个驿站，从肯奈斯林至霍姆斯的第一处有 1 个驿站，"麦尔吉"驿站是继肯奈斯林之后的第一个驿站。从塞卧兰至哈玛 (Ḥamāh) 有 2 个驿站，从哈玛至霍姆斯有 4 个驿站，从霍姆斯至穆罕默迪亚 (Muḥammadiyyah) 有 4 个驿站。从穆罕默迪亚至白耳赖伯克有 5 个驿站，从白尔赖伯克至大马士革有 9 个驿站，从大马士革至大马士革地区的末尾处代义尔·艾尤布 (Dayr Ayūb) 有 7 个驿站。从代义尔·艾尤布至太巴列有 6 个驿站，从约旦的首府太巴列至约旦地区的赖郡有 4 个驿站，从赖郡至巴勒斯坦的首府莱姆拉 (Ramlah) 有 9 个驿站。从莱姆拉至巴勒斯坦地区的末尾处——"麦义纳"(Ma'īnah) 驿站有 9 个驿站。从"麦义纳"驿站至吉法尔路的末尾处，即达鲁拉 (Dārūrah) 驿站有 17 个驿站。从奈绥宾转往艾尔赞 (Arzan)、黑拉特 (Khilāt) 的道路，从奈绥宾至艾尔赞城有 11 个驿站，从白德利斯 (Badlīs) 至黑拉特有 4 个驿站。

从开凡尔图撒转至希姆沙特 (Shimshāṭ) 的道路，从开凡尔图撒至阿米德 (Āmid) 有 7 个驿站，从阿米德至特勒·久富尔 (Tall Jūfar) 有 2 个驿站，从特勒·久富尔至希姆沙特有 6 个驿站，从希姆沙特至嘎利垓拉 (Qālīqalā) 有 2 个驿站。

从霍姆斯转向"杰宰利亚"(al-Jazariyyah) 诸关隘的道路，此诸关隘在哈朗 (Ḥarrān)、鲁哈 (Rūhā) 两地之上，从黑素喏 (Hiṣnu) 至哈朗有 3 个驿站，从哈朗至鲁哈有 2 个驿站，从鲁哈至苏迈义萨特有 3 个驿站，从苏迈义萨特至黑素·喏·曼苏尔 (Ḥiṣnu Manṣūr) 有 2 个驿站。

从迪亚穆达尔转向富拉特道路之后，从赖盖 (Raqqah) 至"代巴"(Dabā) 驿站有 9 个驿站，代巴是迪亚尔穆达尔地区的末尾处。

---

① 今土耳其境内的迪亚穆达尔。

② 即今叙利亚的阿勒颇市。

从门比季转至“苦国”诸关隘路上的驿站，从合赖布至肯奈斯林有 9 个驿站，从肯奈斯林至安塔基亚有 4 个驿站，从安塔基亚至伊斯康德鲁纳 (Iskandarūnah) 有 4 个驿站，从伊斯康德鲁纳至麦绥撒 (Maṣṣīṣah) 有 7 个驿站，从麦绥撒至艾泽纳 (Adhanah) 有 3 个驿站。从艾泽纳至泰莱苏斯有 5 个驿站，从麦绥撒至阿义努·宰尔巴 (‘Aynu Zarbah) 有 2 个驿站。

我再提一下从太巴列转至苏尔 (Sūr) 的道路。从太巴列至苏尔有 7 个驿站。

从弗斯塔特至亚历山大城的路上有 13 个驿站，从亚历山大城至与白尔盖相接的久布 · 莱姆勒有 30 个驿站。

我没有讲述 (到的) 上述地区以外的诸驿站，只提到这些地区的山路也就够了，不过，这是本篇最后才提到的。只要安拉意欲！《〈税册〉及其编写》的第五篇结束了。

第二章　（第六篇）关于地球上文明地区的分布

……[1] 一部分属于法尔斯地区，叫贾米依地区（Balad Jāmī'ayn），它位于巴勒赫河、阿塞拜疆的边界、亚美尼亚至富拉特河、卡迪西亚渚地之间。

……这第一地区又叫麦拉义斯（Marāys），麦拉义斯是老勃萨（阿比西尼亚）的都城。至于第二地区……叫阿斯旺地区，阿斯旺是一座位于布加(Bujah)[2] 与"米昔儿"地之间分界线上的城市。第三地区……叫米昔儿地区。第四地区……叫安塔尔苏斯地。第五地区……叫鲁泽什(Rūdhsh)地区。第六地区……叫奔图斯田（Bunṭus）地区，这是由于它的疆界正巧划在奔图斯海[3] 的中央。

① 原文漏字，下同。
② 现有译作贝贾。相当于今天的苏丹一带。
③ 即黑海。

第三章　关于文明大地所临诸海之位置

……这个海有个海湾，此海湾起自老勃萨 (al-Ḥabshah) 地面，延伸到柏柏尔方面 (Nāḥiyah al-Barbarī) ①，故称之为柏柏尔海湾 (Khalīj al-Barbarī)，海湾长为 500 密勒。此海湾起自大海的根部的宽为 100 密勒。另一个海湾经过一个叫艾义拉 (Aylah) 的城市，从海湾的起点到这城市，全长为 1,400 密勒。海湾的终点位于摩邻 (Maghrib)，它同绿海 (Baḥr al-Akhḍar) 相接触的部分长 200 密勒。此绿海又以地中海 (al-Muḥīṭ) 之名为人所知，希腊语奥基亚努斯 (Awqiyānūs)。人们不知道这绿海的事，只知道它与老勃萨地面的西部边陲相接。北方乃是摩邻省的诸群岛，在绿海的西部海中有一名叫"哈利达特" (Khālidāt) ② 的群岛。另一岛叫"鹤迪拉" (Ghadīrah)，此岛与海湾处的安达卢斯地面相对。此海湾宽 7 密勒，它起自绿海，在安达卢斯与坦佳 ③ 两地之间经过，通向罗马海。坦佳也叫塞布塔 (Sabṭā)。在罗马海的北方也有 12 个岛屿。它们组成的群岛叫"比拉塔尼亚" 群岛 (Jazā'ir Birāṭāniyah) ④。在地中海的后面，没有船舶行驶，也无人知晓此海的情形。

至于罗马海和米昔儿……此海中有一海湾，它流向靠近罗马国的北方，这段海湾长 500 密勒，被称作伊德里斯 (Idrīs) ⑤。其中的另一海湾起自众

① 〔唐〕段成式 :《酉阳杂俎》言拨拔力 (Barbarī) 国。
② 即加那利群岛，位于大西洋东部，非洲西北，今属西班牙。
③ 即丹吉尔，今摩洛哥境内。
④ 不列颠群岛，今英伦三岛。
⑤ 应指今亚得利亚海。

所周知的“奈尔布纳”(Narbūnah)[1]地面，长为200密勒。在罗马海中有172个岛屿，这些岛屿皆有人烟。当穆斯林袭击它们时，其中大多数岛屿变成了废墟，最大的五个岛是古布路斯(Qubrus)[2]岛，……艾格里推什(Aqritish)[3]岛，……西西里岛，……塞尔达尼亚(Surtāniyah)[4]岛，……安达卢斯对岸的亚必斯(Yābis)[5]岛……

……[6]罗马海在君士坦丁堡有一海湾。海湾起自君士坦丁堡城，终至于此，全长为260密勒，船舶在此水中航行。海湾的宽度各处不同，在君士坦丁堡宽3密勒，另一处宽6密勒，再一处宽1密勒左右，其入海口处宽仅一箭之地。此入海口有巨岩，巨岩上有人们修筑的碉堡，碉堡负责检查罗马国面前的海船。

① 即今法国马赛所临的利翁海湾，中世纪因纳尔榜（Narbonne）而得名。纳尔榜今为法国地名，纳尔榜濒临利翁湾。

② 即今塞浦路斯岛。

③ 即今克里特岛。

④ 即撒丁岛。

⑤ 当是今巴利阿里群岛。

⑥ 原文此处缺字句。

第四章 关于山脉

在第四地区里有24座大山，其中有大马士革雪山，此雪山长达83密勒。在此地区的塞尼尔(Sanīr)山长45密勒,此地区的卢卡姆(Lukām)山,长100密勒。同侯勒旺连接的山，长115密勒。一座经过伊斯白罕又走向纳哈万德的山，长435密勒。与这座位于伊斯白罕与阿瓦士之间的环形的山相邻的另一座山，长为222密勒。位于伊素苔赫尔和久尔（Jūr）之间的“玛鲁”（Mārr）山，长250密勒。与纳哈万德和泰伯里斯坦山相连的山,长800密勒。至于第五地区,内有29座山。其中有哈里斯(Ḥārith)和合维莱斯（Ḥawīrath）山，这两座山长33密勒。位于毛绥勒与舍赫莱祖尔之间的山，长245密勒。起自此山并且与此山、哈里斯山、合维莱斯山相连的山,长200密勒。这山又同加兹温的山相衔接,与鲁扬(Rūyān)靠近，长200密勒。

第五章　关于诸河、诸泉水及诸大干河

在第五地区内，有 25 条河。其中有迪吉拉河，其源头的长占 60 余份[①]，宽占 36 份。此后，迪吉拉河先向南流，再稍向西倾斜，其源头是泉水。它在阿米德的两山之间流过，再流经巴苏林（Bāsūrīn）。再流至白赖德（Balad）城、毛绥勒城，并流经这两城之间的哈迪撒（Ḥadīthah）。在哈迪撒，有一条从“舍赫莱祖尔”地流来的河汇入迪吉拉河。此河被称作“扎比”(al-Zābay)[②]。迪吉拉河复流经两山之间，这两山中的一座叫巴利玛（Bārimmā），另一座叫萨台义代玛（Sātaydamā），河水又流经苏莱曼莱阿城。当河水刚越过此城，就有从山里流来的一条河汇入其中，此山中流来的河被叫作“宰义布”（Zayb），又有两条从山中流来的河汇入迪吉拉河。此后，迪吉拉河从巴格达市中心穿流而过，再流入瓦西特，又流入白塔义合（Baṭā'iḥ）[③]，白塔义合长 60 余密勒。此后，迪吉拉河又从此流出，河水分成两支，一支流经巴士拉；另一支流往麦达尔（al-Madār），然后又汇流成一条河，注入波斯湾。迪吉拉河从始至终全长 800 余密勒。

第六地区内，有 26 条河。其中有富拉特河，其源头起自罗马国的泉水。富拉特河从布鲁吉斯（Bulūjis）山流出，向西方流过罗马国，当河水接近一座叫“麦斯菲纳”（Masfīnā）的山，又向下方流出大约 450

① 份（Juz'），当指河源长与宽之比为 10 比 6。
② 意思是双“扎布”河，即今天的大扎卜河与小扎卜河。
③ 意思是（洪水冲过的）大沙河，大干河。

密勒，然后弯弯曲曲地流向南方。接着流入伊斯兰国[①]。在塞耳莱特(Sa'rat)、麦赖推亚、希姆沙特之间流过。又流经欣锥突（Hinzīṭ）城，复向下曲折地流经该城的碉堡。再向西流经“吉斯尔·曼比占”（Jisr Manbij）城，再偏向南流至巴利斯(Bālis)，又至赖盖、又至盖尔基西亚(Qarqīsiyā)，又流过莱合巴(Raḥbah)。河水环绕阿纳（'Ānah）流过，河水漫延至它的边缘，复流经希特和安巴尔。

经此两地后，河水分成两条。一条稍向西流，叫阿勒盖玛('Alqamā)，它流向库法。另一条为其主流，被叫作苏拉(Surā)，它流经苏拉城，再至尼罗(Nīl)[②]及与之相连的地带。河水浇灌着塞瓦杜（Sawād）诸地。在安巴尔城下方，一条名叫代基勒（Daqīl）的河从富拉特河的主流分出，“尔撒”河(Naḥr)也从此河分出，流向巴格达，于巴格达处流入迪吉拉河。富拉特河水在分出数条河之后[③]，其主流经过塞瓦杜诸地，终于注入瓦西特下方的迪吉拉河。富拉特河从流入伊斯兰国的地方到巴格达城这一段，长623密勒。

① 即大食帝国。
② 地名，在今伊拉克，不是指埃及的尼罗河。
③ 当指“尔撒”河、“苦撒”河、“麦利克”河，它们均从富拉特河流出，又都流入迪吉拉河。

第六章　关于伊斯兰帝国(Mamlakah)，它的诸省区，它的税收

当讲到东方、西方、北方、南方时，所有这些方位的提法都要附加某项条件。比如米昔儿，我们认为它是西方的一个地区，但是，对安达卢西亚人而言，它却在东方。同样，呼罗珊对我们讲是在东方，可它对中国人而言，却在西方。同样，对一些主要地区，则必须有它的首府，以便以首府讲到该地诸方面。因此，我们讲伊斯兰帝国的首府[①]是伊拉克地区。尽管现在它依然如故，但在过去，波斯人统治过它，并称之为迪勒·伊朗舍赫尔[②]。阿拉伯人称之为伊拉克，乃是将此地名阿拉伯化了，波斯人称之为伊朗。伊朗一词是从伊尔（Īr）一词演变而来的。伊尔乃是一个民族，是由伊尔·本·伊夫里宗·本·尤奈吉杭·本·乌什罕杰·伊本·卑路斯·本·西亚麦克·本·奈尔撒·本·吉尤穆尔特（'Īr bn Ifrīdfūn bn Yūnajhān bn Ūshhaj ibn Fayrūzān bn Siyāmak bn Narsā bn Jiyūmurt）优选而出的。据毛比泽（Mawbidh）对我讲，吉尤穆尔特乃是已故的会说话的动物，他是波斯民族的始祖，认为他的地位相当于人祖阿丹（Ādam）。

侯勒旺区有5个县，即沙兹·卑路斯·古巴兹(Shādh Fayrūz Qubādh)，杰贝勒(Jabal)，伊尔比勒(Irbil)，塔麦拉(Tāmarrā)，哈尼金(Khāniqīn)诸县。

沙兹·古巴兹区有7个县，即布祖尔杰萨布尔(Buzurjasābūr)，奈

① 此首府，是"心脏地区""腹地"之意，已不是某城市之意。

② 地名，波斯语，意思是"伊朗城市的中心"。

赫鲁布格（Naḥr Būq），开勒瓦扎（Kalwādhā），佳兹莱（Jāzira），古城（Madīnatu al-'Atīqah），"上"拉赞（Rādhān al-A'lā）。"下"拉赞（Rādhān al-Sufla）诸县。

海斯莱赫·沙兹·霍尔木兹（Khasrah Shādh Hurmuz）区（Istān）有8个县，即鲁斯突格巴泽（Rūstuqbādh）、麦赫鲁泽（Mahrūdh）、西勒西勒（Silsil）、杰卢拉（Jalūlā）、杰卢勒塔（Jalūltā）、锥白音（Dhībayn）、班代尼金（Bandanījīn）、白拉兹·鲁兹（Barāz al-Rūz）、代斯凯拉（Daskarah）诸县。

乌伦丁·开尔德（Urundīn Kard）区有5个县，其中3个县，即诸"奈赫莱旺"[①]，第四个县为巴代拉雅（Bādarāyā），第五个县叫巴枯萨亚（Bākusāyā）。

海斯莱赫·萨布尔（Khasrah Sābūr）区，即开斯开尔（Kaskar）区，内辖4个县，即赞代窝尔德（Zandaward）、白兹本（Bazbūn）、伊斯坦（Istān）、杰瓦吉尔（Jawājir）诸县。

海斯莱赫·沙兹·白赫曼（Khasrah Shādh Bahmān）区，即迪吉拉区，内辖4个县，即白赫曼·艾尔代希尔（Bahman Ardashīt）、麦义桑（Maysān）、代斯泰麦义桑（Maysān）、艾白兹古巴泽（Abazqubādh）诸县，这是迪吉拉河东侧诸县。

至于迪吉拉河西侧，则是富拉特河流域，这里有阿里（'Ālī）区，内辖4个县，即卑路斯·萨布尔（Fayrūz Sūbūr）、麦斯基（Maskīn）、盖图莱布勒（Qaṭrabbul）、安巴尔、巴都莱雅诸县。

艾尔代西尔·巴白坎（Ardashīr Bābakān）区，内辖5个县，即白胡莱西尔（Bahurasīr）、鲁麦甘（Rūmaqūn）、苦撒（Kūthā）、都尔基特（Durqīṭ）、奈赫鲁焦白尔（Nahr Jawbar）诸县。

鲁焉·巴斯凡纳尔（Rūyan Basfnār）区，即诸扎布（Zawābī），是3个县："上"扎布、"中"扎布、"下"扎布诸县。

"上"比赫古巴泽（Bihqubādh al-A'lā）区，内辖6个县，即巴比伦

① 即上、中、下三个奈赫莱旺县。

(Bābil)、胡台尔尼亚(Khuṭarniyah)、"下"凡卢佳(Fallūjah)、"上"凡卢佳、奈赫莱因、艾因·台姆尔('Ayn al-Tamr)[1]诸县。

"中"比赫古巴泽(Bihqubādh al-Awsaṭ)区，内辖4个县，即久巴—布达(Jubbah wa al-Budāh)、苏拉—白尔必塞玛(Sūrā wa Barbīsamā)、巴鲁塞玛(Bārūsamā)、奈赫鲁麦利克(Nahr al-Malik)诸县。

"下"比赫古巴泽(Bihqubādh al-Asfal)区，内辖5个县，即巴代格拉(Bādaqlā)、塞义赖欣(Saylaḥīn)、尼斯台尔(Nistar)、鲁泽密斯坦(Rūdhmistān)、霍尔木兹杰尔德(Hurmuzjard)诸县，此诸县均为塞瓦杜(Sawād)的诸县。我曾讲过，塞瓦杜原有60个县。后被划出去12个县，即从侯勒旺区取出5个县，划归杰贝勒区；从迪吉拉区取出4个县，划归巴士拉诸区(A'māl)，还有一个县，由于水流入其内的诸干河，所以，它被水淹没了。剩下两个县位于呼罗珊道路的诸地区，被当作私人的田庄了。呼罗珊道路的收入计入"下"比赫古巴泽区的收入，因此也就当作塞瓦杜总收入的一部分。现在的塞瓦杜辖有10个区和下属的48个县。

现在我讲当前的塞瓦杜的收人，即过去了的204年[2]，这一年是税册上有统计数字的第一年。这是因为，过去在众所周知的伊本·祖拜达(Ibn Zubaydah)—艾敏(Amīn)[3]执政时期，税册在暴乱中被烧掉了，那年是83年[4]。以下顺序是从伊拉克地区的西部边界讲起的。

地　区(县)	小　麦	大　麦	银　币
安巴尔，奈赫尔·马鲁夫(Nahr Ma'rūf)	11,800库尔	6,400库尔	400,000迪尔汗
麦斯基(Maskin)县	3,000库尔	1,000库尔	150,000迪尔汗

① 意思是"椰枣"泉。
② 即伊历204年，公元819—820年，为黑衣大食王马蒙执政车间，唐宪宗元和14—15年。
③ 黑衣大食王，于公元813年去世，其母叫祖拜达。
④ 艾敏于公元809年初掌国权，时为伊历193年。此83年应改作193年。

盖图莱布勒	2,000库尔	1,000库尔	300,000迪尔汗
巴都莱雅	3,500库尔	1,000库尔	1,000,000迪尔汗
白胡莱西尔	1,700库尔	1,700库尔	150,000迪尔汗
鲁麦甘	3,300库尔	3,300库尔	250,000迪尔汗
苦撒	3,000库尔	2,000库尔	350,000迪尔汗
"都尔基特"河	2,000库尔	2,000库尔	200,000迪尔汗
"焦白尔"河	1,500库尔	2,000库尔	150,000迪尔汗
巴鲁塞玛、奈赫尔·麦立克	3,500库尔	4,000库尔	122,000迪尔汗
三个"扎布"	1,400库尔	7,200库尔	250,00迪尔汗
巴比伦，胡尔台尼亚	3,000库尔	5,000库尔	350,000迪尔汗
"上"凡卢佳	500库尔	500库尔	70,000迪尔汗
"下"凡卢佳	2,000库尔	3,000库尔	280,000迪尔汗
奈赫莱因	300库尔	400库尔	45,000迪尔汗
艾因·台姆尔	300库尔	400库尔	45,000迪尔汗
久巴一布达	1,500库尔	1,600库尔	150,000迪尔汗
苏拉、白尔必塞玛	1,500库尔	4,500库尔	250,00迪尔汗
"上""下"白尔斯	500库尔	5,500库尔	150,000迪尔汗
富拉特·巴代格拉	2,000库尔	2,500库尔	62,000迪尔汗
塞义赖欣	1,000库尔	1,500库尔	140,000迪尔汗
鲁泽密斯坦、霍尔木霍杰尔德	500库尔	500库尔	20,000迪尔汗

尼斯台尔	2,200库尔	2,000库尔	300,000边尔汗
伊罕鲁·叶格雅	1,200库尔	2,000库尔	204,800迪尔汗
开斯开尔诸区，据说，其收入过去是90,000迪尔汗，现在是	30,000库尔	20,000库尔	270,000迪尔汗

以上是迪吉拉西南侧的塞瓦杜地区的情形。至于其东侧，我从迪吉拉河上方依次数起：

布祖尔杰萨布尔	2,500库尔	2,200库尔	300,000迪尔汗
双“拉赞”	4,800库尔	4,800库尔	120,000迪尔汗
奈赫鲁. 布格	200库尔	1,000库尔	100,000迪尔汗
开勒瓦扎、奈赫鲁宾	1,600库尔	1,500库尔	330,000迪尔汗
佳兹莱、古城	1,000库尔	1,500库尔	240,000迪尔汗
鲁斯突格巴泽	1,000库尔	1,400库尔	246,000迪尔汗
西勒西勒，麦赫鲁兹	2,000库尔	1,500库尔	150,000迪尔汗
杰卢拉·杰卢勒塔	1,000库尔	1,000库尔	100,000迪尔汗
锥白音	1,900库尔	1,300库尔	40,000迪尔汗
代斯凯拉	1,800库尔	1,400库尔	60,000迪尔汗
班代尼金	600库尔	500库尔	3,500迪尔汗
白拉兹·鲁兹	3,000库尔	5,100库尔	120,000迪尔汗
“上”奈赫鲁旺	1,700库尔	1,800库尔	350,000迪尔汗
“中”奈赫鲁旺	1,000库尔	500库尔	100,000迪尔汗
巴代拉雅，巴枯萨亚	4700库尔	5,000库尔	330,000迪尔汗

迪吉拉区，在第260年	900库尔	4,000库尔	430,000迪尔汗
奈赫鲁·碎拉也在这年	1,000库尔	3,121库尔	59,000迪尔汗
“下”奈赫鲁旺	1,700库尔	1,300库尔	53,000迪尔汗

这样，除了巴士拉城的布施物（Ṣadaqāt），在塞瓦杜的总收入中，小麦 177,000 库尔；大麦 99,721 库尔；银币 8,095,800 迪尔汗。

谷物按居中的价格作价，即两库尔谷物，其中，一库尔是小麦，另一库尔是大麦，共值 60 个第纳尔（金币）。若折合成钱币，1 第纳尔同 15 个迪尔汗等值。这样，以上谷物共值 100,361，850 迪尔汗。再加上银币一项收入，共 108,457,650 迪尔汗。再加上巴士拉每年上缴的布施物 6,000,000 迪尔汗。这样，塞瓦杜的年收入共合 114,457,650 迪尔汗。

造成塞瓦杜地区的一些大干河干涸的原因，乃是由于迪吉拉河的河水原先是流入以“奥拉”（‘Awra）之名为人所知的迪吉拉河，奥拉是巴士拉下方的那段迪吉拉河。它笔直地流淌着，两岸河道保持也很好。在古巴兹·卑路斯（Qubādh Fayrūz）[①] 国王当政时，迪吉拉河在开斯开尔（Kaskar）的下方发生了一次大决堤。由于未予重视，致使大水在开斯开尔处蔓延开，靠近河堤的或与之接近的有人烟的大片土地被河水淹没了。当他的儿子阿努什尔旺（Anūsharwān）秉政时，治理了洪水。洪水被他用一些堤坝截住，致使一部分土地重新为人们所利用。以后，在（伊历）6 年——在这一年，先知[②] 派遣阿卜杜拉·本·侯扎凡突·塞赫米（‘Abdu Allāh bn Ḥudhāfatu al-Sahmī）到库思老·艾白尔维兹（Kusrā Abarwīz）[③] 那里——富拉特河的水量剧增。迪吉拉河也以未曾见过的景象在上涨，终于使一些巨大的堤坝决口了。艾白尔维兹设法堵截泛滥的河水，以至于他一天之内就垒出 40 个水坝。办这件事耗用了大量资财，河水终于被堵

① 或称作古巴兹·本·卑路斯。波斯萨珊王朝的君主。

② 即伊斯兰教的先知穆罕默德。

③ 此人乃波斯萨珊王朝君主——库思老二世，628 年（伊历 6 年底）去世，这一年，大食国第一次向周邻诸大国、地区正式派遣使节。

住了，河水没能在土地上积存，直至穆斯林来到伊拉克，波斯忙于战争。那些堤坝又决了口，无人予以理睬，地方官长也无法堵住决口。

从决口处泛溢出的河水水量在增加。大干河的河床因大水流入而增宽加大。当穆阿维叶·本·艾比·苏富扬（Mu'āwiyah bn Abi Sufyān）当政时[①]，他任命阿卜杜拉·本·戴拉吉（'Abdu Allāh bn Danrrāj）为其负责伊拉克税收的长官，此人从有诸干河的土地上获得的谷物合 5,000,000 迪尔汗。希桑·奈伯特（Ḥissān Nabatī）是端巴（Ḍabbah）人的毛拉[②]，他是巴士拉城的"希桑"船坞、诸大干河的"希桑"览河、瓦西特的"希桑"镇的长官。他在为瓦利德[③]和海沙姆·本·阿卜杜勒·麦利克[④]治理此地时，从诸大干河的土地上获得大量收益。直至今天，仍可从此地得到收益，这些土地属于硬地。开斯开尔有条叫"兼布"（Janb）的河流。"兼布"河的前半段是通往麦义桑、代斯泰·麦义桑、阿瓦士的邮传驿道。当诸大干河干涸时，这半段邮传驿道生长着灌木丛，被称作"拜利德"（Barīd）[⑤]，后半段，奈伯特[⑥]语叫作艾厄玛里白梯（Aghmāribatī），其阿拉伯语意思是"几个大丛林"。据说，如今那些大干河里出现了若干口河井。西白音（al-Sībayn）[⑦]在波斯王朝时没有被提起过，在他们的时代，也不是人们的迁徙地。在哈贾吉（Ḥajjāj）[⑧]时期，它成了一条决了堤口的河。溃堤而出的河水越来越多，积水面越来越大。哈贾吉写信给瓦利德，报告了河水决堤的情形。估计需用 3,000,000 迪尔汗，瓦利德嫌费用太多。麦斯赖麦图·本·阿卜杜·麦利克（Maslamatu bn 'Abdu al-Malik）[⑨]

---

① 白衣大食朝（661—750 年）的第一代王，于 661-680 年在位。

② 意思是领袖、长官。

③ 白衣大食朝第六代王，于 705—715 年在位。

④ 白衣大食朝第十代王，于 724—743 年在位。

⑤ 阿拉伯语意思是"邮政"。

⑥ 阿拉伯半岛北方的一支阿拉伯人。

⑦ 是河流"西布"（Sib）的双数形式，意思是"两条西布河"。

⑧ 白衣大食朝在伊拉克的总督（660—714），全权负责大食帝国东半部（包括河外地、信德、吐火罗斯坦）事务。

⑨ 是大食王瓦利德、苏莱曼两王的亲弟弟。曾于 717 年 8 月至 718 年 9 月间统率大食军队，围攻过拜占廷的首都君士坦丁堡。

向瓦利德进言:“你若信任我,我就要用自己的钱去堵截决堤之水,(不过),在付出这笔开支且又大功告成时,存过积水的那些洼地上的税收要归我所有。”瓦利德答允了他的要求。终于,他得到了这些土地和很多县。他开凿了名为“西白音”的两条河,并且平整了沟坑和田垅,使这些土地有了人烟。与之相邻的诸地上的百姓们也仰慕麦斯赖麦图·本·阿卜杜·麦利克的名望而搬迁到他的领地上来。阿拔斯王朝(al-Dawlatu al-'Abbāsiyyah)建立后,它获得了伍麦叶人[①]的钱财。整个“西白音”地区封给了达乌德·本·阿里·本·阿卜杜拉·本·阿拔斯(Dā'd bn 'Alī bn 'Abdu Allāh bn al-'Abbās),之后,又传给了他的后代,这地区就成了王朝的田庄。

伊罕鲁·叶格推(Īghāru Yaqtīn)的由来。在波斯王朝时,没有人提起过它。在他们的那个朝代的塞瓦杜,也没有叫此名的地方。叶格推是宣教首领,因失去了一些县而愤怒。这情形一直延续到本朝时,被称作伊罕鲁[②]·叶格推。

奈赫鲁·碎垃(Nahr al-Ṣilah)。马赫迪[③]曾负责挖掘瓦西特的四郊,使很多土地在翻掘之后地力复生。其谷物用作两个禁地的百姓祈祷和生活之资。据说,马赫迪曾同在那些土地上为他整地的人们订了约,这些人要在50年内将收成的五分之二给他。然而50年过去了,他们并没有践约。

当我讲完塞瓦杜及其四周时,再讲讲阿瓦士。阿瓦士同塞瓦杜地区的东部相连。我们说,阿瓦士有7个区,起自巴士拉的边界,叫苏古·阿瓦士[④]区,接着是穆达尔,即奈赫鲁·梯拉(Nahr Tīrā)区,继而是图斯台尔区、苏斯区,君代义萨布尔区,拉麦·霍尔木兹(Rāma Hurmuz)区,苏古·阿梯哥(Sūq al-'Atīq)区,此诸区的年收入按居中价格折算成银币,共约为18,000,000迪尔汗。

接着阿瓦士的是法尔斯,法尔斯有5个区,起自阿瓦士边界,依次

① 即黑衣大食的前朝白衣大食的王族。
② 意思是“愤怒”。
③ 黑衣大食第三代王。
④ 意思是“阿瓦士”市场。

是艾莱疆（Arrajān）区，艾尔代西尔[1]区，代拉白吉尔德（Darābajird）区，伊素苔赫尔区，萨布尔区。法尔斯的诸海岸[2]是麦赫鲁邦（Mahrūbān），西腻兹（Sīnīz），杰拿巴（Janābā），台窝杰（Tawwaj），西拉夫（Sīrāf）。法尔斯的收入合银币为24,000,000迪尔汗。

接着法尔斯的是克尔曼（Karmān），其诸城是西尔疆（Sīrjān），吉鲁富特（Jīruft），拜姆（Bamm）。其海岸是霍尔木兹（Hurmūz），其诸地总收入为6,000,000迪尔汗。

克尔曼之后是信德（Sind）诸地上的穆克兰（Mukrān）[3]诸城，信德在穆克兰境内，此省年收入为1,000,000迪尔汗。法尔斯于北方同伊斯白罕相连。伊斯白罕是其边缘上的区，年收入为10,500,000迪尔汗。

克尔曼与东方的锡斯坦（Sijistān）相邻。锡斯坦的首府以"宰兰吉"（Zaranj）一名为人所知。按协定，它每年上缴1,000,000迪尔汗。

接着它的是呼罗珊地区，其中与锡斯坦相接的有布斯特（Bust）、鲁海吉（Rukhkhaj）、喀布尔。或许，由于这些地方同呼罗珊相连，所以被并入了呼罗珊。因此，呼罗珊的区有布斯特、鲁海吉、喀布尔、扎布里斯坦（Zābulistān）、泰白斯（Ṭabas）、古希斯坦（Quhistān）、赫拉特（Harāt）、塔赖冈……喝玛（Hmā）[4]、巴达黑斯（Bādhaghīs）、布尚吉（Būshanj）、吐火罗斯坦、塔莱冈（Ṭāraqān）、白勒赫、胡勒姆、木鹿鲁泽（Marw al-Rūdh）、塞安尼扬（Ṣaghāniyān）[5]、瓦什吉尔德（Wāshajird）布哈拉（Bukhārā）、图斯（Ṭūs）、发莱亚布（Fārayāb）、艾白尔舍赫尔（Abarshahr）、喀尔（Kār）、撒马尔罕、沙什（Ṣhash）、拔汗那、乌什鲁舍纳（Usrūshanah）、粟特（al-Sughd）、俱战提（Khujindah）、花剌子模、伊斯比加布（Isbījāb）、提尔米兹（（Tirmidh）、奈萨（Nasā）、艾必窝尔德（Abīward）、木鹿（Marw）、钦斯（Kiss）、努舍疆（Nūshajān）、布苔姆（Buttam）、艾海隆（Akharūn）、

① 即艾尔代西尔扈莱喝（Ardashīr Khurrah）。

② 即通商口岸。

③ 今伊朗的莫克兰省一带。

④ 原文此地名残缺。

⑤ 即石汗那。

奈塞夫 (Nasaf)。呼罗珊的收入，阿卜杜拉·本·塔希尔 (‘Abdu Allāh bn Ṭāhir)[①] 于伊历 221 年[②] 将战俘、战利品和棉布折合成银币，总值为 38,000,000 迪尔汗。

我讲完了呼罗珊的东方——这东方有突厥人的诸关隘和伊斯兰疆域在这方面的边陲——的情形后，我转而讲述从北方倾斜向东方的诸地，先讲这里的侯勒旺诸地。

侯勒旺区，我已讲过它的情形，它原属伊拉克地区[③]，后归杰贝勒地区，杰贝勒所辖诸区有玛赫·库法 (Māh al-Kūfah)、玛赫·巴士拉 (Māh al-Baṣrah)、阿塞拜疆、哈马丹、伊罕林 (Īghārīn)、古姆、玛塞白赞、密赫里疆盖泽格 (Mihrijāqadhaq)、此诸区皆属杰贝勒，杰贝勒上缴的税收待详述。至于玛赫·库法及其两个都市，一个是“上”莱萨梯格 (Rasātīq) 的都市，即迪奈窝尔；另一个是“下”莱萨梯格的都市，即盖尔玛欣 (Qarmāsīn)。玛赫·库法区四面的边界，西面是侯勒旺地区，南面是玛塞白赞地区，东面是哈马丹地区，北面是阿塞拜疆地区。玛赫·库法的年均收入为 5,000,000 迪尔汗。玛赫·巴士拉有两个都市，即纳哈万德与布鲁吉尔德 (Burūjird)，玛赫·巴士拉的年收入为 1,170,000 迪尔汗。玛塞白赞区有西莱旺与艾尔白疆 (Arbajān) 两城，该区年均收入为 1,100,000 迪尔汗。密赫里疆盖泽格区，其首府是塞义迈拉 (Ṣaymarah)，平均年收入为 1,100,000 迪尔汗。伊罕林乃是从九个区中划出来的一些田庄，其都市有二，即开尔杰 (Karj) 与麦尔吉 (Marj)，伊罕林的年均收入为 3,000,000 迪尔汗。阿塞拜疆，其诸区为艾尔代比勒、麦兰德、伽布莱旺、卧尔珊等，首府是白尔泽阿 (Bardha‘ah)。阿塞拜疆的平均年

① 黑衣大食朝军队司令 (Amīr)，诗人。798—844 年在世，巴达赫尚人。曾镇守叙利亚、埃及、呼罗珊。其父塔希尔·本·侯赛因是建于中亚的塔希尔王朝的创始人。

② 即 836 年，唐文宗开成元年。

③ 地区 (A‘mal)，有些地区大，相当于省。如前面述及的呼罗珊地区及伊拉克地区、杰贝勒地区。有些地区则小，不足于省，如下面将提及的霍姆斯地区。故虽译为地区，其含义当因地而有别。

收入为4,500,000迪尔汗。赖伊（Rayyī）区，是两地交界上的居所，位于哈马丹东部边界上，丹巴万德（Danbāwand）属于它，这里的年收入为2,200,000迪尔汗。加兹温（Qazwīn）区，它在伊历237年的收入为1,628,000迪尔汗。古密斯（Qūmis）是赖伊北方的区，有达姆安（Dāmghān）、西姆南（Simnān）两座城，古密斯年收入为1,150,000迪尔汗。久尔疆（Jurjān）在古密斯之北，它是通往东方之所在，是座都市，年收入为4,000,000迪尔汗。泰伯里斯坦，它是北方的边陲，有阿穆勒（Āmul）[①]、萨利雅（Sāriyah）[②]两城，它在伊历234年的收入为1,163,070迪尔汗。泰伯里斯坦东面与突厥荒原相连，北面同白布尔（Babr），泰义赖珊（Ṭaylassān）两地相接。

我讲完东方诸地区后，再讲西方诸地区。从富拉特河的边缘说起，有台克利特（Takrīt）、推尔汗（Ṭirhān）、信努（Sinnu）、白瓦锥吉（Bawāzīj）诸地，此诸地的年收入共为700,000,000迪尔汗。接着是毛绥勒及其四野。毛绥勒郊区的舍赫莱祖尔（Shahrazūr）、刷麦安（Ṣamaghān）、代拉巴泽（Darābādh）三处原属毛绥勒区，后来单独成区，仍属毛绥勒地区，此三地的年平均收入共为2,750,000迪尔汗。至于毛绥勒整个地区的收入是从下面几个地方得来的，即其西面的哲齐赖、尼尼微（Nīnawā）、麦尔吉（Marj），白尔泽拉（Bardhrā）地区，其东面的哈迪撒、哈扎（Ḥazzah）、白胡德拉（Bahudrā）、麦安拉（Maghallah）、杰布图（Jabtūn）、合纳雅（Ḥanāyah）、萨（Sā）、迪布尔（Dībūr）、达森（Dāsin）诸地。此诸地区的年均收入为6,300，000迪尔汗。

接着是毛绥勒地区北方的盖尔达（Qardā）。白宰布达（Bazabdā），白宰布达境内有座“久地叶”（Jūdiyyu）山，努哈方舟[③]曾在此山之巅停靠过。这两个地方的两个首府，一个叫“哲齐赖·白尼·欧麦尔”（Jazīratu Banī

① 有两个阿穆勒，此处为泰伯里斯坦的阿穆勒，为黑衣大食著名史学家泰伯里的出生地。另一阿穆勒傍阿姆河。

② 今伊朗北方城市萨里。

③ 即《圣经》中的挪亚方舟。

'Umar) [1]，另一个是巴苏林 (Bāsūrin)，人们可用一些小船从巴苏林将食盐运抵伊拉克。盖尔达和白罕布达的年平均收入共为 3,200,000 迪尔汗。

继此两地之后的是迪亚尔莱碧阿 (Diyār Rabī'ah)。内有白赖德、白阿尔巴亚 (Ba'arbāyā)、奈绥宾、达拉 (Dārā)，玛里丁 (Māridīn)、开凡尔图撒 (Kafartūthā)、"信伽尔" (Sinjār)、山丘、莱厄斯艾因、哈布尔诸区。此诸区的收入共计为 4,635,000 迪尔汗。

与迪亚尔莱碧阿北面相接的是艾尔赞 (Arzan) 和麦亚法里金 (Mayyāfāriqīn) 两区，此两区的年平均收入共为 4,100,000 迪尔汗。与此两地相接的是亚美尼亚地区的泰隆 (Ṭarūn) 镇及其所在的地域，年收入共为 100,000 迪尔汗。

此后的北方是亚美尼亚国。其内有久尔赞 (Jurzān) 区、代碧勒区、白尔赞德区，西拉杰 (Sirāj)，苔义尔 (Ṭayr)、巴鸩奈义斯 (Bājunays)、艾尔基什 (Arjīsh) 区、黑拉特 (Khilāt)、西塞疆 (Sīsajān)、艾朗区、嘎利垓拉 (Qālīqalā) 区、布斯富莱疆 (Busfurrajān) 区。其首府为奈舍瓦 (Nashawā)，平均年收入为 4,000,000 迪尔汗。

接着是西部的迪亚尔穆达尔地区。内有鲁哈 (Ruhā)、哈朗、塞鲁吉、穆代义比尔 (Mudaybir)、白利赫 (Balīkh)、特勒·毛赞 (Tall Mawzan)、拉比亚·白尼·泰密姆 (Rābiyah Banī Tamīm)，富拉特河畔的"富拉特"两村庄，玛兹赫·欧麦尔 (Māzh'Umar) 诸地。富拉特河西南方有海纳 (Hanā)，麦里 (Marī) 两地。迪亚尔穆达尔的年平均收入为 6,000,000 迪尔汗。

西部 (Maghrib) 地区诸地不是从北向下排列，而是特意从西向下排列，起于希特 (Hīt)，继之是阿纳 ('Ānah)、莱合巴 (Raḥbah)、垓尔基西亚 (Qarqīsiyā)，以及同迪亚尔穆达尔地区相连的地方。此诸地被统称为"富拉特道路"地区，此地区的收入为 2,900,000 迪尔汗。

① 意思是"欧麦尔族人的"河洲。

迪亚尔穆达尔以后是其西面的军德·肯奈斯林（Jund Qīnnasrīn）[1] 地区和苫国的阿瓦绥姆。此地区的诸城市是合赖布，安塔基亚，门比季。此地区的钱币收入为 360,000 第纳尔[2]。

接着的是苫国的霍姆斯地区，其收入为 118,000 第纳尔。以后，接下去是苫国的军德·大马士革，此地区的收入为 110,000 第纳尔。再后是苫国的军德·约旦地区，其收入为 109,000 第纳尔。再后是苫国的军德·巴勒斯坦地区及莱姆拉城，耶路撒冷（Baytu al-Maqdis），其收入合硬币为 195,000 第纳尔。再后是米昔儿—亚历山大城地区，其诸区中属上埃及（al-Ṣa'īd）的有法尤姆（Fayyūm）、曼夫（Manf）、窝西姆（Wasīm）、舍尔基亚（Sharqiyyah）、代拉素（Dalāṣ）、布绥尔（Būṣir）、库利德斯·阿拔斯·哈里发（Kūrīds al-'Abbās al-Khalīfah）[3]、白赫奈萨（Bahnasā）、盖斯（al-Qays）、达哈（Ṭaḥā）、乌什木奈音（Ushmūnayn）、合义兹·舍努达（Hayz Shanūdah）、安绥纳（Anṣinā）、苏尤特（Suyūṭ）、舒图布（Shuṭb）、盖赫高赫（Qahqawh）、伊贺密姆（Ikhmīm）、代义尔（Dayr）、艾布沙雅（Abshāyah）、法卧（Fāw）、忽卧（Huw）、给纳（Qinā）、丹代拉（Dandarah）、给夫特（Qifṭ）、艾格素尔（Aqṣur）、艾尔曼特（Armant）、伊斯纳（Isnā）、艾德富（Adfū）、阿斯旺（Aswān）诸地；属于平原低地[4] 的有萨努（Ṣānu）、伊布利勒（Iblīl）、奈图（Natū）、艾吐拉比雅（Aṭrābiyah）、图尔（Tūr）、艾义拉（Ayla）、发朗（Fārān）、拉雅（Rāyah）、希贾兹（Ḥijaz）、凡莱玛（Faramā）、努萨（Nusā）、迪姆亚特（Dimyāṭ）、梯腻斯（Tinīs）、麦努夫（Manūf）、图卧赫（Ṭuwwah）、塞哈（Sakhā）、梯戴赫（Tīdah）、艾甫拉侯（Afrāḥūn）、奈基扎（Naqīzah）、阿里什（'Arīsh）、迪萨（Diṣā）、嘎斯

① 军德，意思是"军队、部队"。实为大食国在叙利亚（苫国）沿海地区的五个军镇。〔唐〕杜环所撰《经行记》记有此事，称之为"五都护"。

② 第纳尔，金币名。1 枚第纳尔合 15 枚迪尔汗（银币）。故此地收入折合银币为 5,400,000 迪尔汗。

③ 白衣大食王（哈里发）麦尔旺·本·穆罕默德于此地被萨利赫·本·阿里·阿姆·艾比刺杀。

④ 即下埃及。

(Qass)、刷(Sā)、舍巴斯(Shabās)、白代共(Badaqūn)、盖尔塔萨(Qarṭasā)、黑莱布塔(Khirabtā)、台尔怒特、麦绥勒(Maṣīl)、麦立代斯(Malīdas)、代垓赫拉(Daqahlah)、伊贺努(Ikhnū)、拉希德(Rāshīd)、白什路特(Bashrūṭ)诸地。此地区的硬币收入为2,500,000第纳尔。

白尔盖后面是凯鲁万(盖义莱旺),我尚未言及的是剩下的南方地区。我要讲这里,讲讲伊拉克南面的诸地区;即纳季德(Najd)、希贾兹(Ḥijāz)、麦加、麦地那、也门地区;再转至东方的阿曼地区、叶麻麦、巴林,至于纳季德,则是伊拉克南面的边界,它经过我前面提到的欧宰布,笔直地延伸至敖尔(Ghawr),它的西边是塞玛瓦(Samāwah)诸边界的尽头。塞玛瓦比叶麻麦要高。纳季德的大多数地方无人烟,纳季德有两座为人所知的塔伊人部落的山及这两山中的泉水,与纳季德相邻的是敖尔,敖尔是从纳季德的边缘到帖哈麦诸边缘的地方。帖哈麦(Ṭihāmah)地区被划成诸省(Mikhlāf),其四面有利纳(Līnah),欧麦格('Umaq),奈季朗、盖尔努·麦纳吉利、欧卡兹、塔伊夫、必沙(Bishah)、久莱什(Jurash)、苔巴拉(Tabālah)、库特纳(Kutnah)、舍拉特(Sharāt)、麦地那的四野、麦地那地区,它的建筑群有泰义巴(Ṭaybah)、叶斯里布(Yathrib)、台义玛(Taymā)、杜麦特·兼代勒(Dūmat al-Jandal),富尔厄(Fur')、祖勒麦尔瓦(Dhū al-Marwah)、瓦迪古拉、麦德彦(Madyan)、海拜尔(Khaybar)、凡代克(Fadak)、古拉·阿拉比亚[①]、萨雅(Sāyah)、鲁哈特(Ruhāṭ)、塞雅拉(Sayālah)、莱合巴(Raḥbah)、扈拉布(Ghurāb)、艾克合勒(Akḥal)等处。此诸地的所有收入叫作"两禁地的收入",共为100,000第纳尔。

从此往南是也门地区及其诸省。其省有萨那省、塞耳达省、沙乞尔(Shākir)省、海木丹、苏达(Ṣudā)、久尔菲(Ju'fī)、亚丁、马里卜、哈达拉毛、豪亮、麦赫杰拉(Mahjarah)、苏赖夫(Sulaf)、麦阿非尔(Ma'āfir)、叶合绥布(Yaḥsib)、宰碧德(Zabīd)、阿克('Akk)、密赫萨利厄(Mihsāri')、艾姆陆克(Amlūk)、莱义曼(Raymān)、"白尼·阿米尔"省、焦夫·穆

① 意思是"阿拉伯人的诸村庄"。

拉德 (Jawf Murād)、焦夫·海木丹 (Jawf Hamdān)、希合尔 (Shiḥr) 等地。也门的收入按硬币计算，为 600,000 第纳尔。

巴林、鲁麦义拉 (Rumaylah)、久瓦萨 (Juwāth)、亥特 (Khaṭṭ)、盖兑甫 (Qaṭīf) 萨崩 (Sābūn)、苏姆 (Sūm)、穆舍盖尔 (Mushaqqar)、达林 (Dārīn)、汗巴 (Ghābah) 等地。叶麻麦和巴林在伊本·穆代比尔 (Ibn al-Mudabbir) 的治理下，其收入保持着稳定的数字，伊历 237 年的收入以硬币计，为 110,000 第纳尔。

阿曼省的硬币收入为 300,000 第纳尔。

我讲完了伊斯兰国内的这些地区的款项，这钱数是一个平均值，因为在同一时间内，一些地区的收入增加了，而另一些地区的收入却减少了。我们对这种情形是无法预计和无能为力的。这是由于收税时少征收了钱款，或是因不慎而丢失，或是所征收的钱款的余额没有统计在内。这些，均是税收减少的原因。在这里我又重复一遍，以便集中地使阅读者去查看。这些钱总括起来看，按硬币计为 4,920,000 第纳尔，若将硬币 ('Ayn) [1] 折合成银币 (Warq) [2]，以 15 个迪尔汗合 1 第纳尔计算，那么共值 73,800,000 迪尔汗。

硬币和银币详目表

塞瓦杜	130,200,000	迪尔汗
阿瓦士	23,000,000	迪尔汗
法尔斯	24,000,000	迪尔汗
克尔曼	6,000,000	迪尔汗
穆克兰	1,000,000	迪尔汗
伊斯白罕	10,500,000	迪尔汗

① 即金币第纳尔。

② 即银币迪尔汗。

锡斯坦	1,000,000	迪尔汗
呼罗珊	37,000,000	迪尔汗
侯勒旺	900,000,000	迪尔汗
玛赫·库法	5,000,000	迪尔汗
玛赫·巴士拉	4,800,000	迪尔汗
哈马丹	1,700,000	迪尔汗
玛塞白赞	1,200,000	迪尔汗
密赫里疆盖泽格	1,200,000	迪尔汗
伊罕林	3,800,000	迪尔汗
古姆、卡善	3,000,000	迪尔汗
阿塞拜疆	4,500,000	迪尔汗
赖伊、都玛万德	20,080,000	迪尔汗
加兹温、赞詹、艾布海尔	18,280,000	迪尔汗
古密斯	1,150,000	迪尔汗
久尔疆	4,000,000	迪尔汗
泰伯里斯坦	4,280,700	迪尔汗
台克利特，推尔汗信努，白瓦最吉	900,000	迪尔汗
舍赫莱祖尔、刷麦安	2,750,000	迪尔汗
毛绥勒区	6,300,000	迪尔汗
盖尔达，白宰布达	3,200,000	迪尔汗
迪亚尔莱碧阿	9,635，000	迪尔汗
艾尔赞，麦亚法里金	4,200，000	迪尔汗

“泰隆”省	1,000，000	迪尔汗
亚美尼亚	4,000，000	迪尔汗
阿米德	2,000，000	迪尔汗
迪亚穆达尔	6,000，000	迪尔汗
“富拉特”道路的诸地	2,900,000	迪尔汗
肯奈斯林、阿瓦绥姆	360,000	第纳尔
军德·霍姆斯	218,000	第纳尔
军德·大马士革	110,000	第纳尔
军德·约旦	109,000	第纳尔
军德·巴勒斯坦	259,000	第纳尔
米昔儿、亚历山大	2,500,000	第纳尔
两禁地	300,000	第纳尔
也门	600,000	第纳尔
叶麻麦、巴林	510,000	第纳尔
阿曼	300,000	第纳尔

上缴的税收中还有和平城内的被保护者的人头税[①]200,000 迪尔汗。

据说，库思老·艾白尔维曾统计过其帝国的收入，前面我曾言及这位库思老。我们称之为塞瓦杜地区及其主要省份，曾在他的统治之下，不过没有包括今天的西部地区，因为当时他的帝国的西部边界只到希特[②]。那时，我们称之为西部的地方是在罗马国的统治下，这位库思老在位十八年的收入合硬币为 720,000 米斯嘎勒（Mithqāl），折合成银币为

① 即大食国境内的非穆斯林，如犹太教徒、基督徒，他们是被大食国政府保护的，缴纳人头税，而不必缴纳穆斯林们必须缴纳的天课。

② 希特城在富拉特（幼发拉底）河河畔。

600,000,000 迪尔汗。

古达玛讲，我认为这些地区如今同过去一样，它的土地没有减少，它的居民也没有逃往异乡。只是这些地区的统治者应首先敬畏安拉，并具有知识、公正、廉洁的品质，以使各项事务能得到正确处理和妥当安排。那时，财富的增加定会是惊人的。

第七章　关于伊斯兰帝国的诸边关及其周围的诸民族、诸部落

反伊斯兰教的诸民族、诸部落存在于伊斯兰的诸地区和诸边陲。其中有的就在伊斯兰帝国的中心，另一些则相距较远。这些部落王国的国王过去被左勒盖尔奈英（Dhu al-Qarnayn）[①]统治着，并向罗马国王缴了511年的赋税。直至艾尔代希尔·本·巴比克[②]经过艰难困苦的长期努力之后，创建了新帝国为止。波斯帝国是经过艰苦努力之后才能拒绝向罗马帝国缴税，穆斯林对其诸敌国所应保持的警惕莫过于提防罗马人。《古兰经》的一些章节里提到了我说过的真理。安拉以其能力总是利益的保证者，当罗马如所说的那样时，我应先谈谈与之相对的那些关隘。这些关隘有些是在陆上，敌国在陆地上与之相邻；另一些关隘是海上，敌国在海上与之相接，有的关隘是海陆兼有。

罗马人的几次入侵就是从陆上和海上出现的。诸海关全在“苫国”海沿岸，海、陆入侵兼有的是“苫国”海上的诸关隘。我们以提“苫国”海上的诸隘关开始，它们是泰莱苏斯、艾泽纳、麦绥撒、艾因·宰尔巴（‘Ayau al-Zarbah）、开腻撒（Kanīsah）、哈鲁尼亚（Hārūniyyah）、白亚斯（Bayās）、奈高布卢斯（Naqābulus）。从这些关隘收的税款为100,000第纳尔，用于它的设施和其他方面，像监视敌人、警戒、间谍、攻击、看守山路、渡口、要塞及诸如此类的其他事。另外，其驻军需要一些战士和突击队之

① 即“双角王”亚历山大大帝。
② 波斯萨珊王朝的创建者、第一代君主，公元226年建国。

类的粮饷，以及在夏季、冬季里，于陆路、海路上进行军事征讨的经费，一年约为200,000第纳尔，有时多达300,000第纳尔。

敌国疆土同这些关隘相近或者相接，在陆地上有亥巴杜格(Qabāduq)，纳图利格(Nāṭulīq)与之靠近。在海上，有塞陆基亚(salūqīyyah)，有这些关隘的诸城堡(‘Awāṣim)及其后面的伊斯兰教诸地。每一关隘都有一城堡，这是由于它保护着关隘。当躲逃时，安塔基亚、久玛(Jūmah)、固鲁斯(Qūrus)的百姓可逃至这些城堡中。在右方同这些关隘相接的，是北方的以杰宰利亚(Jazariyyah)而知名的诸关隘，其中，与“苫国”诸关隘相邻的头一个是麦尔阿什(Mar‘sh)关隘，继之是哈代斯关隘，哈代斯与银白吐拉(Zibaṭrah)接壤。穆尔台绥姆[1]在位时，银白吐拉遭破坏，他在讨伐敌国时，到过闻名于当今的阿姆利亚(‘Ammūriyah)，在他驻扎于银白吐拉时，在原关隘及其附近地方建造了一些要塞，即著名的“泰巴尔吉”(Tabārj)要塞，“侯塞尼亚”(Ḥusaniyyah)要塞，“白尼·穆厄敏”(Banū al-Mu‘min)要塞，“伊本·莱合旺”(Ibn Rahwān)要塞。接着这些要塞的是“开义素姆”(Kaysūm)关隘，再后是“黑素喏·曼苏尔”(Ḥiṣnu Manṣūr)关隘，再至“希姆沙特”关隘，再至“麦赖推亚”关隘，此关隘是这些所有的要塞通向敌人国土的出口。这些要塞中的每一个都有山路和羊肠小路同敌方国土相通。“麦赖推亚”关隘与敌国共同邻着一个小地段。诸关隘与它相对，罗马国的海尔舍纳(Kharshanah)、哈利迪亚(Khālidiyyah)省与此关隘相对。

现在，诸关隘的居民同罗马人、亚美尼亚人共居一处。这些亚美尼亚人只是亚美尼亚人中的一部分，他们现在住的地方原先住着名叫“奈雅赖嘎(Nayālaqah)”的人，他们属罗马人血统，但他们在宗教上的很多情形是不同于罗马人的。他们在穆斯林对罗马人进行军事征讨时是援助穆斯林的。由于守关隘者不能善待他们，当地的长官很少关心他们的事

① 黑衣大食第八代王(833—842年在位)。

务，后来，他们一下子全部离开了此地。他们散布于各地，于是，这些亚美尼亚人就住到这里，建造了一些坚固的要塞。从此，他们拥有大量的装备和很强的战争能力。这些关隘同麦赖推亚的收入共为70,000第纳尔，用于各项设施的为40,000第纳尔；从而，余额为30,000第纳尔。地方官长和突击队的薪俸为120,000第纳尔，加上其他的（进益）为170,000第纳尔[①]。

当时，用于战争的费用除外，纯收入为200,000第纳尔。此诸关隘是中间地带，已成了战场，当征伐需要时，这些地方就要提供能够应付征伐所需的经费。诸关隘的后援地是都陆克(Dulūk)、莱耳邦(Ra'bān)、门比季，过此诸关隘向右转去，即北方的叫作拜克利亚（Bakriyyah）的诸关隘，有苏迈义萨特、哈瓦（Ḥānī）、麦赖钦（Majakīn）。其诸要塞有杰姆合（Jamḥ）、豪兰（Ḥawrān）、开勒斯（Kals）等。再向北是嘎利垓拉（Qālīzqalā）关隘。这方面的关隘多，却都相互独立，相距较远。此诸关隘同罗马国的艾尔米尼亚格（Arminjyāq）省及哈利迪亚省的部分地区相面对，同它的艾甫亮虎尼雅（Aflāghūniyah）省靠近。艾甫亮虎尼雅省同可萨突厥国相连接。此堵关隘的年收人为1,300,000迪尔汗。需要满足各项设施及诸关隘、要塞的开支、驻军的给养，则需在此数字的基础上再加1,700,000迪尔汗，补充之后共为3,000,000迪尔汗。

至于海岸上的诸关隘，则有军德·霍姆斯海岸的安塔尔吐斯（Anṭarṭūs）[②]、布隆亚斯（Bulunyās）[③]、拉泽基亚（Lādhiqiyyah）[④]、杰白拉（Jabalah）[⑤]、海尔亚扎（Haryādhah）；有军德·大马士革海岸的阿尔

① 这170,000第纳尔究竟是大食王庭拨款下发的，还是从驻地居民中征缴的，原书没有言明，只说明是另一笔收入。根据下文看，也是出于民间。

② 今叙利亚的塔尔图斯，或译作塔尔土斯。

③ 今叙利亚的海岸城市巴尼亚斯。

④ 今叙利亚的拉塔基亚城。

⑤ 今叙利亚的杰卜勒。

嘎（'Arqah）、的黎波里（Darābulus）[①]、久白义勒（Jubayl）、贝鲁特、赛达（Ṣaydā）、“塞莱芬德”（Ṣarafand）要塞，阿德努（'Adnūn）；有军德·约旦海岸的苏尔（Ṣūr），阿卡（'Akkā），苏尔有造船业。在军德·巴勒斯坦海岸有凯撒利亚、艾素夫（Arsūf）、雅法（Yāfā）、阿塞垓亮（'Asaqalān）[②]、加沙；在米昔儿海岸有莱凡合（Rafaḥ）、凡莱玛（Faramā）、阿里什。当进行军事征伐时，“苫国”诸关隘所需战船皆是些从苫国和米昔儿提供的，其数在80至100之间。当米昔儿和苫国的统领们进行海战时，就立即着手此事，将这些船集中在古布路斯（塞浦路斯）岛上，再将这些船组成舰队，这如同陆地上组成的军团。负责组织这些苫国和米昔儿的船只的，是“苫国”诸关隘的司令。在远征时，米昔儿与苫国付出的船只费用约为100,000笔纳尔。

我讲了罗马人的诸关隘及其情况，那么不妨讲一下增加这方面知识的罗马国的情况。先讲其军队的组织情况。大将军（Baṭrīq）统领10,000兵士。每位大将军手下有两名突迈尔赫（Tūmarkh），每位突迈尔赫率领5,000兵士。每位突迈尔赫手下有5名泰兰伽尔（Ṭaranjār），每位泰兰伽尔率领1,000兵士。每位泰兰伽尔手下有5名古米斯（Qūmis），每位古米斯指挥200兵士，每位古米斯手下有5名盖姆泰尔赫（Qamṭarkh），每位盖姆泰尔赫掌管40名兵士，每位盖姆泰尔赫手下有名达盖尔赫（Dāqarkh），每位达盖尔赫掌管10个兵士。

再讲军队的配备。在帝国首都君士坦丁堡有24,000兵士，其中骑兵16,000人，步兵8,000人，骑兵又分成4个纵队。第一纵队叫伊斯赫拉里亚（Iskhlāriyyah），此纵队的长官叫大“迪姆斯梯格”（Dimustiq），他是全军的军需官，又是整个骑兵的首领，麾下有4,000骑兵。第二纵队叫哈塞甫（Hasaf），此纵队有4,000骑兵。第三纵队叫奥夫斯（Awfūs），他们负责守卫工作，这个纵队的长官是泰兰伽尔级的，率领4,000兵士。第四纵队叫凡达尔推努（Fandarṭīn），当国王出巡时，他们专陪国王出巡，

① 今黎巴嫩的特里波利。

② 今巴勒斯坦的艾斯卡隆遗迹，海岸城市。

有兵士4,000,步兵则分成两个纵队。第一纵队叫艾布利迈撒(Ablimasā),有4,000兵士;第二纵队叫穆白拉(Mūbarah),有4,000兵士。关于(罗马国的)诸省。这些省共有14个,其中三个省隔在罗马海湾那面,海湾的水注入"苫国"海,这在前面已经讲过。其一为达义拉(Ṭaylā),它是君士坦丁堡所在地。其东以海湾为界,前面已经讲过,其南以"苫国"海为界,其北以"海泽尔"海为界,其西是一堵墙,这堵墙从"苫国"海筑到"可萨"海,其长度为4天行程。这墙与君士坦丁堡相距两个驿站程。靠着这墙的省是台拉基亚省,台拉基亚的东面是那堵墙,其南与马其顿尼亚省相界,其西以"布尔疆"[1]国为界,其北以"可萨"海为界。此省(东西)长11天行程,其宽,从北方的"可萨"海至南面的马其顿尼亚省为3天行程。"布尔疆"国的瓦利[2]叫作"伊素塔尔梯古斯(Iṣṭartīqūs),手下有5,000兵士。

海湾这面有11个省。第一个省叫艾甫亮虎尼亚,此省有10,000兵士。西面与之相接的是艾布泰巴特(Abṭabāt)省,艾布泰巴特这个词的阿拉伯语意思是"耳朵和眼睛",它是罗马国之腹地。该省人民没有经历过战争,这是由于穆斯林和其他人的军事征讨从没有进入那里。该省西面以海湾为界,北方以"可萨"海为界,东方是艾甫亮虎尼雅省,南面是乌布西格省。艾布泰巴特省有4,000兵士。继艾布泰巴特省之后是乌布西格省,其西是海湾,北面是艾布泰巴特省,其南是纳图利格省,其东为泰莱格西斯省。乌布西格省有6,000兵士。挨着乌布西格的是泰莱格西斯省,其西为海湾,其北是乌布西格省,其东是纳图利格省,其南为"苫国"海。此省有6,000兵士。挨着它的是纳图利格省,纳图利格意思是"东方的",它是罗马国诸省之中最大的省,它的边界直达西面的乌布西格省,其南是傍"苫国"海的塞陆基亚(Salūqiyah),其东是垓巴杜格省,其北是布谷拉尔省,此省有15,000兵士。阿姆利亚('Ammūriyah)城在此省内,穆尔台绥姆曾经征服了这座城市。挨着

① 今巴尔干(地区)。
② 意思是"省长""总督""领袖"。

它的是塞陆基亚省，它是“苦国”海边的省。塞陆基亚省的西面同纳图利格省为界，其面与泰莱苏斯通往盖赖姆亚（Qalamyah）方向的山路和拉米斯（Lāmis）为界。塞陆基亚省有5,000兵士。接着是垓巴杜格省，其南与“泰莱苏斯”山、艾泽纳、麦绥撒等地为界，其西与“塞陆基亚”地区为界，其北同纳图利格为界。其东以“海尔舍纳”地区为界。垓巴杜格省有4,000兵士。接着是海尔舍纳省，其南与垓巴杜格省为界，其东以麦赖推亚的诸山路为界，其北以艾尔米尼亚格省为界，其西以布谷拉尔省为界，此省有4,000兵士。接着是布谷拉尔省，它第一方面与纳图利格省、艾布泰巴特省为界，第二方面与垓巴杜格省为界，第三方面与海尔舍纳省为界，第四方面与艾尔米尼亚格省为界。此省有军队8,000人。艾尔米尼亚格省同艾甫亮虎尼亚省相连，第二方面与布谷拉尔省为界，第三方面与海尔舍纳省为界，第四方面与哈利迪亚省、“可萨”海为界，艾尔米尼亚格省有4,000兵士。再后是哈利迪亚省，它第一方面同亚美尼亚国为界，第二方面与“可萨”海为界，第三方面与艾尔米尼亚格为界，第四方面也与艾尔米尼亚格为界。哈利迪亚省有4,000兵士。上述的与我们相面对的11个省的兵士，除了那些靠不住的，起码步军总计有70,000人。

我再描述一次突袭的“战日”[①]，以使人们对此有一个简明而深刻的认识。我讲的，是从那些经历过戍守边关的人们那里了解来的。那次袭击被名之曰“春天的”，因为它发生在阳历5月的头10天。当时，人们使其牲畜吃到了春草，这使他们的骑兵队的状况有了改善。他们在（敌国）那边驻留了30天，即阳历5月的后20天和阳历6月的头10天，其间，他们在罗马国的领土上找到了草场，这样，他们的牲口再一次吃到了春季草。尔后，他们将牲畜拴在圈里，并驻留了25天，即阳历6月余下的20天和阳历7月的前5天。至此牲畜已体壮膘肥了。人们又筹划了一次夏季攻势，这是在阳历7月中的10天。这次袭击之后，他们有60天按兵不动。至

① 阿拉伯人所讲的“战日”，是指于某日发生的某次战争，并非仅指哪一天。

于冬季的情形，我见他们全都这样说，假如非要进攻，那也不能走得太远，不能深入敌国。只能是 20 个夜晚的行程或以马背上驮的东西为限。那是在 2 月初，进攻者待到 3 月的一些日子。他们会发现，其时敌人在人数和骑乘上是他们的好几倍，他们的家畜也很多。于是他们就撤退了，竞相在春天放牧他们的牲口。

我再讲与罗马诸省相连的地方，我从右方讲起，讲帝国的四周、诸关隘后面的地带，再返回来讲罗马的西方边界。我现在讲从亚美尼亚至呼罗珊的花剌子模的可萨突厥边界，阿努什尔旺·本·古巴兹[1]统治时期，修建了沙比朗（Shābirān）城、马斯喀特（Masqṭ）城、巴布—艾布瓦布城。巴布—艾布瓦布是亚美尼亚的城市，之所以这样称呼，是因为它的屋宅建在山间的道路上。他让其兵士驻在此城中，这些兵士是属于叫“西亚赛金”（Siyāsajiyī）的人。当阿努什尔旺对可萨人的敌意感到担心时，便写信给他们的国王，与之言和，以使两国能团结。为此，他表示愿把女儿嫁给可萨国王。可萨国王也表示愿意成为他们的女婿，阿努什尔旺将妻妾们收养的一个义女，送到可萨人那里。双方在一个叫白尔舍利雅（Barshaliyah）的地方聚会了，他们接连数天举行酒宴。结婚的双方都有国王的侍从陪伴着，以此表示他的孝敬和尊崇。此后，阿努什尔旺与亲信密谋，派兵消灭了可萨人的一支军队，用火烧了他们的营帐。事发后，可萨国王向阿努什尔旺报怨。阿努什尔旺否认自己知道此事的发生，又过了几天，阿努什尔旺命令其部下又对可萨突厥的军队进行攻击。事发后，可萨国王对对方的行为表示不满，阿努什尔旺又安慰他，表示抱歉，可萨王接受了，安定下来。后来，阿努什尔旺又命令人去烧自己军队的某驻地，烧的是一些用干草和树枝搭成的棚舍。事发后，阿努什尔旺向可萨国王发脾气，他说：“你的部下几乎把我的军队消灭光了，你对我存有敌意。”可萨王向他发誓说，他根本不知发生的事。

① 波斯萨珊王朝君主，即库思老一世，531—578 年人。

于是，阿努什尔旺对他讲："喂，我的兄弟! 你我的军队对我们中断原先存在的战争而缔结和约都表示不满。我无法保证在我们和好后，他们不做出损伤我（的心）的事，从而使我们在友好、通婚之后复生敌意。因此，请您允许我在我和您国之间修筑一堵墙，并让它有一座门。除非经过准许，您的人不能进入到我的国境里。"可萨国王答应了他，就回国去了。于是阿努什尔旺着手筑墙，他使这堵墙从海边建起，用岩石和铅作材料，使山地上的墙厚达 300 腕尺。他下令用海船运来岩石，又将岩石投入海水里，直至岩石积累得高出水面，然后在这些岩石上进行建筑。这样，墙脚立在海水中的那段墙长达 3 密勒 (Mīl)。当墙建成后，又在其入口处悬吊了一些铁制的门，并派 100 名骑兵在每扇门处进行守卫。而原先守卫此地却需要 50,000 名步兵，在上面还安置了攻城的移动堡垒。后来，有人对可萨国王说，他（阿努什尔旺）欺骗了你，他嫁给你的不是他的女儿，他是在提防你。但可萨国王已毫无办法。此后，可萨人只能在被他们破坏了的亚美尼亚各地骚扰。

此地的右方还有代义赖姆 (Daylam)、吉亮 (Jīlān)、白布尔 (Babr)、泰义赖珊诸关隘。泰义赖珊是加兹温的要塞。波斯语称加兹温为"凯什温"，其意为"突出的边界"。在它与代义赖姆之间是座山。在这里，波斯人一直同艾斯瓦里亚 (Aswāriyyah) 人进行战争，他们在这里驻军，当他们之间没有停火协议时，波斯人就把艾斯瓦里亚人赶出代义赖姆，以防备他们偷袭这一地区。代什台比 (Dashtabī) 是赖伊和哈马丹之间的岔路口。因此，它的一部分被叫作"拉吉亚 (Rāziyyā) 的"，另一部分被叫作"哈马丹的"。在伊斯兰教初期，穆斯林征服了代什台比与艾布海尔 (Abhar)。艾布海尔是座要塞，人们说，是由一些库思老捐钱，在一些泉水上建筑的这个要塞。代义赖姆人的情况始终是反复无常的，因为，他们没有成法可守，他们的服从也不稳定，他们在被征服之后，不止一次地搞破坏和叛乱，就是现在也仍然搞一些大逆不道的事，如屠杀儿童，在清真寺里放荡不羁，他们逃避祈祷和伊斯兰的功课。

几个大关隘中有"突厥"关隘。突厥人居于同久尔疆相连的旷野上，并从那里向外出击。久尔疆人在久尔疆筑起一堵砖墙来抵御突厥人的进犯。到后来，突厥打败了他们，统治那里的国王叫作苏禄（Ṣūl）[1]。后来，穆斯林们征服了它。大多数突厥人滞留在呼罗珊境内的关隘中，这个关隘叫努舍疆（Nūshajān）。它在撒马尔罕的东方，距撒马尔罕60法尔萨赫，通向沙什、拔汗那，它位于葛逻禄的戍守部队面向开义玛克边界的前沿。从此关隘至“土胡兹胡尔”[2]城，要在荒野里行45天路。在前20天中，路上有若干泉井和草场，后25天中，路上能见到若干大村庄。这些村庄的百姓大多是祆教徒。其中也有一些是不信神者。“土胡兹胡尔”城有一湖泊，沿湖有绵延相衔的村舍和建筑。此城有12座铁门，由突厥人把守着。这些突厥人大多数是不信神者。在“上”努舍疆与沙什国之间，商队要走过40个驿站口。若疾行则用30天。“上”努舍疆有4座大城、5座小城。努舍疆的军队驻扎在一座位于湖畔的城内，编入花名册的兵士有20,000人。在突厥人中，没有谁能敌得过他们，他们中的10个人顶得上葛逻禄的100个人。“土胡兹胡尔”城所临的那个湖泊，有群山在其后环围着它；至于开义玛克国，其地在塔拉兹（Tarāz）方向上。塔拉兹即“下”努舍疆城。塔拉兹在撒马尔罕以外偏左方，距撒马尔罕65法尔萨赫。在北方，开义玛克与塔拉兹之间有80天行程。这段路是在大沙漠与广阔的荒原中，一路上有草场和泉水。由于先知说过：“放掉突厥人吧！只要他们不招惹你们。”穆斯林因这句话，差点就没去攻打突厥人。我讲了他们的国家和他们的情况，因为我们的前提是为讲明环绕伊斯兰帝国并反对它的诸民族的情形而提供便利。

至于吐蕃（al-Tubbat），他们居于“土胡兹胡尔”国右侧的南方。当初，左勒盖尔奈英[3]击败了印度国王富尔（Fūr），并杀了他，又在印度驻留了7

① 据泰伯里《历代民族和帝王史》卷二，第1323—1327页记载，伊历98年（716—717年），统治久尔疆的是突厥人苏禄。即《新唐书》卷二一五下所记突骑施（西突厥别部）的车鼻施啜苏禄，唐玄宗封之为左羽林大将军、顺国公，进号忠顺可汗，以阿史那怀道女为交河公主妻之。

② 即九姓古斯，九姓回鹘。

③ 即大流士，古波斯帝国君主。

个月。左勒盖尔奈英又派军队到吐蕃和中国。大军过境的诸东方国家中的一些君王，在知晓他战胜了波斯和印度的国王达拉[1]和富尔，又听说他公正、有声望时，就派出使团晋见他，通知他，他们表示完全臣服于他，并向他缴纳贡赋。于是，左勒盖尔奈英就把效忠自己的30,000人留在印度国，自己率领军队向吐蕃国进发，吐蕃的众王之王迎接了他，向他表示敬意，并对他讲："公正的、完全能战胜敌手的国王啊！我知道，你是凭着安拉的旨意行事的，我愿使自己的一切都归你所有。不愿成为你的意志的反对者，也不愿同你厮杀，因为，同你厮杀、争斗，就是在违抗安拉的旨意。与安拉的旨意相争的人，终将成为失败者。我，我的人民以及我治下的王国都归你所有。一切听你吩咐。"

于伊德里斯大（al-Iskandar）用美好的言辞回敬了他，对他讲："谁认识安拉的权柄，我们就有责任保护他。我希望你将满意地看到我的公正和信义。"他引导亚历山大去"旷野"突厥人那里，因为诸城的突厥人已经臣服于他。吐蕃王一直跟随着亚历山大，并向他赠献了礼品，直到亚历山大答应接受其礼品为止。他给亚历山大4,000维格尔（Wiqr）[2]的赤金，还有麝香。亚历山大拿出十分之一的麝香送给了鲁珊克（Rūshānk），鲁珊克是他的妻子，她是波斯君主达拉的女儿。他将这大部分麝香分赐给他的伙伴，将金子存在他的钱库里。吐蕃王向他进言，他能够引导他的军队向中国进发。吐蕃王令其子继承其王位，于是其子麦达毕克（Madābik）在其国土上继了王位。亚历山大让自己的一位近臣与吐蕃王共率10,000人作为前锋向中国进发。亚历山大统率大军继其后而行。

中国的首领率领10个军迎向亚历山大，其中每个军有100,000兵众。他派人至亚历山大面前，告诉他，中国首领知道他忠义、高尚，在此情形下，他无法与之厮杀，即便他想这样，也是无力的。因此，他请亚历山大向他提出其要求，甚至包括向亚历山大投降。亚历山大答应了他，并且命令他交出国土的十分之一。就像他（亚历山大）对别的国家所做

① 意为"有双角的"，即"双角王"亚历山大。
② 重量单位。

的那样。如果他（中国国王）不那样做，他（亚历山大）将求助于安拉。中国国王众多的兵民吓不倒他，他派了一群波斯人和印度人带着这个答复前往中国首领那里。他命令这些波斯人和印度人使中国首领知道他（亚历山大）在他们的国家里的公正，以及对他们所施予的善行和恩惠。中国国王表示服从，并且满足了他的要求，即割让出国土的十分之一给亚历山大。并且向他缴纳了丝绸、宝剑及其他器物。亚历山大因此甚为高兴，接受了这些礼物。中国国王给他的物品为1,000,000柄宝剑，1,000,000块丝绸（Saraqah），500,000块缎子（Kay mkhāwah）[①]，1,000,000麦纳（Manā）[②]的白银。他将这些物品纳贡给亚历山大。亚历山大在他的国土上驻留下来，并建造了一个名为石堡的城市。他在此城内安置了5,000波斯人，这伙人的首领是他的部将，名叫白尼克利迪斯（Banūklīdīs）。亚历山大取道中国之后向北方去，中国首领与之同行，直达舒勒（Shūl）[③]国，并征服了它。在那里建造了两座城市，一个名叫舒勒，另一个名叫海姆丹（Khamdān）。他命令中国的首领率领自己的军队驻于海姆丹，又命令他的一员部将驻扎在舒勒。然后，他奔向旷野上的突厥，征服和蹂躏了他们。他知道这些东北部地区上的突厥人有很多个部族，他们在大地上是些作恶者，他向中国首领询问这些突厥人的事，中国首领告诉他，这些突厥人除了牲畜和铁器外，什么战利品也掠取不到。

绿海从北面包围着这些人，没有一个人能越过此海。其西、南两面由耸入云空的高山围绕着。这山没法逗留，也没有人能在那上面行走。只有一条狭窄的山路通突厥人处。他们就生活在大地的一角落里，如果他们的这条通道被堵死，他们便会留在里面，那么，人们就可免受其害，他们在地上的作恶也就会完结了，亚历山大知道中国首领指出的是正确的，于是这个山路被堵死了。那便是安拉所描绘过的壁垒，安拉在《古兰经》里已经讲过这壁垒的情形。然后，左勒盖尔奈英回到

① 当即Kamkha（波斯语名词），意思是缎子。

② 重量单位，1麦纳等于两磅。

③ 当是唐代安西四镇之一的疏勒（今喀什一带）城。

突厥地。突厥是诸城市的主人，是一些偶像崇拜者。他以后又来到粟特地面，在那里建造了撒马尔罕，它以代布西亚（Dabūsiyah）为人所知；又叫“远方的亚历山大”（Iskandarīyatu al-Quṣwa）。他又行至布哈拉，建造了布哈拉城，他又来到木鹿，在那里建造了木鹿城。还建了两座城，一个是赫拉特，一个是宰兰吉（Zaranj），又来到久尔疆，下令建造了赖伊、伊斯白罕、哈马丹。最后，他返回到巴比伦地面，在那里住了若干年。

我们讲毕东方的诸关隘时，再讲南方地区，那里有布加（Bujah）①、努巴（Nūbah）② 关隘，这些是按协议缴纳贡赋的人民，这贡赋叫白格特（Baqt）。他们同穆斯林之间没有过战争。决于他们定约的详情，我将在第七篇，即接这一章的下章里述及。只要安拉愿意，他是强有力的。此后，我再讲西方的诸关隘。我讲过它的第一个关隘是阿非利加，自从麦尔旺人执政后，伊拉克王有计划地征服它起，直至摩邻（马格里布）的首领占据、统治并扩大占领到白尔盖为止。阿非利加的名字一直叫凯鲁万。阿非利加之后是塔海尔特国，阿非利加至塔海尔特要走 30 天路程。塔海尔特在伊巴迪人的首领的统治下，伊巴迪人是哈瓦利吉派 ③ 的一支。塔海尔特之后再行 24 天路，便抵“穆尔太齐勒”④ 地，他们有一个公正的领袖，他们都是公正的人，他们的行为值得称颂。他们的住宿地有坦佳及其周围地区，今天统治着那里的人是穆罕默德·本·伊德里斯·本·阿卜杜拉·伊本·哈桑·本·哈桑（祝他平安）（Muḥammad bn Idrīs bn ‘Abdu Allāh ibn Ḥasan）的儿子。穆罕默德本人住在窝利拉，窝利拉是坦佳诸城中的最后一个城。当他在窝利拉逝世后，其子遂迁往发斯，一直住到现在。坦佳后面是安达卢斯国，伍麦叶人占据着它，在那里，他住在古尔突巴 ⑤。安达卢斯是西方的终点，那里是两个海的交汇处。对这两个海，

① 非洲的贝贾。
② 非洲的努比亚。
③ 伊斯兰教派之一，被正统派视叛教者。公元 8、9 世纪，活跃在北非。
④ 伊斯兰教的一个学派。
⑤ 今西班牙的科尔多瓦城。

前面我已述及。

《〈税册〉及其编写》的第六篇结束了。

赞美安拉！

图书在版编目（CIP）数据

道里邦国志 /（阿拉伯）伊本·胡尔达兹比赫著；宋岘译注. -- 北京：华文出版社, 2017.8

ISBN 978-7-5075-4608-8

Ⅰ. ①道… Ⅱ. ①伊… ②宋… Ⅲ. ①商路-古代-史料②阿拔斯王朝-对外贸易-史料③中外关系-古代-史料④东西交通与驿站-史料⑤西域-史料- Ⅳ. ①K937.16 ②F753.719

中国版本图书馆CIP数据核字（2017）第203784号

道里邦国志

作　　者：〔阿拉伯〕伊本·胡尔达兹比赫
译　　注：宋　岘
策　　划：杨　平
责任编辑：杨　宁　郭俊萍
特邀编辑：马良成
出版发行：華文出版社
社　　址：北京市西城区广外大街305号8区2号楼
邮政编码：100055
网　　址：http://www.hwcbs.com.cn
电子信箱：sinoculturepress@yahoo.om
电　　话：总编室 010-58336239　发行部 010-58336270
责任编辑 010-58336258
经　　销：新华书店
印　　刷：北京联兴盛业印刷股份有限公司
开　　本：710×1000　1/16
印　　张：17.5
字　　数：190 千字
版　　次：2017 年 9 月第 1 版
印　　次：2017 年 9 月第 1 次印刷
标准书号：ISBN 978-7-5075-4608-8
定　　价：38.00 元